权威·前沿·原创

皮书系列为
“十二五”“十三五”国家重点图书出版规划项目

监管科技蓝皮书

BLUE BOOK OF REGTECH

中国监管科技发展报告（2019）

ANNUAL REPORT ON CHINA'S REGTECH DEVELOPMENT (2019)

主　　编／孙国峰
执行主编／王素珍　朱烨东

社会科学文献出版社
SOCIAL SCIENCES ACADEMIC PRESS (CHINA)

图书在版编目(CIP)数据

中国监管科技发展报告. 2019 / 孙国峰主编. —北京：社会科学文献出版社，2019. 10
（监管科技蓝皮书）
ISBN 978 - 7 - 5201 - 5547 - 2

Ⅰ. ①中… Ⅱ. ①孙… Ⅲ. ①科学技术 - 应用 - 金融监管 研究报告 - 中国 - 2019 Ⅳ. ①F832. 29

中国版本图书馆 CIP 数据核字（2019）第 205388 号

监管科技蓝皮书
中国监管科技发展报告（2019）

主　　编 / 孙国峰
执行主编 / 王素珍　朱烨东

出 版 人 / 谢寿光
组稿编辑 / 恽　薇
责任编辑 / 冯咏梅
文稿编辑 / 王春梅

出　　版 / 社会科学文献出版社 · 经济与管理分社（010）59367226
地址：北京市北三环中路甲 29 号院华龙大厦　邮编：100029
网址：www. ssap. com. cn
发　　行 / 市场营销中心（010）59367081　59367083
印　　装 / 三河市东方印刷有限公司

规　　格 / 开 本：787mm × 1092mm　1/16
印 张：22. 75　字 数：342 千字
版　　次 / 2019 年 10 月第 1 版　2019 年 10 月第 1 次印刷
书　　号 / ISBN 978 - 7 - 5201 - 5547 - 2
定　　价 / 138. 00 元

本书如有印装质量问题，请与读者服务中心（010 - 59367028）联系

《中国监管科技发展报告（2019）》
编 委 会

清华大学五道口金融学院
中国人民大学法学院
亚太未来金融研究院
华为技术有限公司
蚂蚁金融服务集团
腾讯研究院
度小满科技（北京）有限公司
京东数字科技研究院
苏宁金融服务（上海）有限公司
平安壹钱包电子商务有限公司
平安付电子支付有限公司
银联商务股份有限公司
联动优势电子商务有限公司
快钱支付清算信息有限公司
宝付网络科技（上海）有限公司
中钞信用卡产业发展有限公司
北京中科金财科技股份有限公司
北京区块链技术应用协会
江苏通付盾科技有限公司
北京金信网银金融信息服务有限公司

主要编撰者简介

孙国峰 中国人民银行货币政策司司长，曾任中国人民银行金融研究所所长，经济学博士，研究员，清华大学、中国社会科学院、对外经济贸易大学、西南财经大学博士生导师，美国普林斯顿大学客座教授。中国金融论坛创始成员兼学术委员会委员，国际清算银行客座研究员，美国斯坦福大学访问学者。

长期进行货币理论、货币政策和汇率政策研究，完成多项国家级重点研究课题，获国家社科基金后期资助。出版《第一排——中国金融改革的近距离思考》《金钉子：中国金融科技变革新坐标》《中国货币政策框架转型研究》等多本中文专著，并由英国帕尔格雷夫·麦克米伦出版社出版了 *Reforms in China's Monetary Policy* 和 *Financial Reforms in Modern China* 等英文专著，在核心学术期刊发表论文70余篇，为《经济研究》《世界经济》等核心学术期刊审稿人。

孙国峰是贷款创造存款理论的提出者，信用货币理论的集大成者。1996年，在其硕士学位论文《中国货币政策传导机制研究》中首次提出银行资产扩张创造存款货币的贷款创造存款理论。2001年，在《经济研究》发表名为《信用货币制度下的货币创造和银行运行》的署名文章，对传统货币创造理论的贷款创造存款逻辑错误进行了深入剖析，全面阐述了贷款创造存款理论，对货币理论的发展起到了颠覆性的影响。其论文《中国影子银行界定及其规模测算——基于信用货币创造的视角》（与贾君怡合著）荣获第三届孙冶方金融创新奖。

王素珍 经济学博士，研究员，现任中国支付清算协会副秘书长。曾先后在中国人民银行金融研究所、研究局、金融稳定局等部门工作。工作领域涵盖宏观经济金融形势分析与预测、货币政策、国际金融、金融稳定、支付清算、金融科技等。加入中国支付清算协会后，主要负责金融科技创新与应用、政策研究与宣传、法律与权益保护等工作，组织编写《中国支付清算行业运行报告》《金融大数据创新应用》《支付清算理论与实务》等专著。

朱烨东 北京大学政治经济学博士，清华大学五道口金融学院 EMBA，北京中科金财科技股份有限公司董事长、创始人。北京区块链技术应用协会会长、中国上市公司十大创业领袖人物、中国软件和信息服务业十大领军人物、新三板企业家委员会首席区块链专家、2018 中国区块链行业十大领军人物、2018 中国新经济产业百人、2017 年度中国金融科技最具影响力人物、《中国金融科技发展报告》《中国区块链发展报告》《中国资产证券化发展报告》执行主编，清华五道口全球创业领袖导师。

摘　要

监管科技（RegTech）作为科技与金融监管融合的产物，在世界范围内引起了金融行业的广泛关注。2018 年，我国监管科技的理论研究和实践应用逐渐展开，并取得了一系列成果，对这些成果的展示构成了本书的主要内容。

本书分为总报告及分报告。总报告在对监管科技在我国的发展背景、现状与难点进行详细分析的基础上，提出了构建我国监管科技体系的主要任务、总体框架和促进机制，同时，从建立满足我国金融监管体制实际需求的监管科技发展协调机制、明确当前监管科技应用的重点场景、制定监管科技建设的规则和标准、构建多方共同参与监管科技建设的平台与完善监管科技建设的配套促进措施等方面，针对我国监管科技的进一步发展提出了相关政策建议。

分报告包括技术探索篇、场景应用篇、数据治理篇、国际视野篇、案例分析及附录，阐述了大数据、云计算、人工智能、区块链和 API 等在监管科技中的应用，梳理了基本原理、发展脉络和应用前景；结合金融监管机构和金融机构、支付机构和金融科技机构的具体案例和实践，从理论上分析了监管科技在用户身份识别、市场交易行为监测、合规数据报送、风险数据融合分析、行业风险监测和法律法规跟踪等场景中的应用框架和实现路径；对监管科技中的数据治理进行专题研究；对监管科技市场投融资情况和全球监管科技发展态势进行分析，指出虽然我国监管科技起步相对较晚，但应用需求强烈、发展潜力大、市场前景广阔。

关键词： 监管科技　金融科技　技术分析　场景应用　数据治理

摘 要

目　录

Ⅰ　总报告

Ⅱ　技术探索篇

Ⅲ　场景应用篇

Ⅳ 数据治理篇

Ⅴ 国际视野篇

Ⅵ 案例分析

Ⅶ 附 录

总 报 告

General Report

B.1
中国监管科技发展概述与监管科技体系构建探索

孙国峰　赵大伟　周 炜*

摘　要： 当前，我国正处于防控金融风险的重要时期，金融稳定发展改革面临更多、更新、更高的要求。一方面，金融监管机构面临监管任务繁重、监管体制不合理导致的监管缺失、监管技术发展滞后的压力；另一方面，金融机构为了适应强监管要求，也需要为合规付出更多成本。与此同时，随着关键技术的突破，科技行业拉开了与金融行业深层次融合的序幕，在扩大金融服务边界、提高金融交易效率、降低金融交易成本、减少金融交易信息不对称性的同时，也为改进监管手段、

* 孙国峰，中国人民银行货币政策司司长；赵大伟，中国人民银行金融研究所互联网金融研究中心副秘书长；周炜，中国人民银行金融研究所博士后。

降低合规成本带来了新的机遇。在这一大背景下，监管科技作为科技与金融监管全方位融合的产物，已经开始在世界范围内引起金融监管机构和金融机构的广泛关注。本报告在界定监管科技定义与内涵的基础上，梳理监管科技发展的背景，分析监管科技发展的现状及面临的挑战与困难，提出构建我国监管科技体系的主要任务、总体框架和促进机制，并从建立监管科技发展协调机制、明确当前监管科技应用的重点场景、制定监管科技建设的规则和标准、构建多方共同参与监管科技建设的平台以及完善监管科技建设的配套促进措施等几个方面提出进一步发展监管科技的政策建议。

关键词： 监管科技　合规科技　金融科技　监管制度创新

金融是国家重要的核心竞争力，金融安全是国家安全的重要组成部分，推进构建现代金融监管框架，防控金融风险，保障国家金融安全是今后一段时间我国金融工作的重要任务。在第五次全国金融工作会议上，习近平总书记指出，“防止发生系统性金融风险是金融工作的永恒主题。要把主动防范化解系统性金融风险放在更加重要的位置，科学防范，早识别、早预警、早发现、早处置，着力防范化解重点领域风险，着力完善金融安全防线和风险应急处置机制”，为我国金融风险防控工作明确了方向，提出了更高、更新的要求。

当前，在“科技＋金融”浪潮的推动下，金融创新步伐加速，创新型金融业态、经营模式的出现在加快“金融脱媒”、提升金融资源配置效率、降低金融交易成本的同时，也暴露出金融监管能力不足和手段缺失等问题。随着以互联网、大数据、云计算、区块链、人工智能为代表的新兴信息科技的快速发展，作为科技与金融监管深度融合的产物，监管科技开始逐渐受到金融监管机构和金融机构的关注，并在部分领域实现了应用，为提升金融监管机构监管水平、增强金融机构合规能力提供了支持和保障，成为我国防范金融风险、构筑金融新生态的重要手段和途径。

一　中国监管科技发展概述

（一）什么是监管科技?

2008 年国际金融危机的爆发，不仅让金融监管机构认识到金融监管体制和监管理念存在缺陷，也使金融机构逐渐开始重视合规管理工作。一方面，随着金融业的快速发展，金融创新日益加速，金融机构的数量与日俱增、金融产品和服务的复杂程度不断提高，受到人力、资金、技术限制的金融监管机构逐渐感受到监管压力日趋上升，特别是金融科技的异军突起，不仅模糊了金融业务边界，而且赋予了金融业新的风险特征，给传统金融监管方式带来了严峻的挑战，在这一背景下，监管科技开始逐渐受到各国金融监管机构的青睐，“以科技改善监管、以科技应对风险”逐渐成为应对新监管挑战的重要手段和途径。另一方面，随着金融监管规则日益复杂、日趋严格，金融机构为了避免高额罚单，满足金融监管要求，在合规管理领域投入了大量的人力物力，并基于监管规则，借助大数据、云计算、人工智能等科技手段，逐步开发出合规科技（CompTech）。

1. 国内外主要金融监管机构对监管科技的理解

国际上主要从金融机构角度看待监管科技。英国金融行为监管局（Financial Conduct Authority，FCA）最早提出了监管科技的概念，并将监管科技描述为“运用新技术，促进达成监管要求”，即金融机构利用新技术来更有效地解决监管合规问题，减少不断上升的合规费用。国际金融协会（The Institute of International Finance，IIF）认为，监管科技是更加有效和高效地满足监管与合规要求而使用的新技术。

我国政府重视监管科技的应用，并从更宽广的视野和更高的站位定义了监管科技，将其和防控金融风险有机结合起来。中国人民银行金融科技委员会提出："强化监管科技（RegTech）应用实践，积极利用大数据、人工智能、云计算等技术丰富金融监管手段，提升跨行业、跨市场交叉性金融风险的甄别、防范和化解能力。".

2. 监管科技概念界定与内涵

本报告认为监管科技是借助大数据、云计算、人工智能、区块链等现代信息科技，用以提高金融监管机构监管水平、满足金融机构合规需求的技术工具、手段和系统。从应用主体分析，监管科技包含"监管"（"科技 + 监管"，SuperTech）与"合规"（"科技 + 合规"，CompTech）两个方面。从发展进程分析，监管科技首先起源于合规领域，是西方发达国家金融机构开发的用以满足其合规需求、降低合规成本的工具，而后随着金融监管压力和"科技 + 金融"浪潮的冲击，金融监管机构才开始逐步认识到发展监管科技的必要性和重要性。从目前发展水平来看，监管科技在监管领域的发展，已经明显滞后于在合规领域的发展。从参与主体分析，监管科技的参与主体包括金融监管机构、金融机构以及专业的金融科技公司。

（1）从监管科技的缘起分析

监管科技最初是在发达国家出现的，主要是金融机构通过技术应用来满足自身的合规需求，以降低合规成本。随着监管科技的发展和金融监管体制改革呼声的日益高涨，监管科技受到金融监管机构的重视，并逐步在金融监管领域实现应用，这在一定程度上减轻了金融监管的压力，提高了金融监管的有效性。

（2）从需求角度分析

随着全球金融监管日益趋严，各国发展监管科技的诉求较为强烈，监管科技在以美国为首的发达经济体中，发展尤为迅速，体系较为完善。过去我国金融监管机构对待金融创新采取过于包容的态度，金融机构的违规成本很低，因此金融机构研发和应用监管科技的动力明显不足。近期随着中央高度重视防控金融风险工作，金融监管机构的处罚力度加大，金融机构违规成本上升，催生应用监管科技的动力。

(3) 从技术发展角度分析

一方面，金融机构可以充分利用资本市场来募集资金，构建先进的满足合规需求的监管科技系统，而金融监管机构在构建满足监管需求的监管科技系统时，则会面临制度、技术以及资金等多方面的约束；另一方面，面对金融机构不断膨胀和金融业务加速创新，金融监管机构的监管成本也不断上升。过去金融监管机构的成本主要是人工成本，金融监管和金融创新之间的平衡体现在人力资源的竞争上。监管科技的发展，使得人力资源的竞争演变为技术竞争，技术竞争所需要的资金和人力资源竞争所需要的资金不在一个数量级。上述两方面因素的叠加，将导致监管需求的监管科技与合规需求的监管科技之间相对失衡。如果金融监管机构的监管技术不足以实现对金融机构的日常监管，金融行业一旦发生并暴露大面积的违规业务，就将倒逼金融监管机构集中力量进行清理和整顿，不仅增加了监管负担，也会导致金融行业的发展倒退，阻碍整个金融行业持续健康发展。

（二）监管科技发展的背景分析

1. 金融监管滞后于金融创新，金融监管机构压力日趋增加

随着大数据、云计算、人工智能、区块链等新兴信息技术的快速发展，金融科技已经逐渐成为金融机构关注的重点，但金融监管机构对新技术本身的架构、优势、局限性以及和金融业务的结合点并不完全了解。不仅如此，将新技术应用于金融领域还模糊了原本的金融业务边界，使得监管范围变大，也使监管难度陡然上升。此外，金融危机后全球金融环境动荡，金融监管机构更加关注监管合规，同时也更依赖和严格遵守繁复、冗长的监管法规和监管流程，希望在汇总和分析各类数据报告中，提高监管的颗粒度、精度和频度，这在很大程度上给金融监管机构自身带来了繁重的监管压力，也大大提高了监管成本。监管科技的兴起，对金融监管机构而言无疑是一道曙光，金融监管机构不仅能够进一步提升自身的监管能力，也能够使自身从繁

复的监管工作中脱离出来。金融监管机构运用监管科技，一方面，能够降低监管中的信息不对称程度，更好地观察金融机构的合规情况，及时了解金融产品创新、复杂交易、市场操纵行为、内部欺诈和风险等；另一方面，能够提升监管效率和监管能力，更好地防范系统性金融风险。

2. 金融监管逐步收紧，金融机构遵守监管法令的成本增加

2008 年全球金融危机之后，世界各国金融监管逐步收紧，直接导致金融机构遵守监管法令的成本提高。各国金融机构为了适应新的监管要求，遵守相关监管制度，避免因不满足监管合规要求而面临巨额罚款，纷纷加大了人力资源和资金投入力度。监管科技的开发与应用可以提高金融机构的合规效率。

随着人工智能（Artificial Intelligence）与机器学习（Machine Learning）在应用层面取得长足进步，其已经可以在提升决策水平、降低成本以及解决合规问题等领域，向金融机构提供优化解决方案。人工智能可以在很大程度上替代人工，帮助银行开展对洗钱或员工不当行为的检测。监管科技已在数据聚合、风险建模、情景分析、身份验证和实时监控等多个领域实现了应用。专业的监管科技公司通过对海量的公开数据和私有数据进行自动化分析，帮助金融机构核查其是否符合反洗钱等监管政策；利用云计算、大数据等新兴数字技术，帮助金融机构遵守相关监管制度，避免由不满足监管合规要求而面临巨额罚款。

3. 传统技术难以满足信息时代下金融监管的新要求

在 20 世纪 90 年代，伴随着计算机技术的发展，金融监管机构运用计算机技术，构建量化风险管理体系以进行监管，并取得了良好的效果。但随着各国金融业的快速发展，各金融监管机构的监管范围和规模空前扩大，遇到越来越多的挑战，如现有的风险信息技术系统，缺乏一致性和灵活性、系统维护成本高、难以应对实时性及临时要求、难以保证风险数据的质量及进行有效管理、获取风险信息的渠道有限等，种种问题都表明传统技术已经难以满足当前的监管要求。

4. 新兴科技为发展监管科技提供了技术支持

以大数据、云计算、人工智能、区块链技术为代表的新兴科技的开发与应用，有助于丰富监管手段和方法，为发展监管科技提供技术支持。

在大数据技术应用方面，传统金融机构在长期开展业务过程中，积累了海量的业务数据和金融消费者信息，但这些数据和信息没有被充分用于产品创新、业务优化和风险管理等方面，而金融科技公司能够利用大数据分析技术，充分挖掘这些数据的潜在价值，为金融监管机构进行监管与金融机构实现合规要求提供服务。

在云计算技术应用方面，金融监管机构会根据经济金融环境变化，相应地调整和完善监管规则，并对金融机构提出新的监管合规要求，云计算具备应对监管变化的灵活性，通过使用易于更新升级的技术，提供低成本的应用程序和应对新监管要求的有效模型，使金融机构能够满足长期的监管合规要求。

在人工智能应用方面，随着金融交易的更加复杂和数据量的更加庞大，人工智能和机器学习对于金融机构和金融监管机构所发挥的作用将越来越大，通过人工智能和机器学习，监管科技能够对数据进行更深度的分析，更好地实现情景模拟、分析和预测。

（三）发展监管科技要处理好哪些关系？

1. 协调发展监管科技和加强金融监管的关系

当前和今后一个时期是我国金融领域风险的易发、高发期，在国内外多重因素影响下，风险点多面广，呈现隐蔽性、复杂性、突发性、传染性、危害性特点，结构失衡问题突出，违法违规现象较多，潜在风险和隐患正在积累，脆弱性明显上升，我国既要防止“黑天鹅”事件发生，也要防止“灰犀牛”风险发生。金融风险隐患的积累和基于机构监管理念的金融监管体制是有密切联系的，“铁路警察，各管一段”的监管模式，针对同一类金融产品或业务在不同市场、不同区域、线上线下的监管标准不一致，不仅给机构监管套利预留了空间，也为大量非金融企业非法从事金融业务留下了空隙，为此需要推进金融监管体制改革。第五次全国金融工作会议明确要求，坚持从“我国国情出发推进金融监管体制改革，增强金融监管协调的权威性有效性，强化金融监管的专业性统一性穿透性”。党的十九大提出“健全金融监管体系，守住不发生系统性金融风险的底线”，2017 年中央经济工作会议强调“做好重点领域风险防范和处置，坚决打击违法违规金融活动，加强薄弱环节监管制度建设”。

推进金融监管体制改革是从制度上防范金融风险，但金融创新使得金融产品、金融业务之间的边界模糊化，跨市场、跨业态、跨区域的影子银行和违法犯罪风险增加，和监管能力不足也有直接关系，因此，打好防控重大风险攻坚战，既要推进金融监管体制改革，转变监管理念，改革监管制度，也要推动金融监管技术的创新。发展监管科技，以科技改善金融监管，以科技应对金融创新，以科技防范金融风险，正是当前金融监管技术创新领域聚焦的关键。在着力推动监管科技发展以防控金融风险的同时，也要看到监管科技的局限性，即它不能完全解决监管者的约束机制问题，因此还需要推进金融监管体制改革。

2. 厘清监管科技和金融科技的关系

和监管科技的产生与发展相类似，当科技（Technology）与金融业（Finance Industry）深度融合时，金融科技（FinTech）应运而生。金融稳定理事会（Financial Stability Board，FSB）将金融科技定义为“技术带来的金融创新，它能创造新的模式、业务、流程与产品，从而对金融市场提供的服务和模式造成重大的影响，既可以包括前端产业也包含后台技术”。由此可见，金融科技的本质就是利用新兴信息科技改造和创新金融产品和服务，是从技术研发与应用的角度，对金融业进行全方位的优化、升级和重塑。

从本质上分析，监管科技和金融科技之间并不具有直接关系，两者分别是科技与金融监管、科技与金融相互融合的产物。监管科技是用于监管整个金融行业的，包括传统金融和金融科技，而非局限于监管金融科技行业；金融科技行业的异军突起，科技在金融领域的有效运用，以及金融科技本身暴露出的风险，让金融监管机构和金融机构意识到了科技的重要驱动作用，从而加速了监管科技的产生和发展。

3. 理顺中国监管科技各参与主体的关系

尽管学界和业界尚未对监管科技形成一致性的定义，但其涉及主体大致包括金融监管机构、金融机构和金融科技公司。监管科技的不同主体及解决的主要问题见表1。

表1　监管科技的不同主体及解决的主要问题

参与主体	解决的主要问题
金融监管机构	一是维护金融体系的安全稳定、实现金融机构的稳健经营以及维护金融消费者权利 二是根据经济金融环境变化，适时地调整和完善相应的监管规则，不断提高监管水平和效率
金融机构	一是符合新规定，包括理解新规定、拟定适应新规定的战略与实施计划 二是持续合规，金融机构在为符合新规定做好准备的同时，依然要遵守现有规定；有必要持续进行某些活动以实现合规，这些活动包括报告、审计、管理等，这些活动必须具有持续性；与此同时，必须考虑新规定的变化，建立新的合规流程
金融科技公司	运用监管科技更好地整合监管要求与机构需求，向金融监管机构和金融机构提供优质服务

三类主体有不同的定位，金融科技公司利用新技术（包括机器学习、人工智能、分布式账本、生物识别技术、数字加密以及云计算）为金融机构和金融监管机构提供技术支撑；金融机构应用新技术来降低合规成本，适应监管要求；金融监管机构利用这些新技术应对监管压力和挑战，提升监管水平和效率。与金融监管机构相比，金融机构在监管科技的研发和应用方面具有更大的灵活性，制度约束更小，转化成本更低。金融机构大范围、长时间利用监管科技创新金融产品与服务、优化金融业务流程时，一方面，催生了提供专业服务的金融科技公司；另一方面，可能使金融监管机构在监管科技研发与应用方面处于被动地位，进一步出现金融监管滞后于金融创新的现象。

4. 厘清国外监管科技与中国监管科技的关系

国外监管科技和中国监管科技之间既有差异也有趋同。

从差异来看，首先是发展监管科技的必要性有区别。国外发展监管科技主要用于监管金融行业，防范金融行业风险。从我国实际情况来看，鉴于金融行业发展速度快，金融市场大，跨行业、跨市场交叉性强，造成金融监管人力成本高，因此中国发展监管科技主要用于增强对金融风险的甄别、防范和化解能力，提升金融监管整体水平。

其次是发展监管科技的推动力有区别。出于合法合规经营的需要，国外监管科技首先起源于金融机构，是其根据监管机构发布的监管规则制定的用于自律的技术。由于过去我国金融监管的包容性，金融机构和金融科技公司缺乏研究和开发监管科技的动力，因此我国监管机构对监管科技的发展比较关注，监管机构的推动力较强。

最后是监管科技应用的区别。国外监管科技的应用主要侧重于监管合规、身份验证、网络安全、预防欺诈、风险管理等领域；而我国则更关注监管科技在维护金融体系的安全稳定、防范系统性金融风险领域的应用。

从趋同来看，随着我国金融监管力度的加大，金融机构和金融科技公司的合规需求开始增加，发展监管科技的动力增强；与此同时，中国人民银行提出以监管科技提高监管机构能力的观念，逐渐得到全球监管机构的认同，其他国家监管机构也开始积极探索利用新科技丰富金融监管手段。

（四）监管科技能做什么？

1. 监管科技能帮助金融监管机构缓解监管压力，提升金融监管水平

首先，金融业发展速度、金融机构膨胀速度已经远超金融监管机构发展速度，给受人员编制约束的金融监管机构带来了前所未有的监管压力。其次，金融产品和服务的复杂程度越来越高，需要监管者具备更加专业的知识，来应对随时可能出现的金融创新。尤其在科技与金融深度融合的大背景下，金融监管机构更需要既熟悉金融又掌握科技的复合型人才，这给金融监管机构人才队伍建设提出了极高的要求。最后，随着监管压力的上升，金融监管机构更倾向于制定更加繁杂的监管规则、监管流程，无形之中增加了监管成本。

科技与监管的融合，为金融监管机构缓解监管压力、降低监管成本、提

升监管水平，提供了有效的技术解决方案，金融监管机构利用监管科技可以实时监控金融市场异常波动，识别与监控市场操作行为，收集金融机构经营数据，建立风险预警和研判系统，及时阻断或干预金融机构的违法违规经营行为，从而达到防控系统性金融风险、保障金融机构稳健运行、维护金融消费者权益的监管目标。

2. 监管科技（合规科技）能帮助金融机构满足监管要求，避免高额罚单

为了适应日趋严格的金融监管要求，避免因不合规带来的高额罚单，金融机构纷纷加大了人力和资金投入力度。监管科技在合规管理中的应用，能够极大提升金融机构合规效率、降低合规成本。金融机构通过监管科技可以更准确、快速、全面地搜集和整理监管信息和动态，及时掌握监管动向，能够安全、准确、及时地在机构内部、机构与监管机构之间传输数据和信息，在最短的时间内响应监管要求。监管科技可以帮助金融机构降低因监管规则变化带来的转换成本，提高整个合规系统的灵活性。金融机构通过应用人工智能与机器学习，不仅能够助力合规管理流程实现智能化、数字化，也可以降低合规管理的人力成本，有效减少人为主观因素的影响。金融机构利用大数据技术，能够全面搜集客户个人信息和行为数据，实现“精准画像”，为加强风险控制提供技术支持。金融机构可以通过监管科技构建风险预警、应急处置系统，能够及时识别风险，从而更好地降低风险，隔离风险边界，避免风险过快向更大范围蔓延。

3. 监管科技的发展有利于金融监管和金融创新之间达到均衡

从金融发展的历史来看，金融监管与金融创新是在螺旋式上升中一次又一次达到平衡状态的。一旦金融创新超过金融监管能力范围，导致金融风险爆发概率上升，金融监管面临挑战，金融监管机构必然会通过体制改革、理念创新、技术应用等手段强化监管，将金融创新重新纳入金融监管可接受的范围。当前，随着以大数据、云计算、人工智能、区块链为代表的现代信息科技不断地与金融业融合，以科技为驱动力的新一轮金融创新步伐不断加快，创新型金融业态、创新型金融产品层出不穷，给我国金融监管提出了巨大挑战。特别是在互联网金融和金融科技发展初期，部分平台非法集资、非

法吸存、提现困难、跑路等危害金融安全、侵害金融消费者权益的问题频频爆发，均是金融监管机构能力不足、无法快速有效地将创新型金融业态纳入监管范围的体现。监管科技的发展和应用，为当前“科技＋金融”背景下金融监管和金融创新之间再次达到均衡提供了可能，即金融监管机构综合运用新兴信息科技，通过引入监管科技来武装监管，优化监管流程，提升监管效能，达成监管目标。

4. 发展监管科技有利于应对科技带给金融业的新风险

科技与金融的融合，在增强金融服务可获得性，提升金融服务效率，降低金融服务成本等方面起到积极作用，但同时也赋予了金融业新的风险特征，如金融风险传播速度更快、范围更广、影响更恶劣，技术和操作风险更加突出，个人信息面临更大的泄露风险，更容易造成弱势群体过度负债，以及借助互联网渠道进行虚假宣传等。可以预见，未来我国金融业将处于一个风险高发期，防控金融风险、维护国家金融安全任重而道远。有鉴于此，为了打好防范金融风险攻坚战，不仅要依靠金融体制改革，也需要创新监管手段，即“用科技监管科技，用科技应对风险”。

5. 发展监管科技有利于开拓一片业务蓝海——监管科技与合规科技发展前景巨大

一方面，合规科技将开拓一片新的业务蓝海。根据相关数据，目前在全球范围内提供合规科技服务的公司已经超过200家，未来随着金融监管日趋严格，合规部门将成为金融机构重要组成部分，金融机构对于合规科技的需求将越来越大。另一方面，随着世界各国金融监管机构逐渐开始认识到监管科技的重要性，加上金融监管机构独立开发监管科技存在人力、财力、技术等多方面的限制，专业的监管科技公司兴起或将成为必然。未来，由金融监管机构提出监管需求，专业的监管科技公司负责开发监管工具和系统，或将成为我国监管科技发展的重要路径。

（五）中国监管科技应用现状

近年来，随着互联网金融、金融科技等概念的出现，我国社会出现泛金融化现象，明显引起了风险外溢，产生了诸如 P2P 平台跑路、网络欺诈、比特币勒索等一系列金融安全问题，加之我国一体多元的中央与地方格局，导致中央金融监管部门鞭长莫及、地方金融监管存在短板甚至空白，非法集资案件屡见不鲜，给金融监管带来巨大挑战。随着“强监管”成为金融领域的主旋律，为治理非法金融活动提供监管“利剑”，利用监管科技实现监管升级的需求日益增长。

1. 监管科技助力打击非法集资可行性分析

2017 年全国金融工作会议以来，在打击非法集资活动等金融监管问题上，“中央规则，地方实施”的政策框架基本确立，因而地方金融监管体系发挥着基础性的关键作用。其中，类金融的机构监管和非法金融活动的功能监管既是两大重任，也是两大难题。目前，地方金融监管机构对非法集资案件监管，仍然存在诸多困难，究其原因主要来自外部和内部两个方面。

（1）外部原因

一是地方金融监管不具备此类风险处理能力、缺乏跨区域的问题解决机制，是非法集资案件在数地的辗转腾挪中还能不断膨胀的重要原因。这些机构业态繁多且不断变形演化，监管空白与重复监管并存，风险高发。近年来，借助互联网的发展，一些机构早已突破了区域性限制，跨省份、跨区域经营现象普遍，资金来源和流向复杂，非法集资案件频发，监管难度极大。

二是地方金融监管是按属地监管，即按注册地为准实施监管，但很多互联网金融企业普遍跨区经营，经营地和注册地分离，监管难度较大。例如：“e 租宝”两年内非法集资 762 亿元，受害投资者有 90 多万人，遍布全国 31 个省份，这被业界称为“P2P 第一案”。云南泛亚庞氏骗局涉案金额为 430 亿元，投资者有 22 万人，涉及全国 20 多个省份。

三是在互联网金融兴起后，风险高发点已转移到监管薄弱甚至空白的互联网金融领域。第三方支付平台、现金贷、网络借贷等利用监管漏洞进行非法集资诈骗，并借此来谋取“监管套利”，给监管带来了新的挑战。例如钱宝网诱骗年轻人通过网贷平台、通过银行开立信用卡办理银行消费贷等形式，借信用贷款以加杠杆的方式投资高息理财平台。

（2）内部原因

一是在人力资源方面。各地金融监管人手高度短缺，编制严重不足；主要集中在省市两级，县级资源极度缺乏且非常分散，一些地区的相关机构挂靠其他政府部门；专业性监管人员少，多数人员缺乏金融管理从业所需的知识储备及实践经验，日常工作仅仅停留在行政管理、公文处理等层面。

二是在数据来源方面。普遍缺乏对监管对象的可见性，看不见主体也不清楚业务，例如钱宝网采取"互联网＋实体"的模式利用网络平台推广业务，用户只需要登录 App，即可实现匿名产品购买、资金赎回等多项操作，其隐蔽性强，风险传染快；监管依赖监管对象主动报送的数据和信息，渠道单一。

三是在监管手段方面。地方金融监管手段多以事后核查为主；缺少对日常行为的监管，某些地区的金融监管依赖"年度检查"；以现场检查为主，覆盖面/频度非常有限。

综上所述，地方金融监管部门面对越发复杂和沉重的地方监管压力，以信息技术为核心的互联网金融海量信息流客观上提高了风险管控的难度，在去中心化和金融脱媒的过程中，随着未受严格监管的科技创新企业进入金融行业，若仍沿用传统的监管手段，就极易产生监管套利和监管空白，损害消费者权益。因此，借助监管科技的力量，将监管对象和行为纳入监管视野，对新时期的金融创新进行合理有效的监管势在必行。

2. 监管科技在监控非法集资活动中的作用

目前，我国地方金融部门在积极探索引入监管科技，以实现对非法集资活动的监控。国内有不少金融科技类的公司涉足监管科技领域，各地监管部门、行业在风控、反欺诈、反洗钱及打击内幕交易方面应用大数据、人工智能、区块链等技术，以实现监管的高效性、专业性和精准性。

大数据技术的核心是将分散在不同地方的数据进行有效的收集和整合，把隐藏在数据中的有用信息提炼出来，结合各个行业的知识，用获取的信息服务于决策过程，提升决策效率和决策的正确性，提高创新能力和竞争优势。目前，地方金融监管部门积极推进大数据技术的研发和应用，提高地方金融监管数据的采集水平和应用能力。

一是在数据采集方面。通过大数据技术，能够对地方金融机构进行综合的、全面的数据采集，不仅能够横向打通小额贷款公司、融资担保公司、区域性股权市场、典当公司、融资租赁公司、商业保理公司、地方资产管理公司等的信息管理，还能引入外部职能机构，如工商局、法院、中国人民银行等的数据，将原先割裂的地方金融监管数据实现实时共享，使各职能部门、监管部门、资质审核部门等能实时查看所需信息，实现信息的协同和对称。如度小满金融（原百度金融）基于在企业级数据积累以及人工智能技术领域积累的优势，可以利用监管科技，与金融部门在监管领域开展合作；腾讯数据利用铲平底层数据，依托微信、QQ 等社交平台以及大数据监管平台，对全网数据准确甄别，感知地方金融企业和相关金融业务风险。

二是在风险预警方面。相关监管部门通过结合各地金融风险预警规则，利用大数据等技术获得穿透式信息集，确保交易信息的实时性和可追溯性，快速识别潜在风险。

三是在征信报告方面。建立信息查询系统，根据已采集的原始数据及系统批量加工的衍生数据，结合内部征信模型，生成地方金融体系征信报告，成为中国人民银行征信的有效补充。信息系统对类金融业务和银行贷款审批、贷款担保等深入挖掘，发现连保、互保等关联关系链，深度挖掘贷款风险。

四是在舆情分析方面。通过大数据分析建立舆情跟踪机制，补全地方金融监管与原有监管职能机构间存在的监管漏洞或空当，构筑对类金融机构全覆盖的有效金融监管体系。如百度借助独有的数据源优势，通过百度搜索关键词、百度贴吧等，更加全面地反映舆情；从互联网海量舆情中，机器自动识别、挖掘、聚类事件，分析事件热度、梳理事件来龙去脉，基于事件进行舆情全面分析。

五是在类金融业务监管方面。将地方类金融业务与银行在本地区的金融业务融合，全面执行数据挖掘技术，建立健全地方金融运行类金融交易数据监测系统，将类金融业务自动抽象，计算出本地区融资指数等金融指数，对地方金融宏观数据进行趋势分析，了解并掌握地方宏观金融发展状态，为引导地方金融公司、预防地方金融风险等提供更好的数据支撑。

六是在非现场检查手段方面。通过实现数据共享、移动数字端技术整合，与管理驾驶舱功能结合，有效地提升地方监管检查工作的时效性、及时性。

利用人工智能技术与机器学习技术，规避风险并挖掘出监管体系的漏洞。目前运用人工智能技术基于海量数据进行舆情监测，利用网络爬虫抓取信息和内部获取信息，通过自然语言分析引擎进行分词，数据降维（合并同类项）与提取词之间相关性，与知识图谱进行比较、匹配、映射，并进行趋势分析，提供分析报告，反馈预警情况。如百度研发福尔摩斯系统，针对金融业务的 7×24 小时全天候监控系统，基于关系网络、企业画像等建设对异常交易、非法集资的图形化交互监测，利用智能分析技术关联网络挖掘、指定规则库和可疑判定模型，输出可疑交易名单。

基于区块链的信贷报送系统，通过构建联盟链可有效解决贷款业务遇到的监管、风险及个人隐私等问题。利用区块链设立分布式账本，实时更新贷款全生命周期监控情况，基于 Hyperledger，实现参与节点独立部署、分布式记账合作伙伴信息共享，解决目前政府、企业和个人涉及贷款的监管、风险、隐私等问题。利用 VP、NVP 节点的分布式管理，以及 PBFT 的共识机制和 CA 智能合约，确保监管数据的实时报送、不可篡改，从而增强对小贷企业监管的时效性、准确性；加强小贷公司间信息共享，降低放贷风险。如北京市金融工作局从 2016 年开始构建以区块链为底层技术的网贷风险监控系统，让监管部门将所有网贷平台上报的数据记录在案，对异常交易进行快速识别并做出反应。

3. 地方监管部门应用监管科技防范非法集资风险的实践

近年来，以地方金融监管部门为主体的地方金融监管力量正在培育和壮大之中，探索引入了互联网、大数据等新型监管手段和工具，并与金融科技公司合作，构建金融安全大数据监管平台，成立金融安全反诈骗实验室，通过资源共享，对各种金融风险进行识别和监测预警，共同探索监管科技在地方金融监管领域的应用。同时，地方金融监管部门与公安、工商、市场监管以及银行业监管等部门之间的协作与联动机制也逐步建立。我国各地监管科技应用情况一览见表2。

表2　我国各地监管科技应用情况一览

地区	参与机构	产品	技术	实现功能
深圳	腾讯、深圳市金融监管局	金融风险监测预警平台；依托平台，深圳市金融办创设了“海豚指数”	对非全量数据，通过算法补全局部数据，打击效率、预防效果优于全量数据；构建七个子系统，分别涉及金融风险监测预警、非法集资核心建模、舆情信息采集、线下数据采集、非法集资案件信息管理、举报线索管理和数据管理	定期对接深圳市行政资源信息、投诉举报信息、公安信息、银行资金账户异动线索等数据；动态监测预警高危风险企业，提升主动发现、提前预警金融风险的能力，分级预警、分类处置企业风险
北京	腾讯、北京市金融监管局	全息金融安全大数据监管平台	对非全量数据，通过算法补全局部数据，打击效率、预防效果优于全量数据	金融监管部门将提供涉嫌非法金融活动的公司的案例，帮助腾讯建立模型，提高腾讯系统筛选非法集资行为的准确度，并根据指标体系来捕捉一些异常行为或进行风险预警
北京	北京市金融监管局、北京金信网银金融信息服务有限公司	基于“冒烟指数”的“打非”监测预警平台	运用大数据技术建立包括企业欺诈、信用、流动性三方面的风险模型	通过对各个维度风险的量化、赋值，综合算出企业的“冒烟指数”，预测所涉非法集资风险
北京 上海 贵州	北京、上海、贵州金融监管局，成都数联铭品科技有限公司	反欺诈风险监测系统	通过反欺诈产品线来构建“打非”监测高风险企业全息画像	将政府主管部门多个信源单位的数据与互联网舆情数据，第三方机构、网贷平台等社会数据高度融合，根据P2P、私募基金、融资担保等行业的业务特征建设预警模型，进行多维度综合建模分析，生成动态的企业非法集资风险指数和企业非法集资风险全息画像

续表

地区	参与机构	产品	技术	实现功能
上海	上海金融监管局	上海市新型金融业态监测分析平台	通过行业监测、园区监测、企业全息信息查询及实时监测四个子平台,实现对机构、人员、业务、风险的信息监控全覆盖	通过大数据抓取,监管对接搜索工商资料,法院执行诉讼数据,网上贴吧、论坛、微博发言等,发现负面舆论、投资理财招聘信息、广告信息等
广州	广州金融监管局	广州金融风险监测防控中心	利用区块链、人工智能和大数据等技术	监测预警 P2P 网贷、小贷公司和交易场所等业态风险
深圳	国家互联网应急中心、深圳前海管理局、深圳市通信管理局	国家互联网金融风险分析技术平台——前海金融监控系统	利用大数据技术	进行类金融企业的数据获取,进行非法集资的动态风险监测与防控

综上所述，利用监管科技确保信息的实时性与可追溯性是新时期监管的核心，借助监管科技形成新的监管方式，将有利于规避跑路平台恶意圈钱的风险，并通过对市场风险的预测保障消费者权益，实现有效监管。依托大数据、人工智能、区块链技术强化地方金融监管，利用全媒体助力处非宣传。在金融风险早期甚至萌芽阶段，利用信息共享平台及时预警，从技术层面为金融风险及时处置，及非法集资“打小打早”争取宝贵时间。通过监管科技的应用，为类金融机构和经营活动建立有效行为监管机制，以与传统金融监管形成合力，从源头厘清和规范民间借贷，防范非法集资、金融诈骗，坚决守住不发生区域性风险、群体性事件的底线。

4. 科技在合规科技领域的应用现状

金融风险防控是金融工作的重点，是总体国家安全观的重要组成部分，党的十九大报告、2017 年中央经济工作会议、第五次全国金融工作会议，都强调了防范和化解金融风险的重要性，对维护金融稳定提出了更高要求。2019 年 2 月，中共中央政治局第十三次集体学习时，习近平再次指出，“防范化解金融风险特别是防止发生系统性金融风险，是金融工作的根本性任务”。

金融监管逐步收紧，据不完全统计，2018 年，银保监会针对银行业金融机构及从业人员开具 3813 张罚单，罚没金额累计近 20 亿元，罚单涉及贷款管理问题、票据业务违规、同业投资违规、理财销售违规等多个领域。严监管仍将继续，要求金融机构不断增强合规意识，主动作为，强化合规管理。

合规科技作为监管科技的分支，主要用于金融机构合规端，为其提供科技解决方案，实现提高风控水平和降低合规成本的目标，通过数据和流程的自动化，帮助金融机构实现监管合规。

依托大数据、区块链、人工智能等新技术，合规科技力求为金融机构提供更快捷、有效的监管方案。在人工智能应用方面，随着金融交易的更加复杂和数据量的更加庞大，人工智能和机器学习对于金融机构和监管机构所发挥的作用越来越大，合规科技需要抓住人工智能这一趋势，实现监管合规的及时、高效，维护金融安全，防范系统风险。尤其是在金融监管趋严、金融机构合规成本大幅提升的现状下，合规科技需要与人工智能有机融合，为降低金融机构的合规成本提供有力的技术支持。

（1）合规科技发展现状

自 2008 年全球金融危机之后，严监管成为常态，为配合监管要求，金融机构的合规成本不断攀升。据 Medici 的研究，2008～2016 年，发达国家的监管规定数量增加了 500%，金融机构合规职能的劳动者数量增加了 10%～15%。据波士顿咨询公司（BCG）的研究，全球金融机构在 2009～2016年遭受了高达 3210 亿美元的罚款。

降低合规成本的需求，及金融科技的兴起应用，为合规科技发展提供了沃土，全球的合规科技市场规模不断扩大。据统计，2014～2018 年，全球合规科技的投资增长了近 5 倍，复合年增长率高达 48.5%。随着合规科技领域的不断活跃，大规模投资也不断增长，如价值超过 1000 万美元的交易比例，从 2014 年的 23.3% 升至 2018 年的 46.8%。2019 年第一季度，全球合规科技公司的投资额达 13.152 亿美元，超过 2014 年、2015 年和 2016 年全年的投资额（见图 1），受大规模交易驱动，第一季度逾 1/4 的交易估值超过 2500 万美元，其中较大的 10 笔交易筹集了近 8.5 亿美元。2019 年第一季度的前 10 大宗交易中，美国企业占据主导地位，其中有 8 家上市公司，其余是一家英国企业和一家法国企业。

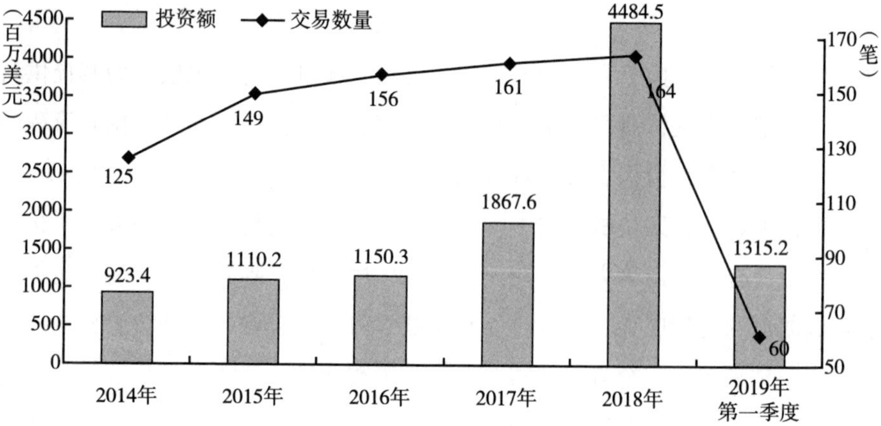

图 1　全球合规科技投资规模

资料来源：RegTech Analyst。

以美国为代表的北美和以英国为代表的欧洲一直都是金融科技发展的重点区域，2014～2018 年，北美主导了 516 宗交易，占全球合规科技总交易数量的 68.3%。2014 年至 2019 年第一季度，英国合规科技公司通过 130 笔交易融资 7.67 亿美元。在 2018 年第二季度至 2019 年第一季度，欧洲较大的 10 笔合规科技交易筹集了逾 2.68 亿美元，其中 7 笔交易涉及总部位于英国的公司，其余 3 笔交易涉及德国、挪威和法国的公司。随着亚洲等地区的兴起及其对合规科技发展的重视，全球合规科技的活动中心开始从北美和欧洲向其他地区转移。截至 2018 年底，合规科技在北美和欧洲以外的其他地区的交易量占 14%，比 2014 年提高了 6.8 个百分点（见图 2）。

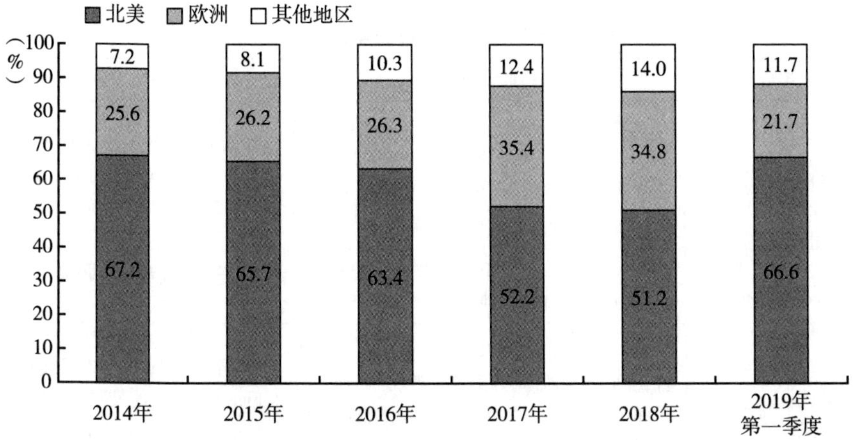

图 2　合规科技交易数量的地区分布

资料来源：FinTech Global。

（2）合规科技的应用场景

借助大数据、云计算、人工智能等技术，合规科技帮助金融机构降低合规成本、满足监管合规要求，尤其在交易监测、身份识别、风险防控等领域的服务和技术已经日趋成熟。一是通过实时收集、整合交易信息，有效监测可疑交易、违规操作等，防范交易风险；二是通过生物识别技术与大数据分析技术等进行客户身份管理、远程业务操作等，为防范金融安全隐患提供方案；三是通过数据积累和分析，检测合规和监管风险，预测和感知风险变化，提高风险预警和防控能力。

同时，合规科技可以以数字化形式将金融机构端与监管端连接起来，实现内外部监管数据和信息的及时、准确传输。一是从监管端获取监管需求，金融机构可将各类监管规则、要求进行数字化处理，将其准确转化为内部约束条件，以满足合规要求；二是向监管端输送数据信息，金融机构可将交易信息实时形成合规报告，向监管机构动态报送，在降低金融机构人工成本的同时，提高监管机构的监管效率；三是利用技术构建安全的传输渠道，通过数据加密等技术，提高内外部数据传输的安全性和效率，减少道德风险，降低隐性合规成本。合规科技的应用场景见表 3。

表3　合规科技的应用场景

应用场景	应用领域	具体形式	应用案例
与客户互连应用	交易行为监控	一是利用软件监控员工以确保其遵守交易规则，从而减少违规操作；二是采用大数据技术防控线上渠道产生的欺诈风险，提供进行实时交易监控和审查的方案	腾讯灵鲲金融安全大数据监管平台、中金金融认证中心旗下的交易监控及反欺诈系统等
	客户身份管理	利用人脸识别、指纹识别技术等验证客户身份，实现远程开户、刷脸支付	支付宝、微信支付等第三方支付
金融机构内部应用	风险防控管理	一是利用软件来应对日常操作风险，包括事件识别、问题跟踪、数据存储等；二是通过分析和量化风险建模，评估风险暴露情况并预测未来的威胁；三是进行客户风险评估，更好地做到贷前防范风险、贷后控制风险变化及影响范围	美国的Aravo和英国的Finastra；腾讯的灵鲲"7+4"风控引擎；建行"新一代"企业级大数据工作平台；度小满"金融脉搏"平台
与监管机构互连应用	法律法规跟踪	对监管规则进行数字化解读，根据变化实时调整更新并将其嵌入金融机构业务运行过程中；充分了解、及时跟踪监管规则，降低规则的"菜单成本"，提高灵活性	瑞士的监管科技公司Apiax；美国的IBM Watson系统；澳大利亚的监管科技公司AtlasNLP等
	合规报告报送	通过大数据分析、实时报告和云计算，实现自动化数据分发和监管报告生成	奥地利报告服务有限公司AuRep；爱尔兰监管科技公司Vizor等
	数据加密与输送	通过区块链技术和加密货币充分利用分布式记账的优点，确保数据的安全性、完整性、有效性，防止数据被篡改，以服务于数据输送	德国监管科技公司Droom的Drooms NXG系统

（3）人工智能在合规科技领域的应用

人工智能是金融科技的热点，许多金融机构纷纷投资布局，以取代部分人工劳动力，优化业务流程，提高工作效率，金融领域进行了深刻变革。人工智能包含的内容很多，在监管合规方面可应用的主要技术有三大类，即机器学习、知识图谱和自然语言处理，可以在数据处理、身份识别、合规审查、风险预警等领域，帮助金融机构更高效地实现监管合规，提升合规智能化水平。

①数据处理与分析，优化合规建设

标准化的数据是实现金融监管的基础，但是，数据统计的维度和口径不一致，导致金融机构在业务开展过程中产生的海量的数据的标准、格式、质量不一，难以满足监管机构的要求。随着金融业务的不断创新和监管机构的要求趋严，金融机构需要报送的数据大大增加，这使其基础设施在处理数据方面的难度增大，人工智能可以为此提供解决方案，以促进金融机构的合规性建设。

一是人工智能和机器学习可以解决传统分析工具难以解决的大规模数据处理问题，并对文本、图像、音频等非结构化数据进行清洗和转化，实现数据标准化和优质化，既使金融机构能够更加全面、稳定地给监管机构报送所需数据，又能为智能合规的算法提供高质量的数据。

二是人工智能的自然语言处理能力，可以从语义层面上对数据进行分析，帮助金融机构从交易中提炼有价值的信息，筛选可疑的交易数据，纠正员工的不当行为，满足实时合规的要求。

三是利用人工智能的可视化分析技术，可以将大量复杂的数据以容易理解的方式呈现，核查交易是否符合监管政策，帮助金融机构做出相应决策。

②身份识别与管理，防范金融犯罪

KYC（Know Your Customer）是重要的监管合规机制，尤其是在互联网金融快速崛起的时候，金融机构更需要强化客户信息审查，做好风险防控工作。目前人工智能技术被广泛应用于支付领域，利用生物识别和机器学习，可以提高支付的精准度、效率和安全性，节约合规成本。

一是利用语音识别、人脸识别、指纹识别等智能技术，提高客户身份识别效率，带给客户更智能的体验和更安全的支付，帮助金融机构合规部门减少部分繁重、重复的合规工作，降低传统 KYC 过程中产生的人力成本和时间成本。

二是利用知识图谱技术，绘制企业的资金往来情况，有针对性地识别潜在的财务造假风险，帮助金融机构精准评估企业风险；利用机器学习算法分析客户的特有风险，通过多维度刻画身份以对其行为进行预测，预警可疑客户和可疑交易行为并加以阻止，从根本上避免违规风险。

三是利用机器学习技术，在 KYC 基础上构建模型，通过持续的模型训练，提高模型识别率，最终建立人工智能的无监督自学习识别模型，自主对金融犯罪风险、客户行为风险进行监测分析，有效防范洗钱、欺诈等金融犯罪活动。

③合规审查与评估，降低合规成本

传统的监管合规更多依赖于人工核查，金融机构需要定时报送大量监管信息和合规报告，随着监管法规条文增加，使用专业合规人员的成本增加，利用人工智能可以代替部分监管合规岗位，提高合规效率。

一是利用自然语言处理技术，可以将监管规则数字化以让机器可识别，提高规则的一致性和合规性。结合机器学习技术和迭代更新算法提高机器翻译人类语言的准确性，实时监控和跟踪当前的法规遵循状态和即将出台的法规，帮助金融机构进行合规审核。通过比较不同国家监管规定的异同，帮助金融机构合规开展跨境业务。

二是探索智能化报告技术，实时、连续、动态地监控交易数据，通过抓取、分析数据自动生成合规报告，并将其上传至实时监测平台。通过减少直接参与人员、优化信息采集流程，降低金融机构提供合规信息的相关成本，减少人为主观因素的影响和干预。根据监测平台的分析、反馈，金融机构还可以获得快捷的监管建议及指导，实现持续合规评估。

④风险预警与测试，提高预判能力

相较于传统的人工风险监测，人工智能可以通过构建违规发现模型和风险预警模型，有效监测金融机构的内部和外部风险。一是利用模糊推理技术和案例推理工具，学习以往案例及当前监管规定，进行全局化分析计算，及时提醒金融机构调整操作以确保合规。二是利用机器学习等技术构建流动性风险的网络模型，选取更合适的风险指标衡量流动性情况，辅助金融机构做决策。三是利用人工智能技术开展金融压力测试，通过数据的挖掘和分析，对市场可能发生的风险进行预警，对外部事件进行预测和反应，增强金融机构的风险管理能力，控制风险的影响范围。

（六）当前中国发展监管科技存在的难点

1. 数据垄断和数据孤岛难以避免

一方面，出于商业竞争和成本控制的需要，金融机构缺乏共享数据的动机，特别是一些金融科技企业，通过社交软件、购物软件和支付工具掌握庞大的客户个人信息和行为数据，很容易形成数据垄断。另一方面，金融监管机构和金融机构分别站在各自立场对数据进行理解、定义、搜集、整理和存储，这些数据之间难以实现共享，即使对于同一数据，由于金融监管机构和金融机构所在立场和角度不同，其对于数据的处理也可能是不同的，这使数据在物理层面与逻辑层面均形成了孤岛，提高了金融监管机构和金融机构进行数据合作共享的沟通成本。在金融监管机构没有对数据上报提出明确要求、没有共享动机的情况下，依靠监管科技依然无法解决数据垄断和数据孤岛难题，这会使部分基于大数据技术的监管科技应用缺乏公信力和可比性。

2. 要警惕金融科技公司成为“隐性监管者”

从监管科技发展路径来分析，金融科技公司和专业的监管科技公司均可以成为监管科技工具、技术和系统的供给方，但由金融科技公司来研究和开发监管科技，很容易催生“既当运动员，又当裁判员”的现象，金融科技公司极有可能转变为“隐性监管者”。

由于金融监管机构独立开发监管科技在体制机制、人员保障、资金保障以及技术支持等方面存在诸多障碍，因此由金融监管机构提出监管需求，由市场来提供监管科技服务是一条较为恰当的发展路径。但值得关注的是，在监管科技的研发与应用中，由于金融监管机构很难掌握大数据、云计算、人工智能、机器学习等技术的核心算法和规则，如果由金融科技公司来提供监管科技服务，就难免会让其掌握更多的金融数据和监管数据，再加上其原先就已经搜集的客户个人信息和行为数据，不仅会进一步加剧数据垄断，还可能为其提供了寻找监管科技漏洞，甚至开辟“后门”的机会，从而极有可能引发金融科技公司躲避监管甚至影响监管。

3. 科技手段无法取代监管者判断

虽然监管科技在缓解当前金融监管机构监管压力、提升监管效率、提高监管水平方面大有可为，但科技手段仍然无法取代监管者判断。由于目前监管科技尚属于新兴事物，其有效性尚未经过一个完整的经济周期来检验，新兴信息技术存在的局限性是否会引发新的风险问题尚不可知。因此，在目前的金融监管实践中，监管科技只能为监管者做出判断提供依据和技术支持。

4. 监管科技发展不均衡，可能产生新的监管套利

如前所述，从目前的发展水平来看，监管科技在监管领域的发展明显滞后于在合规领域的发展，监管科技发展不均衡带来的问题已经开始凸显，主要表现在金融监管滞后于金融创新，金融监管能力不足问题依然存在。在监管要求、盈利目标以及成本约束的三重压力下，金融机构天然倾向于研究应用合规科技，将合规科技导入业务管理全流程，从而增强合规能力，降低合规成本，最终达到完善运行模式、提升经营效率、增加利润的目标。当所有金融机构都开始深入研究应用合规科技时，由于受人力、资金、技术等多因素限制，金融监管机构的监管科技发展缓慢且滞后，这极有可能刺激金融机构利用合规科技寻找监管漏洞，降低监管有效性甚至游离于监管体系之外，从而产生新的监管套利。

5. 监管科技（合规科技）应用带来的风险控制趋同，与普惠金融发展背道而驰

金融科技天然具有普惠金融的基因，其提供的快速的、低成本的、无抵押无担保金融产品和服务，对于缓解小微企业融资难、弱势群体贷款难等困境，起到了重要作用。随着合规科技的发展与应用，金融机构开始利用大数据技术搜集客户个人信息和行为数据，对客户进行“精准画像”，为风险控制提供依据。虽然合规科技的使用减少了人工干预，提高了风险控制的精准度，但由于基于大数据技术的风险控制工具的数据搜集维度和核心算法基本是趋同的，当所有金融机构都采用同样或类似的风险控制工具时，就会造成一部分小微企业、弱势群体在任何金融机构都没有办法获得金融服务，这与普惠金融发展的诉求是背道而驰的。

（七）未来中国发展监管科技面临的挑战

1. 路径挑战——如何选择监管科技发展路径？

如何选择监管科技发展路径，成为我国发展监管科技必须首先解决的关

键问题。监管科技主要涉及金融监管机构、金融机构和金融科技公司等参与主体，金融科技公司作为监管科技研发主体，基于大数据、云计算、人工智能、分布式账本、生物识别技术以及数字加密等新兴信息技术，提供监管科技支持；金融监管机构和金融机构作为监管科技应用主体，分别利用监管科技达到丰富监管手段和提升金融监管水平、满足监管要求和降低合规成本的目标。理顺监管科技多方面主体之间的关系，有效协调监管需求、合规需求与技术供给，形成有利于监管科技发展的良性循环，是应对监管科技发展路径挑战的重要内容。

2. 制度挑战——如何构建有利于监管科技发展的体制机制?

一方面，在金融科技发展过程中，金融机构与金融科技公司提供的金融服务不断渗透趋同，参与主体逐步多元化，增强了金融业务之间的交叉性，使金融风险更具有传染性，更容易造成系统性风险；另一方面，金融科技使我国金融风险高发区域在一定程度上从传统金融体系转移至非传统金融体系、从中央转移至地方、从线下转移至线上。鉴于当前防控金融风险任务的紧迫性和复杂性，且由于我国尚未建立起统筹协调监管科技发展的体制机制，各行业、各部门、各地区各自为政，发展监管科技，这种野蛮生长状态不利于监管科技防范系统性金融风险、构建金融新生态作用的发挥。

3. 目标挑战——发展监管科技到底为谁服务?

监管科技包含“合规”和“监管”两个方面，即金融监管机构、金融机构都需要发展监管科技以满足自身需求。发展监管科技既要避免金融机构利用技术手段，规避监管甚至进行监管套利等行为，也要避免在金融监管机构出现监管科技使用成本高、利用率低，监管不到位甚至监管科技与金融监管体制改革冲突等不符合监管需求的现象。因此，在监管科技发展过程中，有必要明确“发展监管科技到底为谁服务?”这一重要问题。

4. 成本挑战——高企的监管科技研发与应用成本由谁来承担?

不论是金融监管机构还是金融机构，都要为监管科技的研发和应用付出较高的成本。发展监管科技的根本目标在于构建金融行业新生态，为金融行业发展提供一个公平竞争环境。监管科技的研发和应用具有较高的外部性，这种外部性在很大程度上体现为科技快速发展所增加的监管成本，而纳税人不一定要为这部分监管成本全部埋单。有鉴于此，建立一个合理的成本分担机制，是保障监管科技持续健康发展的重要因素。

5. 规则与标准挑战——无序发展还是有序发展？

无论是为了满足国内金融监管需求，还是参与全球监管科技体系建设，监管科技发展规则和技术标准的制定都是不可或缺的。只有制定完整的监管科技发展规则和技术标准，才能有效规范进入和退出市场行为，为整个金融行业的发展提供有序、公平的竞争环境。从目前发展情况来看，监管科技发展尚缺乏统一的规则和标准，整个行业还处在无序发展阶段。

二　中国监管科技体系构建探索

随着金融科技在技术和应用方面不断创新，就传统金融方式而言，对金融创新的监管成为当前防范金融风险、保障金融安全的重点要求。当前的金融创新主要依靠金融科技得以实现。监管科技的确立和体系的构建，涉及用金融创新的技术来进行监管，以弥补传统金融监管的漏洞和不足。

（一）中国构建监管科技体系的主要任务

中国人民银行科技司司长李伟在 CFA 协会举办的峰会上对金融科技做了这样的表述：“从监管角度看，金融监管部门通过运用大数据、云计算、人工智能等技术，能够很好地感知金融风险态势，提升监管数据的收集、整合、共享的实时性，有效地发现违规的操作，高风险的交易等潜在问题，提升风险识别的准确性和风险防范的有效性。”监管科技的建设和应用，为金融科技的良性发展提供了保护盾，为金融防风险提供了保障。建立健全中国监管科技体系是实现监管信息化的主要任务。

1. 建立监管科技体系既是金融科技发展的必然趋势，也是保障金融安全的必要途径

第一，当前信息化建设初见成效。多种类型的金融科技研究院已经开展大数据、机器学习的探索和前瞻性研究，为监管科技体系建立的后续研究提供了理论基础。第二，金融科技的快速发展为监管科技体系的建立提供了技术保障和应用空间。大数据、云计算、人工智能和区块链等技术的不断成熟，为监管科技体系的建立提供了技术基础，金融科技的各类型应用为监管科技体系的建立提供了土壤。第三，当前金融科技的快速发展使金融风险问题不断爆发，给传统金融监管方式带来了挑战。金融创新产品丰富，品类繁多，金融科技的应用受到互联网效应的影响，受众广、传播快，容易发生“羊群效应”，引发金融“灰犀牛”和“黑天鹅”事件。当前，我国已具备开展监管科技建设工作的基础和条件，进行监管科技建设更成为一项需求迫切、技术可行、亟待开展的重要工作，也成为金融监管领域发展的风向标和必然趋势。

2. 鉴于金融科技发展的特殊性，应从体制、手段、技术、产品、人才和政策支持等多角度出发，建立健全监管科技体系

监管科技使用新技术能够更有效地解决监管和合规要求问题，可以制定更好的合规解决方案，提高效率、盈利能力以及降低进入该行业的壁垒。

建立监管科技体系的第一步是要明确建立监管科技体系的主要任务。

一是应用监管科技体系，建立健全金融监管制度，全面而周到的金融监管制度既要支持创新，还要支持有序安全发展。应制定计算技术、应用、金融创新等规则下的依法依规监管制度。金融科技是一把双刃剑，人工智能等新技术应用到金融领域，使风险传导路径更为复杂，资金流动变得更为频繁，违法违规行为也更加隐蔽，这给市场的稳定运行带来负面影响。因此，应建立更加理性、有效的监管体系，进行预判并制定应对方案，提高对新型市场操作行为的识别与监控水平，维护金融市场的稳定运行，提高防范系统性金融风险的能力，更好地服务实体经济。同时，监管科技体系还要强化事前、事中和事后监管，全流程监控风险。相较于事前监管，事中和事后监管

是更加持续的监管过程，因此，应当从监管科技出发，从制度层面建立全面的金融监管体系。

二是应用监管科技体系，实现监管手段和技术创新。针对日新月异的金融创新、产品创新、技术创新、平台创新，只有实现监管的创新，才能充分保证金融安全和金融稳定。利用科技手段进行监管，一方面，可以提高风险警示的有效性，相较传统手段，可以更快速、全面地提供资本市场动态报告，及时发现市场异动等问题。另一方面，通过新技术应用，可以不断丰富监管措施，提高监管能力，增强监管实效，利用跨市场监控信息的共享，打击非法证券机构，惩处违法违规行为，切实保护中小投资者合法权益。进行监管科技建设工作，能够提升我国监管部门的审慎监管水平，使规则制定更科学、评价体系更客观。尤其是运用大数据、人工智能等先进技术，能够对异常交易、内幕交易、市场操纵、信息披露造假等行为较早发现并进行及时有效的分析，对各类市场主体进行更高效的监管，促进各类市场主体健康有序发展。

三是监管科技体系能够为传统金融监管提供有效补充，提升监管效率。将新兴计算机技术应用于金融监管领域可以有效提升监管、监察能力和业务服务能力。同时，也可以利用新技术来优化和改造现有监察、监管业务流程，促进金融监管理念和监管方式的变革，推动技术与业务的深度融合，进一步强化稽查执法能力，在事前、事中、事后提供全方位的决策支持。

3. 监管科技体系的建立，应遵从总体建设原则

一方面，要整合有效的数据资源，充分利用计算机技术，提升金融监管的智能化水平，促进监管体系和监管方式的创新。另一方面，监管体系的建立要充分保证系统的安全性、兼容性和扩展性，为后续的市场需求预留发展空间。既要引导金融科技市场健康、有序发展，又要避免无序监管，避免“一管就死，一放就乱”。应当形成规则完备的体系——事前预警、事中信息透明、事后处理快速的监管体系，始终坚持“技术支持、市场驱动；共建共享、多方合作；稳定有序，统筹规划；以创新促监管，以监管稳创新”，建立健全稳定、全面、有序的监管科技体系。

首先，以建立有序监管为原则，避免“一管就死，一放就乱”。在国务院金融稳定发展委员会的统一领导和组织下，由中国人民银行金融科技委员会牵头，规划和建设监管科技体系各方面的工作。建立健全监管制度，收放有度，根据业务需要，分阶段、分层次持续推动整个平台的建设与应用服务工作。

其次，以科技为手段，弥补传统监管不足。利用先进的科技手段引领监管工作，提升能力，创新机制，通过建设大数据平台和多元化分析中心，形成一套新的监管科技体制机制，提高金融服务实体经济的效率，实现资本市场金融风险监管全覆盖。

最后，以创新促监管，以监管带创新，统筹发展、相互促进。促进监管模式的创新，在实施模式上联合各部门、各单位共同建设大数据平台，充分分析和把握各部门、各单位实际的需求和痛点，促进金融监管模式的创新，实现监管科技建设的有的放矢。一方面，计算机技术的日新月异，带领着金融科技应用的不断革命，应用的不断进步又增加了对于创新监管的需求。另一方面，创新监管的不断发展，保证了金融科技应用的有序发展，杜绝了风险。

4. 监管科技体系的建设应当以服务金融科技创新发展为准则，以优化市场进步为目标

我国监管科技体系的建立，既要考虑当前我国金融体系的发展情况，也要参考国际发展和国际监管的经验，还要为未来金融科技应用的发展预留空间。在充分利用大数据、云计算、人工智能和区块链等技术的基础上，实现监管的电子化、网络化和智能化。建立更加全面、更加精准的数据和分析服务体系，实现多层次金融监管目标。

一是对监管工作予以全面、全系统的支持。进行基础设施及中央监管信息平台建设，实现数据互联互通和业务流程全透明。

二是通过实时监测，强化市场风险监测和预警，识别异常交易行为，针对各类证券、期货违法违规行为，要及早发现、及时处置。充分应用大数据、云计算、人工智能和区块链等技术进行实时数据采集、实时数据计算、

实时数据分析，实现对市场运行状态的实时监控。

三是创新应用人工智能技术，促进金融监管模式创新。利用人工智能中的机器学习算法、深度学习算法、数据挖掘等手段为金融监管提供智能化应用和服务，优化事前审核、事中监测、事后稽查处罚等各类监管工作模式，提高金融监管主动发现问题的能力和智能化水平。

（二）中国监管科技体系的总体框架

监管科技具有巨大的发展潜力和应用空间，能够利用创新的计算机技术更有效地解决监管和合规问题。总体来看，建立运转高效的监管大数据平台，综合运用电子预警、统计分析、数据挖掘等数据分析技术，进行回溯检验和实时监控。

1. 构建全面系统的总体框架

为监管人员对市场主体进行全景式分析、实时对市场总体情况进行监控，发挥更好的辅助作用，从而及时发现涉嫌内幕交易、市场操纵等违法违规行为，履行监管职责，维护市场交易秩序。监管科技体系的总体框架应该包含底层数据、应用分析、用户服务和监控平台四个部分。

一是建立底层数据平台，整合行业数据，为分析层提供数据基础。一方面，监管大数据平台可利用虚拟化或容器技术，实现对计算资源、内存资源、存储资源、网络资源等进行统一管理，在逻辑上构建专有云平台；另一方面，利用分布式架构实现对海量数据的采集、存储、计算和管理。此外，大数据平台可提供深度学习、图分析等通用的算法和模型以及语音识别、图像识别等工具，以供上层分析中心使用。监管大数据平台是监管科技体系的核心部分，将承载来自不同监管系统内部的交易、披露、监管数据和外部的各类数据资源，在逻辑上集成统一，为上层的各类数据分析和应用提供基础性数据支撑。

二是根据业务类别和监控要求，设置多个数据分析中心。由中国人民银行统一规划，根据不同的监管领域业务需要，设立多个数据分析中心。分析中心从数据平台的海量数据中采集数据，进行数据清洗，再进行智能化处理，对比不同监管要求，有针对性地分析处理数据。分析中心的结果可以为后续用户服务提供支持。

三是提供多项标准、多样的专业分析服务。每个分析中心都可以提供一个监管领域中的一种或多种业务分析服务，各分析中心之间不重复提供基础服务。同时，由中国人民银行统一组织提供一批标准化服务，如全景画像服务、财务分析服务等，对于需要特殊数据、特殊算法，或特定领域的服务，可交由某分析中心或某派出机构进行个性化建设。

四是加强平台间联系，实现信息共享和数据的互联互通。中国人民银行应积极整合其他监管机构的数据信息，构建统一数据平台，整体实现监管信息共享。监管大数据平台主要完成实时监控监测和数据分析服务，中央监管信息平台主要完成工作流程管理与日常监管工作。监管大数据平台与中央监管信息平台之间紧密联系、有效联动，构成一个统一的整体。专业化数据分析服务由各业务部门提出具体的业务需求，在技术实现上，服务请求的入口集成在中央监管信息平台中。分析中心的分析成果，将以功能模块或数据服务的形式，提供给不同监管信息平台中的应用系统，并在应用系统中进行展示及后续的处理，以为各业务部门所用，服务各业务部门。

2. 进行底层基础设施建设

搭建先进的物理基础设施、优化资源管理、建立稳定的传输网络，同时应加强数据安全建设，防范数据泄露造成的风险。在基础设施层建设方面，基础设施层处于大数据平台的最底层，是整个大数据平台的基础。

（1）加强底层数据基础设施建设

首先，大数据平台架构需要建设服务器集群，以适应强大的可扩展能力。在服务器的配置方面，服务器中央处理器（CPU）的核数，直接影响系统并行处理能力，因此，应该尽量使用高核数 CPU 来保证系统的并行处理能力。大数据计算时吞吐量较大，因此对系统内存的要求较高，需要在服务器上增加内存数量。

其次，建立高效传输网络。大数据集群数据量大，内部数据交换多，对网络带宽要求较高，为了能够使大数据平台的处理能力得到充分释放，应尽量选择高端交换机，同时，交换机采用双机冗余，保证网络的可靠性以及提升带宽。

最后，建立稳定的存储体系。由于大数据平台集群在软件层次上具有高可用性和稳定性等特性，因此，在存储的选择上可以使用内置硬盘满足相应需求，存储的可扩展性可以通过增加节点实现，这可以由大数据平台自动分配完成。

（2）优化资源管理配置

大数据平台需要一个统一的资源管理系统，来管理各类底层软硬件资源，因此，应实现多租户资源配额管理，做到对资源进行统一管理、实现弹性共享以及确保资源数据的隔离性。统一资源管理平台对 CPU、内存、存储、网络等进行统一管理，突破单机管理局限，让资源管理从单机管理走向集群管理，并贯穿服务资源使用的整个生命周期。统一资源的灵活部署以及弹性伸缩特性，可实现系统资源在不同的租户之间共享，提升资源的利用率。此外，还应当通过数据隔离，实现服务质量的提升。

（3）建立稳定的传输网络

在涉密内网至外网的传输中采用防火墙制度。涉密内网的数据涉及机密信息，如有特殊情况需要导出其中的非涉密信息并在互联网中进行分析，由于涉密内网的物理隔离特性，因此，应采取人工拷贝光盘的方式。配合机房的严格安全控制要求，确保涉密内网数据的高度安全。

基础平台层的建设应架构在基础设施之上，实现对大数据及时、有效地处理，支持数据集成、数据清洗、数据挖掘、流数据处理、数据分析等全业务数据处理场景。基础平台层提供一套完整的数据采集体系，以及整个分布式数据的存储模式，能够快速构建海量数据信息处理系统，可以进行统一数据归集，高性能数据计算，智能数据分析，多样化应用支持。基础平台层应满足数据需求、分析需求和用户需求。监管部门内部数据以结构化数据为主，外部数据包括结构化数据、非结构化数据和半结构化数据。因此基础平台的建设重点是保证对各种类型数据的全面涵盖和高效支持。监管部门进行数据分析服务，不仅要包含 OLAP 统计分析，还要实现先进的人工智能算法。不同类型的数据、不同类型的分析，需要不同的数据处理引擎和人工智能算法。大数据平台上层用户是各分析中心的用户，由于每个分析中心对应不同的监管域和不同的机构，因此，在基础平台层应对用户进行统筹管理。大数据平台承载了海量数据，其高可用性非常重要，因此，在基础平台层应使用成熟、稳定的架构，保证一旦发生故障，不影响业务的开展。基础平台层的建设涉及数据采集平台、数据存储平台和数据分析平台。

提升数据平台效率。数据采集平台应支持多种数据源的加载和同步操作，通过和分布式消息系统的无缝集成，数据采集平台实现和主流关系型、非关系型数据库的实时接入以及流式加载，并为外部应用系统提供标准的访问服务接口，以及文件导出和实时写入业务系统的服务。可通过用户上传、API 上传、流式加载、批量文件加载、关系数据库实时同步、网络爬虫、API 访问、文件导出、实时写入等方式进行数据采集。

数据平台应当充分实现对数据进行清洗处理的功能。数据清洗是对不同类型的数据进行格式转换、脏数据处理、格式统一等一致性操作。数据清洗过程同时完成次主键生成（主键外的其他所有字段计算校验值并将其作为一个新的字段）、数据去重（主键相同数据仅保留一条）、字符编码转换（不同源系统字符集不同，需要转换为统一字符集）等各类工作，使数据一致性得到保证。建立海量异构的数据存储平台。数据存储平台（数据湖）负责存储数据采集平台采集到的原始数据，以及对这些数据进行预处理，以供上层数据仓库使用。其存储的数据包含结构化、半结构化、非结构化数据，因此其必须具备全数据的存储和预处理能力。这些原始数据主要包括证券行业内部数据、外部数据和互联网数据等原生态数据。这些原始数据经过数据湖的预处理后，转化为上层数据仓库中可分类使用的模式化数据，并传送给上层数据仓库使用。建立全景多样的数据仓库、数据集市和数据分析平台，数据仓库建立在数据存储平台之上，通过数据模型定义的基本规则，对经过数据湖预处理后的所有数据不断进行叠加，产生全景的分析数据。数据的挖掘分析主要从数据仓库中执行，挖掘分析的结果可以迁移到数据集市中进行主题分析。数据集市是面向主题或部门的专项分析处理，根据分析中心的分析需求，在数据仓库中经过聚合、筛选过滤后的数据子集。数据集市主要能力有：支持主题或部门分析需求；支持用户管理、安全管理、日志管理和运维管理；支持不同数据集市间的数据互访需求。

数据集市与数据目录服务的关系：数据目录是数据处理平台中为数据集市间共享数据、提供元数据和数据服务的组件，通过在数据目录服务中注册一个数据集市表的元数据信息，可简单实现数据跨集市的互访互通。数据分析平台使用数据仓库和数据集市中的各类数据，利用平台提供的多种分析工具，提供数据分析的基础性服务。数据分析平台由各主管单位根据实际情况建设。

（4）建立安全的网络架构

将网络根据安全密级要求分为机密的涉密内网、安全级别较高的工作网和外部互联网三层。大数据平台的网络架构设计应充分考虑三种不同安全密级网络的安全特性，通过使用专线、物理隔离以及逻辑隔离完全满足金融监管对网络的安全要求。机密的涉密内网涉及监管部门的部分涉密数据，主要服务对象为机关、各派出机构等部分涉密内网终端。因此，在设计上就直接使用专线以及单向网闸与外界物理隔离，保证数据的高度安全。互联网可以有效实现与外部网络的顺畅沟通，应采用多种访问控制措施保证数据的安全性。

（三）中国监管科技体系的促进机制

中国人民银行作为金融主管部门，应总体负责监管科技体系的建设和管理，统筹管理金融系统数据资源的收集、存储、分析与共享，界定数据的共享范围与方式。各业务部门是依法行政和日常监管的主体部门，监管科技应用是各部门依法履行职责的必要条件，各部门必须积极利用科技手段解决实际问题。在监管科技的建设过程中，各部门、各单位要根据监管工作提出具体的监管科技业务需求，需求质量代表监管部门的业务水准。

一是要健全数据处理机制，整合平台数据，实现数据收集、数据挖掘和数据分析全流程操作。监管科技体系统筹管理数据收集工作，制定数据收集管理制度。协调各部门、各单位编制数据资源目录，监督数据收集全流程各节点，对数据收集的质量进行把关，建立持续、顺畅的数据收集机制。此外，数据挖掘和数据分析是监管科技工作的重要组成部分，要将数据挖掘和数据分析作为重要的基础性研究课题，共同制定和建立完成挖掘和分析的方法和模型，根据业务需要将任务分配给相关部门和单位，协同完成数据分析和挖掘工作。

二是建立共享机制，实现外部合作。统筹管理数据共享工作，制定数据共享、数据脱敏制度和实施规范，对各类数据进行分级管理。明确规定什么数据可以全系统共享、什么数据可以特定对象共享、什么数据需脱敏后共享；整体协调、管理各分析中心所使用数据的权限，根据应用场景，形成数据采集和共享使用的闭环。制定脱敏规则，并监督项目进行脱敏工作。同时，对各类型数据分析服务所使用的技术、算法、模型等进行统一收集和管理，制定技术共享的工作方法和工作流程，建立技术攻关合作模式，共同推动各类数据分析服务的落地和实施。加强与不同单位的合作，充分利用“外脑”为监管科技建言献策。积极与相关机构、企业合作，通过输入能力、购买数据和服务等模式，共同推进监管科技工作在金融监管领域的实践和应用。

三是加强沟通协调机制。在国务院金融稳定发展委员会的统一领导和组织下，建立包含学术界、金融监管机构、金融机构、金融科技公司等多方共同参与、平等对话的沟通协调机制，全面推进监管科技建设工作。建立运转良好的组织架构，组织架构中应包含业务需求管理、分析任务管理、分析中心管理、分析结果评价、科技应用考核、技术管理、运维管理、安全保密管理等多个小组，对数据分析服务全生命周期进行有效管理。

四是实践与需求相结合机制。统筹管理业务部门提出的监管科技需求，制定需求评价标准，严格把控业务需求的质量。组织相关专家对各部门在监管科技建设中提出的需求进行论证，对业务需求的先进性、实用性、包容性等方面进行评价，根据评价结果决定是否开展后续实施工作。明确应用监管科技的标准与要求，对监管科技各类数据分析服务的成果和效能进行评价，通过数据分析服务成果使用的广度、深度和应用效果等指标，客观评价数据分析服务对监管工作的支持作用。对于效能较好的服务，要继续深化应用；对于效能较差的服务，要不断进行完善。

五是健全应用考核和成果利用机制。制定监管科技应用的标准与要求，明确各有权部门行使权力时，必须使用的科技手段和重要审批环节必须提供的监管科技支撑材料；针对各业务部门在监管工作中是否应用监管科技、应用程度及应用水平进行考评，不断提高监管科技应用能力。对监管科技形成的成果进行评定，最终优良的成果还要回到监管科技的具体工作中，以为日常监管工作所用，为各部门、各单位共享。构建一个良好的任务提出、分配实施、提供服务、成果回哺的机制，确保大数据分析服务成果被高效利用。

此外，对监管大数据平台及其分析成果，要有健全的安全保密机制，这涉及系统级安全、应用级安全、数据级安全等多个方面。对数据进行分级管理，尤其是平台中较为敏感的数据，建立起从底层到上层全覆盖的安全保密体系。

（四）中国监管科技建设的政策建议

1. 建立适应我国金融监管体制实际需求的监管科技发展协调机制

在国务院金融稳定发展委员会的统一领导和组织下，由中国人民银行金融科技委员会牵头建立监管科技发展协调机制，统筹管理监管科技的各项建设和协调工作，并牵头管理监管科技体系中所有的数据分析服务。同时，设立监管科技业务专家组，为数据分析服务提供业务指导和评价。主要职责包括：对各部门提出的监管科技业务需求进行评审，指导业务需求所涉及各类数据分析服务的创建，对数据分析服务进行评审和质量把关，对数据分析服务使用效能进行评价。

由中国人民银行金融科技委员会牵头，针对参与监管科技建设的金融系统单位，建立联络人制度。在本单位内部指定相关业务和技术方面的人员作为联络人，其对外与监管科技建设与协调工作组沟通，对内协调本单位各类资源。

2. 明确当前监管科技应用的重点场景，打赢防范系统性金融风险攻坚战

当前，我国正处于防控金融风险的重要时期，党的十九大报告、2017

年中央经济工作会议、第五次全国金融工作会议对金融稳定发展改革提出了更高的要求。在这一大背景下，为了打赢防控金融风险攻坚战，切实发挥好监管科技防范金融风险、助力构建金融新生态的重要作用，有必要针对几个风险较为突出的领域，如流动性风险识别和防范、影子银行监管、智能投顾监管、非法集资监控等，优先开发监管科技体系，做到风险的全面监控和防范。

3. 制定监管科技建设的规则和标准

如前所述，监管科技发展尚缺乏统一的规则和标准，各行业、各部门、各地区各自发展监管科技，北京、深圳、广州等地政府和金融科技公司合作，开发出标准不一、拥有不同规则的监管科技平台，这种野蛮生长状态，不利于监管科技防范系统性金融风险、构建金融新生态作用的发挥。

发展监管科技，无论是适应本土化还是全球化的发展，技术标准的制定都不可或缺。只有制定完整的监管科技标准，才能有效规范市场进入和退出，为整个金融行业的发展提供有序、公平的竞争环境。从监管科技的全球化发展来看，考虑到不同国家间的差异性，我国应及早制定监管科技标准并协调各项技术以形成合力。此外，金融监管机构不但要主导技术和行业标准的制定，还应肩负起促进跨部门之间合作的重任。在金融监管机构制定标准后，将监管科技系统的研究与开发外包，金融科技公司或监管科技公司承担研发工作。

4. 探索构建学术界、金融监管机构与金融机构等多方共同参与建设的监管科技平台

一方面，从目前发展来看，监管科技发展的理论构建还不能适应监管科技发展实践的需要。监管科技正进入高速发展的快车道，新兴信息技术与监管的不断融合，使监管科技形态层出不穷，导致很多基础性、理论性的问题尚未明确，理论研究明显滞后于监管科技发展，业界“领跑”、学界“追赶”成为监管科技发展中的突出问题。另一方面，金融监管机构独立开发监管科技存在困难，诸如体制机制问题、资金保障问题、人员保障问题等，由金融机构开发亦可能存在监管套利风险和更严重的信息不对称问题。在金融监管机构和金融机构沟

通不畅、交流不足的情况下，监管科技体系可能无法发挥其应有的作用。

有鉴于此，当前应以发展监管科技为抓手，构建一个学术界、金融监管机构、金融机构、金融科技公司以及监管科技公司等各主体良性互动、共同发展的大平台，以推动构筑中国金融新生态，使金融更好地服务实体经济，更有力地防控金融风险，更大程度地维护金融消费者和投资者权益，促进提升中国金融的国际竞争力。

5. 完善监管科技建设的配套促进措施

监管科技建设工作不仅包括建设监管大数据平台、实现监管科技业务需求，还要在技术实现的过程中，构建一套适合未来监管科技架构的体制和机制，形成全金融系统开展监管科技应用的良好生态体系。多方共同推动监管科技工作顺畅运转，形成利用先进信息技术解决深层次监管问题的良性循环。首先，从法律法规层面明确发展监管科技的必要性和重要性，为利用监管科技防范金融风险提供明确依据；其次，明确发展监管科技过程中各部门的“责、权、利”，在监管科技建设协调机制框架内，建立运转良好的组织架构，保证监管科技健康、快速发展；再次，强调信息共享，由中国人民银行金融科技委员会统筹管理数据共享工作，制定数据共享、数据脱敏制度和实施规范，对各类数据进行分级管理；又次，在中国人民银行金融科技委员会统筹管理下，加强不同机构之间的合作，邀请金融监管机构、金融机构、金融科技公司、高校科研机构等领域专家参与到监管科技建设工作中来，充分利用“外脑”，为监管科技建设建言献策；最后，对监管大数据平台及其分析成果进行有效的安全保密管理，对数据进行分级管理，尤其是平台中较为敏感的数据，建立起从底层到上层全覆盖的安全保密体系。

技术探索篇

Technology Exploration

B.2 创新技术在监管科技中的发展应用概述

何 阳*

摘 要： 监管科技的核心技术主要包括大数据、云计算、人工智能、区块链和 API 五大技术，五大技术层层递进，贯穿于整个监管流程。合规数据标准化有助于合规报告数字化报送和自动化处理；智能化的科技手段有助于监管法规信息跟踪与分析；以数据为导向的动态实时监测，可有效打击违规交易行为；智能化的合规分析可降低合规成本，简化监管流程；数字化"监管沙盒"有助于实现创新业务风险压力测试。

关键词： 监管科技 核心技术 逻辑关系

* 何阳，中国信息通信研究院。

一　核心技术之间的逻辑关系

（一）五大技术层层递进，贯穿于整个监管流程

监管科技的核心技术主要包括大数据、云计算、人工智能、区块链和API五大技术。云计算具有可靠性和可扩展性，凭借强大的计算能力和海量的存储资源，通过数据汇聚，形成“数据仓库”，消除“信息孤岛”，实现内部数据的集中化管理，提升监管工具的共享程度。大数据凭借其具有的数据管理和数据分析能力，以及高效实时的处理能力，将汇聚和存储的海量数据进行归纳、挖掘分析和总结，从中提炼不同的特征，识别异常信息。人工智能借助大数据的筛选和分析，凭借机器学习、自然语言处理等技术，生物识别、语音技术等关键技术，对数据进行智能分析和决策，提高数据采集与处理的速度和质量以及客户交互能力。区块链具有分布式存储、去中心化、数据不可篡改的特点，实现风险精准的评估和评级，杜绝信息不对称等问题，监管者可以实时监督被监管者的行为，一旦发现可疑风险可能触及预警线，监管机构可以自动采取相应的措施，预防风险发生，实现前瞻性的监管。API是应用程序编程接口，提供数据传输通道，进行统一规范的数据采集，数据格式的标准化为数据共享和整合奠定基础。监管科技全流程通过API标准接口获取数据，通过动态易扩展的云计算进行数据共享，再借助大数据和人工智能对海量数据进行提取和分析，最后还需要借助区块链自动执行监督措施。五大技术之间的关系见图1。

（二）API、云计算、大数据是支撑人工智能的底层技术

API作为应用程序编程接口，通过与其他程序进行连接，服务于不同用户和群体，实现信息和数据的传输、交互和处理，使监管机构可以通过接口丰富获取数据维度，快速地提取数据。同时，统一数据接口可以构建统一的

数据定义和分类标准，有助于不同数据库之间的整合，进而实现数字化、智能化监管。云计算是一种通过网络统一组织和灵活调用各种信息，如通信、技术资源，实现大规模计算的信息处理方式，通过这种方式共享的软硬件资源和信息可以按需求提供给计算机和其他设备。

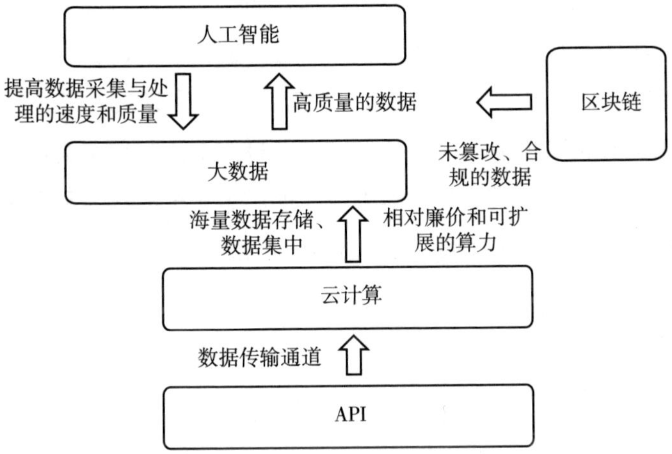

图1　五大技术之间的关系

云计算为监管科技提供优惠便利的计算和存储资源，结合以深度学习为代表的人工智能搭建强大的存储和运算体系架构，使人工智能充分发挥作用。大数据能够提供数据集成、数据存储、数据计算、数据管理和数据分析等功能，具备随着数据规模扩大进行横向扩展的能力，将各方面采集的数据筛选、提炼，输入模型中，成为以人工神经网络为代表的人工智能技术的基石。在今天的大数据和云计算时代，有了充足的食物供应——大数据，并进化出了极强劲的消化系统——云计算和 GPU，人工智能迎来了崛起的契机，它是大数据时代的人工智能新途径，也是现阶段实现人工智能最靠谱的途径。

（三）人工智能和区块链的结合实现智能监管

监管科技最主要的技术手段在于“智能”算法，将以大数据、云计算、人工智能、区块链为代表的智能技术应用到监管流程中，用极快的运算速度来分析各个案例中隐含的信息和逻辑，进而智能识别分析各种可疑违规行为。将智能监管应用在识别和防范流动性风险、监管影子银行、打击非法集资等可疑行为的场景中，成为未来必然趋势。尤其是人工智能在数据处理方面表现突出，可以快速地处理和分析数量级高、颗粒度大的数据，再结合区块链的智能应变、自动调整和执行，实现智能监管。因此，人工智能和区块链是智能监管的两大核心技术，API、大数据、云计算是支撑人工智能和区块链发挥作用的底层技术。人工智能在监管科技中的应用主要包括三大关键技术：机器学习、知识图谱和自然语言处理。通过机器学习和自然语言处理学习监管规则，总结过去风险特征，通过知识图谱分析各个主体之间的逻辑关系，再借助机器学习建立风险模型，实时获取、分析相关风险数据，如果可能触及风险预警线，或者表明有面临风险的迹象，就要及时进行自动化、智能化处理，监管机构借助区块链自主决策，自动采取相应的措施，预防风险发生。金融机构也可以通过机器学习和自然语言处理技术，将法律法规转换成机器可以识别的数据，进而导入模型进行运算，同时区块链的智能合约还能推动金融机构智能化，做到协同调整，并逐步符合监管规范，在智能化过程中促进动态合规，降低金融机构的合规成本。

二　在监管科技中发挥的作用

（一）合规数据标准化，有助于合规报告数字化报送和自动化处理

合规报告是监管机构进行非现场监管的重要手段，高水准的数据报送可以帮助监管机构及时发现和化解风险。随着监管升级，监管机构对数据报送内容的要求逐渐提高，需要面向多个监管机构报送不同结构、不同统计维度的数据。在技术应用方面，监管 API（RegAPI）同时为金融机构、科技企业提供“可编程”“机器可读”的监管科技接口，以方便金融机构和监管机构通过 API 对标准统一的数字协议进行数据对接、传输和编程。监管 API 的核

心思想是，将监管工具化和标准化。在监管机构从金融机构处采集好数据后，输入工具就可以自动完成计算，并进行生产报告等事项。云计算能对采集的不同维度、不同类型和不同形态的数据进行集中处理分析，实现金融机构之间数据的通用性。同时，平台各方基于云计算技术可以制定统一的金融数据统计口径、数据交互标准，加强数据综合利用，实现监管合规要求的自动化处理。合规报告数字化报送分为合规数据处理、合规数据传输、数据清洗三阶段，在合规数据处理阶段，利用 API 技术、系统嵌入、云计算等方式，完成实时数据交互，减少人工干预，提高金融机构报送数据的能力，降低金融机构合规成本。在合规数据传输阶段，可以利用 API、云计算的安全多方计算、区块链的分布式存储等加密技术保证数据传输过程的安全性和可靠性。在数据清洗环节，运用数据挖掘、图谱挖掘、机器学习等手段对搜集的海量数据进行深度清洗，构建模型，使得数据具有高效用、高精度的优势，为模型计算、异常分析提供更合理高效的数据支持。以 API 接口的形式，实现相关合规信息的数字化报送，不仅能提升报送效率和真实度，减少报送成本，同时由于 API 接口的统一还能促进提升监管的规范性，实现以最小扰动的方式开展监管。此外，在规范化报送格式的基础上，通过数据资产管理能进一步提升数据质量，快速自动生成合规报告，降低人工成本。

（二）智能化的科技手段有助于监管法规信息跟踪与分析

随着金融监管不断升级，各类监管法规频繁出台并且更加细化，金融机构需要及时更新政策，追踪政策走势，分析政策目的，通过利用智能化的科技手段有效地降低合规成本，提升监管政策的宣贯效率。人工智能的核心技术包括机器学习、知识图谱、自然语言处理、人机交互，可以基于数据进行机器学习，利用知识图谱总结观测数据的内在规律，进行预测；通过自然语言处理，根据语境进行机器翻译，借助语义理解等操作，自动发现、识别、归档新发布的金融监管法律法规，对比新旧文件的异同，以及分析推理不同案例的差异，总结规律，进行实时动态计算，评估动态风险，及时提醒金融机构调整合规操作。人机交互主要包括人与计算机之间的信息交换，对法律法规必须及时跟进反馈，监测其准确程度；通过知识图谱的建构，可以整合不同种类的信息，搭建内部结构网络，并使其更加全面、精准。

（三）以数据为导向的动态实时监测，可有效打击违规交易行为

技术创新提高了监管者与被监管者之间的信息不对称程度。无法判断监测数据的时效性和准确性，使得传统的监管手段往往比较滞后和略显乏力。同时，监管层、行业协会、金融机构、消费者之间形成“数据孤岛”，存在信息互通障碍，不利于全面实时监控风险。因此，云计算、人工智能、区块链等前沿技术应用于科技监管中，以数据驱动为核心，从数据采集到数据分析和决策，均以数据形式贯穿整个监管流程，实现动态、实时、自上而下的穿透式监管，从而解决监管信息不对称问题。利用数据聚合与管理技术汇聚内外部数据，建立底层数据仓库，实现数据自动采集和可触达；通过区块链技术，将数据信息快速地传递给监管者，实现数据共享，避免监管机构与金融机构的信息壁垒。再利用大数据挖掘分析技术，以及机器学习、知识图谱、自然语言处理等人工智能技术，建立数据模型，将采集的数据与模型进行融合和匹配，进而迅速地识别风险，进行甄别分析，监管者可以通过反馈机制快速地针对风险做出决策和进行处理，实现全流程实时动态监管，从而提前监控预警风险。

（四）智能化的合规分析可降低合规成本，简化监管流程

随着金融监管逐渐升级，金融机构合规要求水平逐渐提高，合规成本逐渐上升。金融机构和监管机构借助云计算、大数据、人工智能等新兴技术建立智能化的合规方式，以提高合规效率。在交易前，利用 API、云计算和区块链技术，可以将合规法律条文标准化嵌入智能化监管系统，自动提取数据，实现监管机构和金融机构信息共享，避免信息重复录入，降低合规成本；在交易中，通过大数据、机器学习和神经网络等数据挖掘技术，对搜集的海量数据进行智能分析，基于云计算、自然语言处理技术，以及机器学习

分析客户的客观和主观数据，智能化进行客户身份识别，如识别与分析市场可疑风险数据，及时自动生成合规报告，并通过区块链共享平台进行传输，使监管机构同时获得监管信息，自动执行监管措施。根据监管法律法规，以及金融机构的内控规则对交易中的可疑交易行为进行高效的监控分析，并实时上报和反馈异常交易信息，进而智能化地决策和处理，降低人工操作风险，简化监管机构的监管流程，降低金融机构的合规成本。交易后，通过数据可视化，将大量的、密集的、多维度数据进行图表格式化处理，并以简明、容易理解的方式呈现给监管者，改善人机交互体验。同时，基于实时传送的风险监测分析，金融机构可实时了解最新的监管法律法规，及时获得有效的监管建议，并在后续经营活动中不断改进自身工作。

（五）数字化“监管沙盒”实现创新业务风险压力测试

金融科技的产生，是伴随着信息通信技术的不断进步而来的，但在此类新技术诞生之前，没有充分而有效的环境对其风险进行有效评估。金融创新既需要新技术的应用支撑，也需要有效的风险防控，创新发展与风险防控必须并重。应通过利用信息技术构建数字化“监管沙盒”，在虚拟环境中模拟真实交易场景，测试金融机构系统稳定性、安全性等指标。在这个安全空间内，金融科技企业可以测试其创新的金融产品、服务、商业模式和营销方式，通过大数据、人工智能技术不断记录创新业务的运行数据，有效评估系统的风险防控能力，而不用在相关业务碰到问题时立即受到监管规则的约束，从而最大限度规避金融科技创新带来的政策风险。

B.3
大数据在监管科技中的应用

白阳　符海芳　张靖文　于震　陈爽*

摘　要： 传统的监管手段人力成本高、效率低，已滞后于行业发展，大数据则能高效全面地对行业数据进行采集，引入“大数据+监管”模式既可以实现科技化驱动下的全景式监管，也能厘清行业发展的本质与重点，让监管真正“跟上”技术，为监管层做出科学决策奠定基础。本报告介绍了大数据的基本原理与技术发展情况，并结合具体事例分析了大数据在我国监管科技中的应用和实践，同时，对大数据在监管科技中的应用前景做出分析并进行展望。

关键词： 大数据　非现场监管　高能预警

一　大数据的基本原理与技术发展情况

（一）大数据的基本原理

1. 大数据的基本概念

大数据的主要特点是数据容量大、类型多，通过特定模型，形成数据分析结果。研究机构 Gartner 给出了这样的定义，大数据是需要新处理模式才

* 白阳、符海芳，华为技术有限公司；张靖文、于震、陈爽，银联商务股份有限公司。

能具有更强的决策力、洞察发现力和流程优化能力来适应海量、高增长率和多样化的要求的信息资产。

2. 大数据的主要特征

大数据的主要特征是什么，如何理解体会大数据技术，不同机构的表述有所不同。麦肯锡全球研究所认为：一种规模大到在获取、存储、管理、分析方面超出了传统数据库软件工具能力范围的数据集合，具有海量的数据规模、快速的数据流转、多样的数据类型和价值密度低四大特征。

3. 大数据技术历史发展过程

酝酿阶段：大数据伴随着计算机应用和网络发展应运而生，在20世纪90年代，数据库技术成熟和数据挖掘理论成熟是大数据发展的基础。在2003年以后，非结构化数据出现，如电子单据、照片等，非结构化数据分阶段登场，并大量增多。

正式提出阶段：2006～2009年，谷歌公开发布《基于集群的简单数据处理：MapReduce》，主要技术包括分布式文件系统GFS、分布式计算系统框架MapReduce、分布式锁Chubby、分布式数据库BigTable、大规模的数据集并行运算算法，以及开源分布式架构（Hadoop）；2008年4月，谷歌宣布云计算服务出现。

步入成熟阶段：2010～2015年，大数据基础技术成熟之后，业界开始转向应用研究，2013年大数据技术向商业、科技、医疗、政府、教育、经济、交通等各个领域渗透。

我国发展阶段：2012年，我国对大数据逐步加强认识，并在产业上开始提倡发展大数据；2015年，国务院发布了《促进大数据发展行动纲要》，将大数据的发展提升到国家战略层次；2016年“十三五”规划纲要提出“实施国家大数据战略”。

（二）大数据各环节的主流技术

大数据包括不同的处理环节，包括数据采集与预处理、数据存储、数据清洗、数据处理、结果展示（见图1），各个环节使用的技术有所不同，且

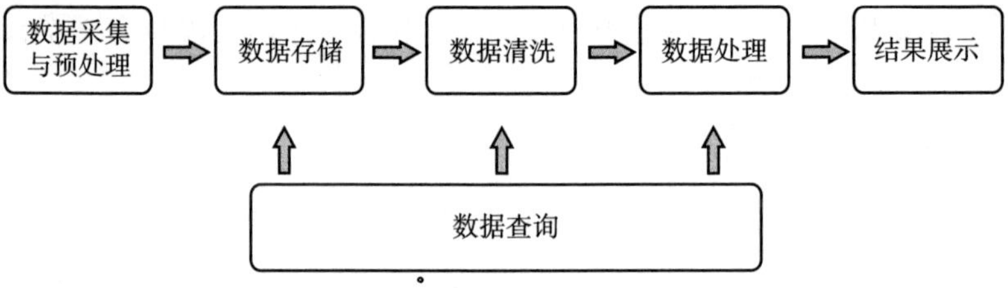

图1　大数据发展历史

由于采集处理的数据不同，统一环节中所应用的技术也不同。大数据各环节示意见图2。

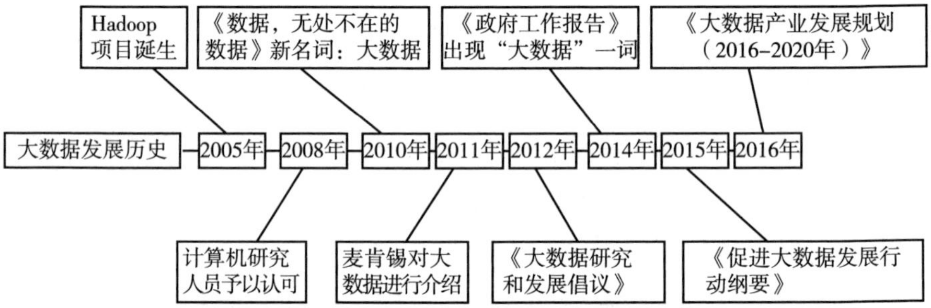

图2　大数据各环节示意

1. 数据采集与预处理

数据采集涉及采集来源和接口、采集数据类型、采集后初步处理等。数据来源包括移动互联网、金融交易数据、金融相关数据等，即包括结构化数据和非结构化数据。数据采集类型包括日志文件、数据库日志、关系型数据库文件、金融渠道应用等。

数据采集涉及的技术或解决方案有实时日志收集（如 Flume NG），结构化数据库的数据实时迁移（如 Netease Data Canal），服务器端数据处理管道（如 Logstash），关系型数据库迁移技术（如 Sqoop），多个高吞吐量的数据源实时清洗、聚合和分析技术（如流式计算，有 Strom 集群结构管理、Spark Streaming 等），分布式的、基于发布/订阅的消息系统（如 Kafka），分布式应用程序协调数据同步服务（如 Zookeeper）。

2. 数据存储

数据存储是大数据技术的主要环节，是收集数据后环节。数据存储涉及的技术或解决方案有存储引擎（如 HDFS、Kudu）、数据库（如 HBase）、访问数据库中间件（如 Phoenix）、资源管理器（如 Yarn）、集群管理软件（如 Mesos）、非关系数据库（如 Redis）、应用程序与 MySQL 之间的中间件线程监控（如 Atlas）、数据压缩（如 Parquent、ORC 等）。

3. 数据清洗

数据清洗指发现并纠正数据文件中可识别的错误的最后一个程序，包括检查数据一致性、处理无效值和缺失值等。数据清洗涉及的技术或解决方案有查询引擎（如 MapReduce）、任务调度系统（如工作流调度引擎 Oozie 或者工作流的控制引擎 Azkaban）、流计算任务的处理平台（如 Sloth）等。

4. 数据查询

数据查询即根据查询要求从一个计算机文件或数据库中提取所需要的数据的技术，这是数据处理的基本技术之一。数据查询涉及的技术或解决方案有查询翻译的独立的企业级搜索应用的全文搜索服务器，如基于 Lucene 的搜索服务器的 Elasticsearch 是一个开源的全文搜索引擎，可以快速地储存、搜索和分析海量的数据。其还涉及一些机器学习语言，如 Mahout 的主要目标是创建一些可伸缩的机器学习算法，常用的机器学习算法如贝叶斯、逻辑回归、决策树、神经网络、协同过滤等。

5. 数据可视化和权限控制

数据可视化即将分析得到的数据进行可视化，以用于指导决策服务。

数据库中的数据的安全性至关重要，数据库系统必须能够防止未获权限的访问，防止恶意破坏或修改数据。数据权限控制涉及的技术有基于网络身份认证的协议 Kerberos。控制权限的 Ranger 是一个 Hadoop 集群权限框架，提供一个集中的管理机制，管理基于 yarn 的 Hadoop 生态圈的所有数据权限，可以对 Hadoop 生态的组件如 Hive、HBase 进行细粒度的数据访问控制。

二　大数据在监管科技领域的应用与实践

监管科技主要参与方有金融监管机构、金融机构和金融科技公司。

三类主体有不同的定位，金融科技公司（包括监管科技公司）利用新技术为金融机构和金融监管机构提供技术支撑；金融机构应用新技术来降低合规成本，适应监管；金融监管机构利用这些新技术应对监管压力和挑战，提升监管水平和效率。

（一）金融监管机构利用大数据在监管科技方面的应用

中国人民银行金融科技委员会提出："强化监管科技（RegTech）应用实践，积极利用大数据、人工智能、云计算等技术丰富金融监管手段，提升跨行业、跨市场交叉性金融风险的甄别、防范和化解能力。"目前，监管科技已在数据采集、风险预警、场景分析、征信报告、舆情分析、金融业务监管、风险防欺诈等多个领域实现了应用。

1. 非现场监管

金融科技的进步已实现数据的高速、大范围传输，这使业务风险的隐匿性更强，提高了穿透式监管的难度，但同时相关风险特征也使依托数据分析的非现场监管，成为传统监管方式的重要补充。随着大数据技术的成熟，相比依赖被监管机构自行提供的报表等实物证明的现场监管，非现场监管"以客观真实数据说话"的方式既能提高监管效率，又有效保障了监管的独立性。

为实现针对非银行支付机构的合规性监管，近年来，中国人民银行致力于建设非银行支付机构非现场监管信息系统，截至 2019 年 6 月，系统已实现全量被监管支付机构的经营信息接入。通过收集、整理、统计分析支付机构的各项监管指标，并根据分析结果和有关规定采取相应的监管措施，充分发挥了中国人民银行作为监管主体的作用，提升了穿透式监管的效能与质量。

2. 行业黑名单

大数据是甄别并共享风险信息、建立行业黑名单的重要技术。运用大数据技术快捷地爬取多平台查询，融合多来源数据对主体的负面信息进行监测，并构建全面的风险预警模型，比起传统的人工查询方式，这可以大大降低成本。

中国银联“银行卡风险信息共享系统”通过整合互联网支付、电商、社交网络、安全厂商及银联自有的风险数据，将不良持卡人、可疑商户数据收集、整合、处理并对外开放，实现了银联、成员银行、司法机关之间有关各类银行卡风险信息的共享与发布。利用信息化技术对潜在风险进行检测及识别，在保障支付行业生态安全的同时，为各类风险分析应用及风险联合防范机制建设提供了基础。

（二）金融机构利用大数据在监管科技方面的应用

1. 监管报送——融合数仓的解决方案

随着监管报送对数据细节要求越来越深入，从早期主要要求报送汇总信息，到目前 EAST 需要全量明细信息，报送数据量急剧增长。对商业银行而言，由于传统的数据仓库具有封闭的一体机架构、有限的计算资源，其逐渐无法满足 PB 级明细数据有效存储、及时加工报送工作的需求。

华为通过融合数仓的解决方案，一方面利用大数据 Hadoop 系统存储性价比高的特性，构建统一数据湖，存储海量基础数据；另一方面利用分布式数据库计算能力强的特性，高效进行处理监管数据加工工作，满足监管部门报送时效性要求。同时，通过 SQL on Hadoop 能力，高效地将两者结合在一起，取长补短，真正做到了数据融合。

此方案中的分布式数据库平台基于通用的 X86 服务器部署，采用开放、分布式架构，降低了 TCO，实现了性能的横向扩展。方案中的 Hadoop 数据共享平台，实现了跨多种数据源统一存储及分布式共享访问。另外，监管集市能够提供基于批量处理和联机查询的混合负载能力。

以传统架构继承发展和新架构创新变革相结合，使 TCO 降低 25%，同时 MPPDB 与 Hadoop 的深度融合，多类型数据的统一存储分析，大幅提升了运营效率。全并行计算框架使性能提升30%，实现业务上线快、决策快。

2. 交易所监察系统高性能预警

交易所老交易监察系统基于传统数据仓库，不具备实时处理能力。老交易监察系统基于传统一体机建设，建设成本高，架构封闭，设备隔代不兼容，无法平滑扩展，面临性能瓶颈。同时缺乏对异构数据的处理能力，如对所有公告信息、网页数据等非结构化信息的提前分析难。

此方案使用Kafka + Flink提供交易实时采集决策能力，基于分布式架构MPP数据库全面接管基于传统数据仓库一体机OLAP类业务。通过Elk提供SQL on Hadoop能力，下移数仓离线分析负载。满足交易所监察系统高吞吐、低时延的要求，较老系统的性能提升数十倍。

实现了实时预警向大数据平台迁移，构建新一代高性能预警体系。设计预警模型，基于大数据计算组件重构实时监察和预处理体系，提升预警实时处理性能。

完善了监察系统功能与流程，利用人工智能与机器学习技术进一步满足监察业务发展和科技监管需求。有针对性地选择相应分析工具进行重点性能优化，例如应用模型优化设计、数据挖掘、机器学习，实现新增监管业务，完善业务流程，提高监管业务功能易用性。

3. 商户实名制管理

市场机构应以科技为驱动，运用大数据、云计算等创新技术，建立覆盖业务全流程的监测应用。以银联商务的商户实名制管理为例，主要有以下实现路径。

事前开展入网身份核验。遵循“了解你的客户”原则，对商户实名制进行管理。公司商户管理系统与公安、工商系统打通，通过数据信息采集和同步，实现了商户入网环节全面快速系统检验。通过采集营业执照、法定代表人身份证号等信息，系统爬取多平台数据，对申请入网商户信息真实性、有效性进行核查校验，针对在公安系统中有行政处罚或失信记录的个人，在国家企业信用信息公示系统中显示停业注销或经营状态异常、被中国人民银行等监管机构列入非法经营名录等的商户，禁止入网。

事中进行商户动态监测。在日常管理中，一是针对“二清”等违规现象建立数据监测规则与行为模型，结合商户动态业务数据进行比对分析，在公司业务数据平台形成报表。针对符合异常特征的商户，通过定期将清单下发分支机构进行现场排查并采取相应措施。二是动态跟进实名制管理，定期匹配合作商户在工商系统中登记的企业名称、类型、经营状态等信息，识别业务开展中可能存在诸如结算账户设置不规范、小微商户未做限额管理等不符合监管要求的问题。三是持续监测商户经营稳定性，针对侦测到经营状态由正常转为异常、法定代表人被列为失信被执行人等情况的商户，应及时采取相应措施，保证业务稳健开展。

事后保持业务有序管理。公司设置了企业负面舆情监测系统，通过技术手段对公司、商户名称等关键字进行捕捉，从多种平台、网络通信形式中收集信息，如从新闻、博客、论坛、网站页面等收集信息并报送疑似负面舆情。相较于人工搜索等传统方式，大数据等信息技术的引入在节省人力和物力的同时，使风险预警及识别更为迅速，这有助于公司及时处置风险，防止风险扩散，完善品牌和服务，保障消费者合法权益。

4. 提升保险行业经营决策能力（某大型保险公司）

金融机构（某大型保险公司）利用大数据技术，对产险系统数据、寿险系统数据、车险系统数据和其他数据进行精准营销和建立打假模型，降低运营成本，提升机构竞争能力。

客户画像及个性化营销需求日益强烈，传统营销方法时效性低。保险理赔案件中存在欺诈和骗保行为，通过手工查找复杂关联关系，耗时耗力且易遗漏关键信息，其传统上只能对个案风险进行评估，串案和团伙行为不易被侦测。生产系统和管理系统越来越复杂，日常运维、重大活动负责预测运维需要的人力多。

华为的技术方案通过 HBase + Solr/ElasticSearch 实现业务人员自助取数；采用 Elk（SQL on Hadoop）构建离线分析及即席查询引擎，支撑客户标签平台；利用图计算和关系算法分析，发现理赔案例中的骗保行为和案件；利用大数据平台建立运维 AI 模型。

该方案帮助某大型保险公司实现应用关键线索查询效率提升 90%，减损1500万元；百万客户名单、百级标签上千并发，秒级自助提取；实现工单数量降低70%，故障解决时间节省20%，趋势分析极端误差小于30%。

三 大数据监管科技应用前景展望

科技创新是经济发展的核心动力，而良好的监管是保证经济稳定发展的关键因素。传统的监管手段人力成本高、效率低，已滞后于行业发展，大数据则能高效全面地对行业数据进行采集，引入“大数据+监管”模式既可以实现科技化驱动下的全景式监管，使监管从人工走向智能，提高和扩大了监管的效率与覆盖面，以更好地展现监管对科技创新的包容性，也能推动监管理解技术原理及发展现状，厘清行业发展的本质与重点，让监管真正“跟上”技术，为做出科学决策奠定基础。

另外，互联网的开放性、信息的传播性、网络攻击的隐匿性增加了信息泄露风险，给数据安全带来隐患。对于大数据的运用，应制定技术标准或采取手段维护安全。开放和隐私之间如何有效平衡，是监管科技应用必须思考的问题，因此，要推动数据隐私保护立法。从制度建设环节入手，运用法治思维和法制方式，保障良性发展的数据共享生态系统，监管应始终保持独立性与前瞻性，不能单纯为技术创新服务或被动进步，要积极发挥规范市场的战略作用；要制定统一的数据共享政策、安全标准，包括行业开放规则等，打破“信息孤岛”，实现数据共享；同时加强监管两端之间的合作，利用企业成熟的大数据技术，形成其在监管领域的应用落地，通过合作进行优势互补，有助于提高监管的效率与准确性，也有助于提高企业使用数据的安全规范性，以共同推动经济社会的发展。

（一）大数据在监管科技应用的发展需求分析

1. 监管侧需求

监管科技本质上是利用科技手段服务于监管合规，随着中央高度重视防控金融风险工作，金融监管体制改革在明确和完善了对金融监管机构的目标导向和问责机制后，会催生各个方面的大数据，实时监控、审查金融风险，管理资产交易安全，提高反洗钱（AML）、反欺诈等水平，以加强监管。

大数据在监管科技的应用发展中的监管需求有业务监管需求、反洗钱监测需求、金融风险监测（大资产管理）需求等。

2. 金融机构侧需求

新兴技术的运用，对传统金融的赋能与革新，为机构对僵化的金融环境提供了新的活力和创新点、新的风险场景，提出了合规问题，如信息泄露、信用欺诈等，这要求金融机构对内部数据进行整合，确保金融科技的业务合规性。

金融机构将监管科技作为降低合规成本、适应监管的重要手段和工具，从这个维度来分析，监管科技可以被理解为“合规科技”，是维护金融体系的安全稳定、防范系统性金融风险以及保护金融消费者权益的重要途径。

大数据在监管科技中的应用的发展前景的需求如下。

（1）风险事件监控（抵抗风险）需求，如交易反欺诈监测需求、事后取证提取和抗抵赖需求、海量数据提取关键关联证据需求；联合联控需求、事中阻断需求、风险及时通知内部有关人员需求；事前风险探测需求、支撑监管机构内部预警和决策需求、提前部署相应策略需求。

（2）业务连续性需求，如监控机房物理环境、机器设备状态、应用数据状态等。

（3）业务支撑需求，如网络借贷、个人/企业（组织）信用评估等。

（二）大数据在监管科技应用的发展形态分析

1. 金融监管机构利用大数据监管科技的展望

金融监管机构正在利用新技术（含大数据技术）推动监管手段创新。金融监管机构加强金融系统性风险控制，运用大数据技术“穿透式监管”，具体应用前景可能如下。

一是监管业务种类增多，需要不断更新大数据模型，监管需要价值的提升，监管科技增加了对创新和优化的要求，可能会对金融 AI 或机械学习予以结合应用。

二是监管的业务量增大，需要不断提升准确性，大数据处理速度更快，加强基础设施建设的要求可能督促对云计算技术进行部署，开展监管科技应用试点。选择在金融科技发展基础较好、具备一定条件的地区，在支付、征信、反洗钱等金融领域开展试点，验证监管科技在工作机制、政策措施、技术平台等方面的可行性与有效性，探索适合监管科技应用的工作协调机制，发挥以点带面的示范作用。

三是监管联合联控，需要多接口多联通，共同决策共同处置，并可能发布新的政策和标准。加快完善监管科技相关法律法规，通过立法明确监管科技应用基本原则，建立监管科技标准体系。监管科技应用涉及大量的数据、系统和业务规则，标准作为“通用语言”是监管科技规范应用的前提和基础。加强监管科技标准化顶层设计，从基础标准、技术标准、应用标准、管理标准等方面健全监管科技标准化体系。

2. 金融机构利用大数据监管科技的展望

利用大数据技术监管营销、获客、渠道优化等前台业务，利用大数据技术监管风险管理、内控、反洗钱、合规、审计等中后台领域。运用分布式架构的计算能力和多维数据处理能力，进行监管指标分析、全面风险管理，实现对反洗钱、KYC（或 KYD）、内控领域技术的运用。通过运用数据挖掘、机器学习与金融风险计量，结合内外部数据、市场数据和互联网数据，满足机构全面风险管理的要求。具体应用前景可能如下。

一是机构满足监管需求，进行数据报送和接收。金融机构对接金融监管机构，提供整理数据，进行特定数据输出，满足监管需求。

二是机构利用大数据增加和优化模型。大数据模型满足自身业务发展需求，尤其是在不同业务增加时，应增加大数据模型，以增强对大数据风险的控制能力。由于已有业务模式会随着时间推移有一定变化，或能够提升大数据分析的准确性，故需要不断对大数据模型参数进行设置、对性能进行优化，以提升大数据在监管科技中的价值。

三是结果展示和机构内部联合控制。大数据的分析结果可提供给机构内部的不同部门，为了得到各个部门的及时响应，需要建立和完善一定的协调机制或标准以及相应的决策机制。

参考文献

[1]《促进大数据发展行动纲要》(国发〔2015〕50号)，2015。

[2] 范媛媛、吴东明：《网络大数据的现状与展望》，《数字技术与应用》2015年第12期。

[3] 周峰：《大数据背景下档案利用研究与实践》，《中国档案》2016年第9期。

[4] 张静成、王侃、王美琼：《浅谈互联网时代大数据的应用》，《电脑知识与技术》2015年第6期。

[5]《央行金融研究所所长孙国峰：深度解读监管科技》，亿欧网，https：//www.iyiou.com/p/85155.html。

B.4

云计算在监管科技中的应用

赵 华 符海芳 徐国平 杜少杰*

摘 要： 近几年，国内云计算产业发展、行业推广、市场监管等重要环节的宏观政策环境已经日趋完善。协同治理体系初步形成。云计算通过数据汇聚提供大规模的数据资源，可以提升监管工具的共享程度，为监管科技提供良好的运营平台或开发平台。本报告介绍了云计算的基本原理与技术发展情况，并结合具体事例分析了云计算在我国监管科技中的应用和实践，同时，对云计算在监管科技中的应用前景进行分析并做出展望。

关键词： 区块链技术 交易行为监控 数据报送 合同文件保全 客户身份识别

一 云计算的基本原理与技术发展情况

（一）云计算的基本概念和特征

云计算是一种通过网络将可伸缩、弹性的共享物理和虚拟资源池以按需自服务的方式供应和管理的模式。[①] 云计算的典型特征是 IT 服务化，就是将

---

* 赵华、符海芳，华为技术有限公司；徐国平、杜少杰，平安付电子支付有限公司。

① 《信息技术 云计算 概览与词汇》（GB/T 32400－2015）。

传统的 IT 产品、能力通过网络以服务的形式交付给用户。由于对应传统 IT 中的“硬件”、“平台”和“软件（应用）”，云计算提供的服务类型也大体分为基础设施即服务（IaaS）、平台即服务（PaaS）和软件即服务（SaaS）三类。

基础设施即服务：以服务的形式向用户提供计算、存储、网络和其他基础设施能力。用户能够部署和运行任意软件，用户不管理或控制底层的云计算基础设施，但能控制操作系统、所部署的中间件及应用。

平台即服务：以服务的形式向用户提供应用开发和运行实例环境，如中间件、开发平台等。

软件即服务：以服务的形式向用户提供特定功能的应用程序。客户不需要管理或控制底层的云计算基础设施，只需要设置一些个性化配置。

（二）云计算的部署模式

从所有权、部署位置、访问策略、服务目标用户等角度出发，云计算一般分为四种部署模型：公有云、私有云、社区云和混合云。

1. 公有云

由云计算服务商运营；公有云的规模一般大，对可靠性、安全性的要求也很高，其基础架构的组成往往也比较复杂，例如 AWS、阿里云、平安云等。

2. 私有云

由于安全疑虑、法规限制、控制感等原因，私有云往往成为一些大企业和机构的选择。私有云拥有公有云的弹性与服务提供的特点，但私有云规模有限，当有突然大的并发量访问需要资源动态提升时，其很难快速、有效地扩展。

3. 社区云

社区云是指由利益相关、业务相近的组织掌控和使用的云计算类型。社区云由有特定安全要求、共同宗旨的组织共同使用云数据及云应用程序，而其他的不同组织或机构不能访问其任何数据及应用。

4. 混合云

混合云就是两种或多种云的组合。混合云通过不同种云的组合和集成，可以将企业非关键信息以公有云方式提供服务，并在公有云上处理，同时在私有云内部掌控企业关键服务及数据。这样的分离将公有云及私有云的优点进行了结合，具有更大的灵活性和可扩展性。混合云架构中有一个统一的接口或管理平台，不同的云计算模式通过这个结构以一致的方式向最终用户提供服务。企业在部署云计算时常常面临瞬息万变的需求，混合云在应对需求的快速变化时有无可比拟的优势。

（三）云计算的主流技术

虚拟化技术，包括虚拟机、网络虚拟化、存储虚拟化及虚拟化的资源池等。虚拟化可以是单台强大的物理服务器模拟多个独立小型服务器，也可以是多台小型服务器虚拟成一台高性能服务器，完成特定任务。

分布式网络存储系统采用可扩展的系统结构，相关技术有 Hadoop、GFS 等。

资源调度和管理云计算平台管理技术。其中，部署和开通新业务、发现故障并且恢复系统、实现大规模系统可靠的运营，是云计算平台管理技术的关键。

上述为云计算基本技术，结合目前云计算技术发展趋势，下一代云计算技术有异构计算、微服务（虚拟化）、边缘计算、智能融合存储、意图网络等。

1. 异构计算

异构计算是指不同类型的指令集和体系架构的计算单元组成的系统的计算方式，目前“CPU + GPU”以及“CPU + FPGA”都是受业界关注的异构计算平台。

（1）CPU + GPU：主要面向人工智能、数据分析、科学计算、电影渲染、视频图像处理、视频转码等场景。

（2）CPU + FPGA：FPGA 具有高能效和可重编程的特点，既能提供直接对集成电路进行硬件编程的性能优势，又具备可重配置的灵活性，在媒体压缩、加解密、AI、基因计算、视频图像处理、大数据处理等领域，FPGA方案可实现几倍甚至几十倍的能效提升。

（3）CPU + AI 芯片：面向机器学习、人工智能等应用加速场景，通过专用 AI 芯片，提供极致性价比，实现普惠 AI。

2. 微服务（虚拟化）

微服务（虚拟化）已经成为业界开发应用的主要方式，以 Docker 为代表的容器技术出现，使开发和发布微服务更加容易。微服务框架作为微服务开发和运行治理的必要支撑，帮助实现微服务注册、发现、治理等。目前，微服务框架主要分为两种类型：侵入式和非侵入式。侵入式微服务框架是指依赖 SDK 进行微服务的开发；非侵入式微服务框架则是以代理的形式，与应用程序部署在一起，接管应用程序的网络且对其透明。

3. 边缘计算

边缘计算是在靠近物或者数据源头的网络边缘侧，就近提供边缘智能服务。Gartner 预测，2017 年 10% 的企业数据产生在云和数据中心之外，到 2022 年这一比例将超过 50%。在其近期公布的 2019 年十大技术趋势中，边缘计算位列其中，Gartner 认为从云到边缘（Cloud to the Edge）被视为未来科技发展的重要趋势。目前边缘计算主要搭配 AI 服务、IoT 服务，将公有云能力无缝扩展至边缘设备，比如视频分析、图像处理、文字识别、设备接入等能力。

4. 智能融合存储

智能融合存储是指一套存储系统同时支持块、文件、对象、HDFS、数据库协议，适用于全业务场景混合负载，以一种全新的数据中心级存储支持数据的生产、灾备、分析、归档等全生命周期场景，同时满足云上云下数据流动需求并保障一致性体验。

5. 意图网络

意图网络提供了一种搭建和运维网络的新方法，使网络具备了智能故障诊断和自愈的能力，大大提升了云数据中心网络的可用性、灵活性和智能化水平。

目前，云计算网络的复杂性给用户的使用体验带来不便，如用户进行简单的业务配置，需要执行复杂的网络操作，并且要深入网络模型，同时云计算网络的暗转部署配置复杂。通过在物理网络和商业意图之间构建一个孪生世界，跨越客户商业意图与物理网络之间的鸿沟，驱动数据中心网络从SDN化向自治化演进，满足海量设备联网和快速变化的业务、应用及安全需求。

云计算部署意图驱动的网络架构后，使Underlay网络安装部署简化，实现一键式安装部署，业务层面的意图简化配置，建立业务无感知网络。将用户的体验和网络等一起进行数字化，从以网络为中心到以用户为中心，从碎片化管理到闭环管理，从被动响应到主动预测，从技术依赖到人工智能/自动化，改善用户体验，进行预防性维护。

（四）云计算的发展趋势

需求和新技术的发展催生云计算高速发展，云计算应用和服务也将越来越多，并被广泛地应用于各行各业，推动互联网向下一个阶段发展。云计算在发展过程中呈现如下趋势。

1. “轻盈的”终端

前端的硬件将越来越趋于真正的“零终端”，即终端承载越来越少的计算任务，更加注重“显示”，而复杂的计算与分析将驻扎在“云端”，也正是这种后端强大的分析能力将带来更强大的智能。终端会越来越轻，越来越便宜，无须安装任何软件，即可享受诸多服务，包括各种类别的应用、存储、安全及分析任务。未来的云端将实现自助分析，人们可以创建分析任务，并获得更加智能的服务。诸如，订阅的杂志应用将更加了解我们的喜好，并根据分析，推荐动态、个性化及最具吸引力的内容。

2. “云+物联网”深入民生

随着物联网技术的发展，连接到云上的不仅是计算机类的终端，各种物联网设备和传感器也可以连接到云上。在云端，通过对传感器产生的多种大量数据进行分析，并对公众开放，政府、企业可以建立许多创新性的方法，改善及提升城市生活及效率，给人们的生活带来极大的便利。同样，各种工业设备和传感器也可以连接到云端，利用云端的分析和计算能力打造工业云。为了快速响应，减少数据在云端和终端之间的传送，边缘云计算的相关技术开始出现。

3. “云 + 大数据 + 人工智能”充分结合

云计算是大数据和人工智能的最佳承载，开源云平台为大数据与人工智能提供了一个开放、广泛与智能的平台。大数据分析也将渗透到社会的方方面面：政府及国家大数据资源的共享可以加快国家基础信息资源体系建设；公共服务大数据平台的建设可以帮助建立全民健康医疗服务大数据平台并加速医疗服务体系的改革；工业及新兴产业的大数据工程可促进工业 4.0 应用的落地；农业产业大数据平台建设，将进一步提高农业生产效率，完善食品安全保障体系等。随着云计算的范围越来越大，人工智能开始成为其重要组成部分。近年来，各云计算服务商基于其广泛的云平台用户及大量数据，陆续推出了机器学习、物联网、AR（增强现实）和 VR（虚拟现实）、移动服务、分析、游戏与开发等一系列功能，AI 应用以云为载体，以数据为基石，具有不可估量的价值。

4. 混合云将兴起

混合云的优势，在于能够适应不同平台的需求，其或将成为未来大中型用户采用的主流云服务模式。

5. 从垂直到整合

当前，各垂直领域的云应用正在加剧。2014 年以来，垂直行业的应用服务不断涌现。在各个垂直领域，诸如金融、房产、医疗、健康、教育、生活等方方面面，具有众多云服务产品，这为消费者带来了众多便捷的选择。另一个趋势是，垂直行业的整合也在加速。从云端开始的各个环节的完整生态圈是行业云计算的核心竞争力，这些环节或功能包括大数据、云计算、网络营销、电子支付、网络应用、网络安全和智能终端等。未来，金融互联网、医疗互联网、汽车互联网、教育互联网、家具互联网、交通互联网等将组成一个全面互联互通的硕大信息服务网络，以为个人及企业消费者提供全方位的云数据及智能服务。

二　云计算在监管科技领域的应用与实践

（一）云计算应用政策环境分析

1. 云计算宏观政策体系日趋完善

近几年，国内云计算产业发展、行业推广、市场监管等重要环节的宏观政策环境已经日趋完善。2015 年，国务院先后出台三项与云计算密切相关的政策文件，为云计算发展奠定了重要政策基础；国家网信办发布的关于党政部门云计算安全管理的文件，在政务云领域发挥重要影响；新版《电信业务分类目录》针对云计算业务形态，明确了互联网资源协作服务业务的概念，相关市场管理政策相继配套出台；2017 年，工信部发布《云计算发展三年行动计划（2017 - 2019 年）》；2018 年中国人民银行发布《云计算技术金融应用规范安全技术要求》，云计算工作重点进一步明确。

2. 协同治理体系初步形成

2017 年，在工信部指导下，中国信息通信研究院牵头成立了云服务经营自律委员会，2018 年初发布《云服务经营自律规范》，并配有真实性检查手段，这对云服务企业开展规范经营具有较强指导意义。

云服务经营自律委员会发挥了企业和政府之间的桥梁和助手作用，有效促成了云服务行业多方参与的协同治理模式。

（二）金融机构利用云计算在监管科技方面的应用

云计算服务模型通常分为 IaaS、PaaS、SaaS 三种。在监管科技领域，目前 SaaS 服务模式较少，以 IaaS、PaaS 为主，但也并不多见。对于监管机构，可把云计算作为高性能和易扩展基础设施，部署原有监管科技手段，完善和提升监管信息处理流程和速度。对于金融机构，可利用云计算的高性能和易扩展的特性，使金融业务、风险控制系统等逐步上云。第三方机构可综合利用大数据技术，开发一套风险控制平台，并提供给金融机构，以降低交易风险，如 URM 银联风险欺诈侦测系统产品。

云计算作为基础设施，可为监管科技提供良好的运营平台或开发平台。从金融监管需求来看，金融监管机构需要通过科技应用来提升监管能力，降低监管成本；金融从业机构需要利用科技来满足监管要求，降低合规成本。

1. 中国人民银行清算总中心云计算平台建设

监管机构信息系统的部分功能有监管作用，如账户黑名单管理、风险账户的交易实时监控、风险交易及时警告等。随着目前业务量不断提升，现有业务系统流程繁复，无法快速应对需求；业务高峰预估困难，扩容耗时，减容困难。存储多为单设备孤岛，扩展能力差，使用多种应用时无法有效调节存储资源。中国人民银行清算总中心希望将一个全新弹性、开放、快速上线、可扩展、安全可控的 IT 基础架构提供给大额实时支付、清算账户管理、跨行清算、外币支付等 40 余个业务系统使用。

该项目基于华为云化解决方案实现，整合底层各硬件资源，实现计算、存储、网络资源池充分共享，实现资源智能调度，灵活扩展。基于高端存储实现存储资源池化，提供 SSD、SAS、NL-SAS 混合存储配置，提供分级存储特件，以有效地满足不同应用的性能要求，实现多应用存储资源池化。整体解决方案基于云化和资源池化的开放性架构，设备均采用安全可控技术，以满足监管部门安全可控等合规性要求。

该方案大幅度提升业务上线效率，业务上线效率从 1 个月以上周期降低到最短 1 天内；同时，实现智能调度，应对业务高峰。本方案使用两套存储方式，通过分级特性满足 600 个以上主机的多应用不同的性能要求，性能达到 10 万 iops，时延低于 1ms，以满足核心应用的高要求。池化能力彻底解决存储扩展问题。本方案充分考虑架构的开放性和安全性，选择安全可控技术，实现可管理、可监控和可审计。

2. 某商业银行云平台支持实时风险管控系统案例

随着零售业务的快速发展，某商业银行零售客户总量和两大 App（某商业银行和掌上生活）月用户数量逐年增加。客户访问业务量越来越不可预测，浪涌特性明显。同时各类新型的金融诈骗手段层出不穷，比如违规商户盗取顾客信用卡信息、黑产盗刷信用卡等违法手段，使得消费者防不胜防。同时，以“薅羊毛”为目的的“羊毛党”团伙也越来越多，以套取各类营销优惠活动为目标，给银行造成越来越多的营销费用损失。

为了有效应对日益快速增长的反欺诈监管要求，迫切需要能灵活支撑快速增长的客户总访问量和高峰瞬时高业务访问量的云基础设施，支撑整个风控系统随需快速有效支撑不停变化的业务访问压力。

某商业银行建设了基于 OpenStack 架构的 Huawei Cloud Stack 云平台，实现了计算资源的快速、灵活发放部署，有效支撑了整个反欺诈风控平台并行。业务流量处理单元的按需快速扩容，满足了业务资源的有效扩容缩容需求。

三　云计算监管科技应用前景展望

目前，我国云计算骨干企业数量较少，在技术等方面与国外一流厂商仍存在一定差距。以开源为例，虽然我国云服务商对社区的代码贡献在持续增加，但整体上处于技术跟随状态，国内厂商需不断增强技术创新能力。云服务商应积极发展容器、高性能计算、微服务、DevOps 等技术，深入研究边缘计算、云网融合等，加强核心专利布局，提高企业知识产权意识和管理水平。

监管科技的核心技术主要包括云计算、大数据、人工智能等。云计算为监管科技提供廉价的计算和存储资源，通过数据汇聚提供大规模的数据资源，提升监管工具的共享程度。

未来，IaaS 和 PaaS 服务将增多。IaaS 服务是基础设施，原有监管系统可逐步上云，能够充分利用云计算技术，实现相关应用的快速部署，对错综复杂的数据组进行快速解耦和组合；能够实时监控各种指标数据，及时生成报告和解决方案；提高风险识别和处置能力，及时处理风险事件，提高事中监管的效率。监管科技的 PaaS 服务场景也将增多，对于金融客户身份识别，发现阻止可疑交易行为，金融机构或金融科技机构结合大数据分析可能开发发布特定风险的监控平台，高效快速识别风险，并对监管数据进行挖掘，助力监管科技发展。

B.5

人工智能在监管科技中的应用

曹晓琦　符海芳*

摘　要： 2018年以来，AI在监管科技领域中的应用发展进入快速轨道，AI与监管科技的关系逐渐从“技术辅助”走向“智能监管”。当前，AI对监管科技智能化的促进作用主要体现在场景中的某些环节上，这些点状的应用将人工从原先重复性的大量工作中解放出来，提升了某些环节的效率和准确率。本报告介绍了人工智能的基本原理与技术发展情况，并结合具体事例分析了人工智能在我国监管科技中的应用和实践，同时，对人工智能在监管科技中的应用前景做出分析并进行展望。

关键词： 人工智能　监管科技　应用实践

一　人工智能的基本原理与技术发展情况

（一）人工智能的基本原理

1. 基本概念

人工智能（AI）是指一个系统获取、处理和应用知识的能力。此处的知识是指通过经历和训练而获知的事实、信息及得到的技能。作为学科，它

* 曹晓琦、符海芳，华为技术有限公司。

是研究、开发用于模拟、延伸和扩展人的智能的理论、方法、技术及应用系统的统称。AI 应用的研究目的是使系统（机器）具备感知环境和采取相应行动的能力，并以此达到系统（机器）工作的目标。

狭义的 AI 是指可完成特定任务（如自然语言理解、图像识别等）的智能，这种智能区别于经典自动控制系统，它可在相当大的空间范围内，将特定任务求解准确率提升到与人类水平相近的程度；广义的 AI 是指具备类似人的认知和对新环境、知识的反应、推理能力。AI 是一门交叉学科，它建立在计算机基础科学、数学、哲学、语言学、经济学、心理学和认知科学之上，并应用于系统控制、自然语言处理、人脸识别、语音识别、模式识别与分析、数据挖掘等场景。

2. 发展过程

AI 在经历了早期探索、正式诞生、两次繁荣发展与低谷之后，发展出当前以机器学习为主的实现方式。AI 的早期探索过程中的代表性成果包含拉蒙·柳利（13 世纪）的“逻辑机”，其试图通过逻辑方法获取知识，将所有真理通过机械手段，使用简单逻辑操作，生成所有可能的知识；17 世纪莱布尼茨、笛卡尔等人尝试将理性思考转化为类似代数学或几何学之类的体系；直到 20 世纪二三十年代，希尔伯特、哥德尔等人的探索证实了任何数学形式推理都有在一定限制下机械化的可能性。

在经历了漫长的探索之后，1956 年，马文·明斯基、约翰·麦卡锡和香农等人组织了达特茅斯会议，会议确定了 AI 的名称和任务，这一事件被广泛认为是 AI 诞生的标志。此后，AI 先后进入两次繁荣发展时期，并经历了两次低谷。第一次繁荣发展时期以搜索式推理、自然语言（语义网）、微世界为代表，在算法、逻辑学应用、机器视觉领域取得突破性进展。其后，因对更复杂问题的解决效果不佳，AI 的发展进入了第一次低谷。20 世纪 80 年代，AI 进入了以专家系统、第五代工程、联结主义重生为代表的第二次繁荣发展时期。其间，Hopfield 网络和反向传播算法的发明，为人工神经网络的后续发展奠定了基础。然而，第二次繁荣发展时期并未使 AI 系统的能力有质的提升。随之而来的是第二次低谷。在此之后，虽也出现了智能代理、贝叶斯网络、马尔科夫模型、信息论、随机模型等理论研究成果，但仍未出现能够满足实际应用的要求。

2010 年至今，伴随着高性能计算机、互联网、大数据、传感器的普及，以及计算成本的下降，“机器学习”开始兴起，AI 进入第三次繁荣发展时期。与前两次不同，以机器学习为代表的 AI 技术已经实际应用在许多领域，特别是图像、影像、语音的识别，语音、语言的生成，翻译等技术已能达到相当高成熟度，判别准确率甚至超过了人类。特别地，计算设备的专用化发展使得面向神经网络的 AI 算力大幅增长，AI 计算成本大幅下降；另外，AI 平台和云化高性能 AI 计算设施的发明降低了 AI 应用门槛，并进一步降低了成本，为 AI 技术的应用和普及创造了更有利的条件。然而，当前的 AI 技术仅能代替人做一些重复性的工作，并依赖大规模训练数据，在封闭空间内工作；然而，如何将知识与神经网络结合，在弱/无训练数据的条件下，举一反三仍然是非常重要的。

3. 主要技术分支

当前，AI 的主流技术分支包含机器学习、知识图谱、任务规划等。其中机器学习可使 AI 系统从历史数据中学习规律，实现识别、分类、预测、生成等能力；知识图谱基于大数据处理和语义网技术，研究知识提取、管理和应用；任务规划则是关于如何让计算机系统能够根据当前任务，自动编排行动，达到目标的技术。在现代的金融监管科技领域应用中，AI 的这三个分支都有相当程度的应用。

机器学习是 AI 的一种实现形式，它可使计算机从历史数据（经验数据、错误数据）中总结规律，具备识别、分类、预测、生成的能力，而非以手动编程实现。计算机系统在学习过程中，随着时间的推移，判断能力可逐步提高。机器学习可分为有监督学习、无监督学习和强化学习。

知识图谱本质上是基于语义网络的知识库。从实践角度来讲，它描述实体及其关系。实体指现实世界中的事物，如人、地、物、现象、组织等，关系则用来表达不同实体之间的联系，如（人）居住（地）、（组织）含有（人）等。知识图谱可抽象为方向图，实体以节点表示，关系以有向边表示。

任务规划是一种人工智能方法，将可用的行动自动编排成可接连执行的序列，达到要求的状态。这里的行动是指系统或子系统能够发出的动作（或服务），该动作（或服务）可在某种状态下得以执行，并改变系统状态。按照系统状态空间的封闭性，AI任务规划可分为有状态规划和无状态规划。按照规划者对行动知识的掌握情况，也可分为封闭（有穷）解空间规划和开放（无穷）解空间规划。

（二）人工智能的发展情况

金融监管系统应用AI技术，不仅要考虑适当性、安全性，也要考虑所使用技术配套处理硬件、平台等方面的支撑。

1. 机器学习的发展情况

机器学习在当代金融监管系统中的应用方兴未艾，它是监管科技的主要支撑技术之一。机器学习使用数学方法，从对数据的分析观察中产生模型，以满足特定业务逻辑要求。本报告以当前的研究、应用为基础，介绍以机器学习为主的三种方法的发展情况。

无监督学习：在缺乏先验知识或成本受限的情况下，数据样本没有标签，其规律隐含地被数据自身反映。无监督学习是机器学习的一个重要分支，它习得并利用数据自身隐含的规律，可对数据进行聚类、异常离群点分析、关联规则学习、潜变量模型分析、数据降维（编码）等。

（1）聚类：其是无监督学习范畴内的经典问题，即根据数据自身情况和综合分布，将数据归为若干类别，使类内样本距离远小于类间样本距离。按照聚类模型，聚类算法可分为基于连接的聚类（如自下向上 Agglomerative 或自上而下 Divisive 的方法）、基于中心的聚类（如 K-mean）、基于数据分布的聚类、基于密度的聚类（如 DBSCAN、OPTICS）。聚类技术常被金融监管科技应用用作数据分析工具，帮助数据控制者、处理者①了解数据的类型

① 参照欧盟《通用数据保护条例》（GDPR）中对数据保有方的角色定义，下文同。

和分布情况。近年来，聚类的发展着重向极大数据量和极高维度倾斜。特别地，聚类经常作为一种数据先期分类方法，将大量数据分为可进一步分析的子集；对于极高维度数据，也可使用子空间或关联（Correlation）聚类方法，只考虑部分高区分度维度，而忽略与类型关系不大的维度。

（2）异常离群点分析：其是对不匹配预期模式的样本的识别。在监管科技领域，异常样本可以很自然地对应不法交易及行为。为此，可以根据具体场景来使用基于密度的聚类和自动编码器异常点检测等。无监督学习范畴下的异常离群点分析，是通过寻找与其他数据最不匹配的实例，来检测未标记的异常数据。较正常交易，金融监管领域的异常交易出现的概率很低，在这种数据分布情况下，有监督学习往往容易产生过拟合现象，而无监督学习却可以发挥其长处。

（3）关联规则学习：其是从数据中发觉数据内部结构特性之间的关联性，即关联规则。广义上的关联规则包含简单关联和序列关联。在监管科技领域，关联关系分析可帮助监管者、合规者发觉金融数据中存在的时间或行为上的潜在关系（规则），在一定的置信度和支持度检验条件下，提炼出反映数据真实内在联系的规则。常用的关联规则学习方法有 Apriori 算法、Eclat 算法、FP（频繁模式）算法等。

（4）潜变量模型分析：潜变量模型是将一组显变量与一组潜变量（不可直接测量的变量）相关联的统计模型。潜变量模型在金融监管科技应用中常被用来描述无法直接测得的数据，如商业信心、价值、质量等。推断潜变量的常用方法有因子分析、主成分分析、最小二乘回归、EM 算法、贝叶斯算法等。

（5）数据降维（编码）：降维是指降低随机变量个数，选择、提取“不相关”主变量的过程。它被普遍地运用在包括金融监管在内的各个领域，包括变量选择和特征提取两部分。变量选择旨在识别主要变量，排除冗余、无关变量的干扰，代表性策略有过滤器（filter）策略（基于信息论）、包装（wrapper）策略（基于精度驱动的搜索）和嵌入式（embedded）策略（基于错误预测）；特征提取则是将高维特征空间映射到低维特征空间的过程，可借助线性映射（如主成分分析 PCA 或核 PCA、非负矩阵分解 NMF、线性判别分析 LDA 等）或非线性映射（如泛化判别分析 GDA、自动编解码器 Autoencoder 等）完成。

从应用情况来看，无监督学习经常作为神经网络应用的前导过程，帮助数据控制者、处理者了解数据情况，降低数据维度，以为后续数据处理和利用创造条件。

有监督学习：如果数据存在标签，机器学习则可通过标注的训练数据学到一个模式，并依据此模式推测新的实例。在监管科技领域，有监督学习经常作为识别、判断、预测组件，在人脸识别、语音识别、翻译、金融法务文本理解、金融活动合规检查等场景中发挥作用。典型的有监督学习方法包括（人工）深度神经网络（DNN）、支持向量机（SVM）、朴素贝叶斯分类器、决策树/随机森林等。

（1）（人工）深度神经网络：其是当前最流行、应用最广的有监督学习方法。DNN 模拟人脑神经元、突触的连接，建立分层网络，每层网络含有神经元，层与层之间、层内各神经元间可由突触（边）相连接，边上存在权值，表明上一层神经元输出信号作用在下一层神经元时被放大（缩小）的程度。DNN 的训练过程就是不断迭代调整最终得到网络权值的过程。当前 DNN 在图像分类、目标检测、语音识别等场景中应用广泛。

（2）支持向量机：其是一种非概率二元分类器。通常，可将实例表示为空间中的点，而 SVM 就被视为点的一种表示方法，这些点通过 SVM 定义的边界分成两类，并尽可能地分开。新的实例点可通过 SVM 计算，找到其所属的区域。通过使用核技巧（Kernel Trick），SVM 允许形成非线性空间与线性空间的映射，这种映射可以是高维度的。特征空间的维度越高，SVM 的泛化误差越大，但在给予足够的训练样本后，SVM 分类器仍然能保持高精度的输出。SVM 在风控、反欺诈、情感分类等场景中应用效果较好。

（3）朴素贝叶斯分类器：其是以贝叶斯定理为基础，基于强独立特征假设的简单概率分类器。与 DNN、SVM 不同，朴素贝叶斯分类器要求实例的每个特征都不相关。朴素贝叶斯模型是一个条件概率模型。它可由条件概率数学形式表达，可应用在高维度场景中。在模型训练时，可使用最大似然估计。类的先验概率可通过训练集中各类样本出现次数来估算。在金融、监管系统中，朴素贝叶斯分类器可用来预测成员关系，为识别可疑交易提供证据。另外，它还可被用在信贷信用评级、量化交易趋势估计、组合投资风险估计等场景中。

（4）决策树/随机森林：决策树通过建立树来辅助决策，将特征空间分为一系列矩阵，为每一个矩阵安置一个简单模型，完成简单分裂。分裂产生分支，将某一类对象继续细分，直到达到预置的最大深度或分裂最小样本数为止。随机森林是决策树的扩展，它允许多个决策树同时存在，通过随机扰动使所有的决策树去相关，从而减低过拟合，提高泛化能力。在金融、监管科技应用中，决策树/随机森林常被用在风控、量化投资等场景中。

有监督学习的一个重点是学习过程之前的数据分析和预处理。对于金融监管领域来说，这个过程又附加了隐私数据保护要求。特别是在跨行、跨域联合反欺诈、反洗钱等数据分析过程中，需要多个机构共享数据，联合完成分析。因此，需要使用数据脱敏、隔离、分布式训练等技术手段，在跨域学习与保守商业秘密之间取得平衡。

强化学习是机器学习中的一个特殊领域。它强调基于环境反馈而行动，以获得最大化收益。其核心是使得计算机在环境给予的奖励或惩罚刺激下，逐步形成对刺激的预期，产生能获得最大总收益的惯性行为。强化学习在监督学习之后得到发展，其解决的问题也不同。强化学习有两个重要分支，即深度强化学习及逆强化学习。

（1）深度强化学习：其将强化学习与深度学习结合在一起，用强化学习定义问题和优化目标，用深度学习来解决策略和策略评估函数建模问题，以突破原有强化学习理论里对离散巨量任务、状态的表达瓶颈。深度强化学习在一定程度上具备解决复杂问题的通用智能，并在很多任务中都取得了很大的成功。

（2）逆强化学习：其是强化学习的一个衍生分支，它针对没有显式奖惩的情况，基于人（专家）的行为，进行奖惩估计，在得到奖惩函数评估后，进行策略函数的估计，即给定一个专家后，通过不断寻找奖惩函数来支撑（解释）给定专家行为。逆强化学习作为模仿学习的一种实现方法，解决传统强化学习中多步决策搜索空间爆炸性增长的问题。

当前，金融监管作业系统处理大量数据。数据的整理和标注是一个难题。强化学习为无标注数据却又不适用非监督学习的监管科技应用场景（如规章的机器解读和自动应用等）提供了相对良好的解决思路。

2. 人工智能芯片的发展情况

监管科技应用涉及许多云、边、端侧 AI、大数据实时处理过程，其数据处理场所多种多样，因此对算力、功耗、装置体积的要求也有所差异。这对 AI 数据处理硬件能力提出了更丰富的应用需求。

在这一方面，应用最广的是 GPU 及其与 CPU 的组合模式。GPU 支持大规模并行计算架构，在通用图形加速处理方面能力优秀。但正因其通用性设计，未为 AI 算子做专门优化，其在专用 AI 算力方面存在上升空间；另外，GPU 造价和功耗相对较高，在空间、电能有限的场景中适用性受限。因此，为特定场景定制的专用 AI 芯片受到了瞩目。AI 芯片有多种实现方式。其中，具有代表性的是基于 ASIC 和 FPGA 的 AI 芯片。

（1）ASIC：专用集成电路。基于 ASIC 的 AI 芯片是一种为特定目的设计的面向特定需求的定制芯片。基于 ASIC 的 AI 芯片可实现深度学习算法加速，将训练、推理抽象算子甚至特定模型算子固化，大幅提升定制运算的速度，针对特定场景达到最优。基于 ASIC 的 AI 芯片主要有 NPU 和 TPU。它们的运算速度为同期 GPU 或 CPU 平均速度的 20～30 倍，能效比为其的 30～80 倍。ASIC 较适合基于云计算架构的 AI 系统，其原因是边、端侧的应用往往在空间和能耗方面不能满足 GPU、CPU 的应用要求。

（2）FPGA：现场可编程门阵列。它是专用集成电路领域中的一种半定制电路实现方法。它利用门电路直接运算，速度快，并支持门电路—存储器布线，改善执行方案，得到最佳效果。FPGA 适用于多指令、单数据流分析，在实现复杂算法方面有一定难度，性价比较 ASIC 低。FPGA 因其可擦除特性，更适用于云端推理，CPU + FPGA 模式较 GPU 有更高的效率和更低的成本。

3. 人工智能平台的发展情况

智能金融监管应用系统的开发运维涉及大量数据、多个环节，从 AI 硬件的选配、调试，到数据的采集、分析、筛选、过滤，到模型的设计、开发、训练、调优、测试，再到系统集成、上线运行、维护、升级、撤销，需要种类繁多的支撑技术和第三方组件。这在很大程度上造成了金融监管应用系统智能规模化的障碍。AI 平台为这个困境提供了解决方案选项。一方面，它可使用自动化建模、调优等手段，提升开发效率；另一方面，它解决了 AI 算力稀缺及复用性水平低的问题，提供快速按需匹配、快速形成算力支持能力。

AI 平台是人工智能、大数据及其周边支撑技术群发展整合的产物。相较于应用独立的机器学习框架或组件库，AI 平台提供全场景，即包括公有云、私有云、边缘计算、物联网行业终端以及消费类终端的部署环境，以支持 AI 技术全栈。

（1）整合数据框架，以 AI 的机制来治理数据，用迭代训练来解决标注的数据量问题。

（2）整合各种异构 AI 计算设备，形成统一的、可扩展的、可调度的系列化 AI 计算资源池。

（3）配以芯片算子库和高度自动化的算子开发工具，以方便用户进行深层次优化，提升模型运行效率，以响应领域应用的实时性要求。

（4）支持多种机器学习框架，算法模型库，数据预处理、后处理组件，并扩展支持端、边、云独立或协同的统一训练和推理，提供基于 GUI 的智能处理工作流构建的自动化学习、调优能力。

（5）向上提供应用以制定全流程开发服务、分层 API 和预集成方案。

二　人工智能在监管科技领域的应用与实践

2018 年以来，AI 在监管科技领域中的应用发展进入快速轨道，AI 与监管科技的关系逐渐从“技术辅助”走向“智能监管”。当前，AI 对监管科技智能化的促进作用主要体现在场景中的某些环节上，如 AI 辅助的金融法规、合同文件合规性审查、关联法规归集，人脸识别辅助的客户身份证实，基于知识图谱的客户征信水平画像等。这些点状的应用将人工从原先重复性的大量工作中解放出来，使系统的作业错误率不受人生理因素的影响，提升了某些环节的效率和准确率。

（一）人工智能在反欺诈中的应用

在客户身份认证环节，计算机视觉的广泛使用大大提升了认证效率。通过 OCR 识别，可以智能读取用户的身份证、银行卡信息，减少手工填写环节；通过人脸识别，可以进行用户身份确认，其在联网核查、自助开卡、远程开户、支付结算等诸多领域有广泛应用。2015 年发布的《中国人民银行关于改进个人银行账户服务 加强账户管理的通知》中提到，“提供个人银行账户开立服务时，有条件的银行可探索将生物特征识别技术和其他安全有效的技术手段作为核验开户申请人身份信息的辅助手段”。人脸识别等图像技术在用户身份认证中的使用，已经得到了普遍认可。

知识图谱技术在反欺诈中的应用可以帮助更好地识别欺诈用户。欺诈行为在很多情况下会涉及复杂的关系网络，知识图谱可以对多维度、多层次的关系进行直接的展示，解决反欺诈中的难题。把用户的姓名、手机号、IP 地址、位置信息等作为节点，把用户的交易信息、社会关系信息、通信信息等作为边，同时结合用户的其他非结构化大数据如行为记录、消费记录、浏览记录等，来构建包含多数据源的关联网络，进行分析和预测，识别欺诈风险。如对于用户信息核验，不同的用户有相同的电话号码，则用户存在欺诈的风险较高；如同一地址下过多的用户申请服务，则可能存在团体欺诈风险。在团伙欺诈的识别中，往往需要进行多层级的数据分析，其中需要超过三个维度甚至更多维度的关联。

（二）人工智能在反洗钱中的应用

反洗钱一直是金融机构在合规方面的重要工作。随着大数据、云计算、人工智能等技术的发展，以及互联网支付、移动支付等交易行为的变化，传统的反洗钱方式和工具也需要不断改进、优化，以满足新技术和新场景下的需求，更好地维护金融安全。

机器学习技术应用于可疑交易监测中，可以实现模型的性能自优化、阈值自调整，提升模型识别的准确率与效率。传统的可疑交易监测模型的建立依赖大量的规则，需要工作人员按照经验来制定各种规则，同时在模型的运行中，一旦涉及调整，就会影响到所有环节，这需要进行大量的工作。可疑交易监测模型通常包含用户的基本信息如商户名称、组织机构代码、法定代表人信息等，以及交易信息如交易金额、交易笔数、交易集中度、交易时间、交易地点等，一个模型内往往会涵盖几百个维度的特征。模型建立后，其优化可以通过机器学习来自动完成。基于标记好的正负样本集，机器学习可以实现自动学习，对负面情形进行识别，参考模型中的特征维度提取与洗钱行为相关的案例。同时，针对模型内识别出结果并经过人工核实的案件，无论是确认可疑的还是排除可疑的都可以作为新的训练样本加入模型训练集，外部的其他金融机构的洗钱案例也可以为机器学习提供负面样本。通过训练集的丰富和更新，可以实现机器学习模型的不断优化。经过一段时间的训练和调试，机器学习可以帮助提升模型的识别准确率，减少人力成本，提升效率。

知识图谱技术在交易监测中，可以通过构建交易主体之间的关联关系，识别更深层次的风险。将用户之间的资金流向、关联关系等进行挖掘，构建关联网络，可以识别潜在的洗钱团伙。如用户 A 的资金经过正常用户 B、正常用户 C 等若干直接、间接的资金链流向了用户 D，结合交易频次、交易金额、交易集中度等的分析，用户 A 和 D 之间可能存在非正常交易。关联图谱可以将用户 A 和 D 之间的各类交易联系起来，结合可视化技术进行展示，直观显示潜在风险。

（三）人工智能在风险监测中的应用

金融风险包括主要市场风险、信用风险、机构风险、产品风险、流动性风险等，防范化解金融风险长期以来都是金融监管的重点和难点。随着技术的不断演进和市场的发展，新的金融业态不断涌现，给金融风险的监控带来了新的挑战。依靠人工智能技术来提升风险监测能力，可以有效解决监管中人力不足、监管滞后等问题。如通过自然语言处理技术，对与金融行业相关的海量数据进行结构化处理，以便能使用大数据分析手段来进行分析；又如通过机器学习，构建风险识别模型，预测风险水平和可能带来的后果。

舆情监控是风险监测的重要手段，舆情信息可以从外部层面反映行业和机构的运行情况，舆情数据也是风险监测数据的重要组成部分。自然语言处理和机器学习在舆情监测中的应用，可以实现舆情的智能分析，提升预测效率。通过自然语言处理技术对语句进行分词处理，识别语句中的词性和主体，提取舆情的信息特征，进行情感识别。如在对“某某公安机关对 A 公司进行了查封”的分析中，自然语言处理可以识别“某某公安机关”和“A 公司”两个主体，同时，“查封”的行为是一个负面信息，基于简单的规则，可以判定这是与 A 公司相关的负面舆情，应向监管机构发出预警。此外，将机器学习技术应用到舆情的处理中，可以有效提升舆情分析的效率和准确率，如输入某一舆情的全部特征，输出正负面的情感判断，把提供类似的大量的标注数据作为学习的材料，引入各类机器学习模型以对舆情做出判断，同时可以在多模型识别的基础上辅助投票机制，进一步提升识别的准确率。

（四）人工智能在金融机构合规管理中的应用

金融危机的爆发，促使全球的金融监管机构不断加强金融监管，出台相应的监管政策，来加大和提升监管力度和强度。监管政策的变化性、复杂性和专业性会提高金融机构跟踪和理解政策的难度，首先，金融机构需要及时了解最新的监管政策，对其进行充分的解读，同时，监管规则的更新需要机构分析新旧规则之间的不同，判断其对业务的影响；其次，监管政策中包含大量专业性的内容，金融机构存在理解上的偏差，会带来合规成本的增加，造成操作风险和合规问题。通过技术手段，将监管规则进行数字化处理，进行智能解读和分析，可以帮助机构及时、充分地了解规则，并将其置于自身业务之中，提升合规效率，降低合规风险。

目前来看，监管规则和条款基本上还是以文本的形式发布，其中存在理解成本较大、无法及时更新和业务联动不紧密等问题。利用自然语言处理技术，机构可以将监管规则进行智能化的解读，将监管条文进行分词处理，识别量化指标、关键流程、禁止条框等，并与自身业务系统融合，实现无缝对接。

此外，人工智能技术应用于合规报告中，可以提升合规效率。以欧盟金融工具市场指令Ⅱ（MiFID Ⅱ）为例，其要求金融机构的合规报告包含报告主体（金融交易对手、投资经理、信贷机构、交易场所、市场运营商等）、交易数据（价格、频次、规模、地区、金融工具等）、金融工具（股票、债券、信用衍生工具、外汇衍生工具、商品衍生工具等）等内容，同时对报告频率提出了要求，要求其尽可能做到实时报告，目前报告每个交易的时效为15分钟内，在2020年之后要缩短至5分钟之内。满足庞大的数据要求和高频的时效要求，给金融机构带来了巨大的挑战。金融机构需要在短时间内处理大量的数据，并向金融监管机构报送准确的信息。将人工智能技术应用于合规报告中，可以帮助进行数据处理，自动化形成报告，使机构在数据上报的时效性和报告的准确性方面符合监管的要求。

三　人工智能监管科技应用前景展望

（一）人工智能监管科技应用前景的需求分析

经济金融安全是关乎国家生存、人民福祉的重大课题。在当前强监管的大背景下，金融监管机构、金融服务机构都希望获取更全面、更精准的数据。面对海量报送和业务数据，以往传统的自动化系统已不能满足需求。为此，必须借助新型AI技术，高效智能地完成以往需要金融领域专家长时间才能完成的大量重复性工作。另外，随着以机器学习为代表的AI理论方法的逐步完善，AI将不仅会被用在简单图形（人脸、人形）、语音识别等象征性环节中，还会在更广阔的场景中获得青睐。

金融机构高合规成本的一个重要来源是因对法规的理解和贯彻不到位而造成的合规风险。在当前强监管的要求下，金融机构内规的制定和实行、项目运行产生的操作和文档都被纳入监管范畴。金融机构对迅速合规（新规）、合法的需求日益明显。在这方面，传统的解决方案是由金融领域专家、法务专家研究外部法律、规章变动，人为对内部规则、作业流程、项目操作、文本等进行合规性检查，修改作业流程、内部规则等。虽然使用了大量自动化工具和数据处理组件，但在某些领域，如法规理解，违规检测，法务政策知识归集、查询、查错等方面自动化程度较低，大量重复性工作还需人来处理。作业效率低，合规成本高，违规风险大。在机构内审过程中，合规风险评估往往需花费高额人力成本，而无法给出准确的评估结果。

AI 技术的发展为解决合规性检查、规则理解等问题提供了方案。智能合规官（AICO）程序，通过数字化监管协议（RegPort），使机器可以理解法规及变化的内涵，辅助金融机构进行合规审核，促进持续合规。要完成这项工作，应在与当前作业系统产生关联的同时，将金融法规（新规）以机器可推理的形式介绍给系统，使系统能在需要的时候参考合适的条款，给出合规性提示。此介绍过程可综合自然语言处理、知识图谱、深度时敏神经网络来实现。在这方面，当前应用效果较为明显的是基于深度学习法规智能问答、语义搜索的实践。

AI 辅助的金融法规理解、合规应用方向与当前金融 AI 语音助手的关注侧重点不同，后者偏重于理解客户需求，并将其导流到相应人工服务或原有自动电话银行服务，而在知识的关联性、法规文本要求含义理解、金融产品操作符合度方面没有要求。相较而言，AI 合规辅助程序所涉及的数据，操作，业务逻辑，领域知识的深度、广度等方面均超过语音助手。

（二）人工智能监管科技应用前景的发展形态分析

随着强监管要求的实施，监管机构可以从金融服务机构及其资金上下游领域实体获得海量的日常运行数据。这些数据的数量级已经超出了原先的处理能力，对以新技术来获得准确的宏观/微观指标的需求越发迫切。另外，AI理论方法逐步发展，在某些领域日臻成熟，AI逐步具备了完成更重大、更复杂工作的能力。特别是AI全栈的发展，如云化的AI专用高性能算力的大幅提升，基于GUI的AI过程配置简易化、自动学习的应用等，使AI应用的门槛大幅度降低。当前所或缺的是结合具体监管业务逻辑、数据状况，逐步扩大应用场景。为此，可以参照国外的应用实践，探索宏观金融风险识别预测、金融政策效果评估、市场/商品价格操纵行为检测等场景中的应用。

1. 反跨行（域）洗钱

近年来，我国在金融反洗钱及监管方面取得积极进展。“执法部门能够广泛获取金融情报，在打击腐败、非法集资、贩毒等洗钱上游犯罪方面取得了显著成效，追缴和没收犯罪收益达到了较高水平。”反洗钱的主要手段是识别大额可疑交易，厘清交易网络和计划，基于特征证据达到（实时）及早发现，事中警告风险，事后总结洗钱犯罪模式特征的目标。其难度在于（实时）及早发现。AI的应用为反洗钱工作提供了技术支持。

图1展示了某金融服务实体实施的基于AI的跨域AML技术体系构架示意。它依靠机器学习技术，基于数据分析，提供KYC&KYCC、可疑交易发现、交易网络/计划、事件风险评估等能力。其数据处理子平台在推理的基础上结合数据脱敏、过滤技术，产业上下游数据归集过程将对应数据融合在一起。机器学习平台利用数据分析模块，完成数据分布、主成分、偏向性、时间偏移量计算、历史日志关联分析，旨在发现交易关系和实体，总结交易在时间、空间、域间的模式。这些数据、知识与已有的黑产、违规交易、法规、风控规则知识图谱对应并融合，做到知识库的迭代更新。特征/知识推理子平台提供可疑特征选取、交易模式聚类、交易类型预测的能力，将底层跨行数据在非法大额交易方面的相关特征提取出来，后续结合规则、知识推理，进一步产生高级特征抽象。这些不同级别的特征，被实时推理机构按需择用，在事中发现可疑交易和网络模式，警告风险。

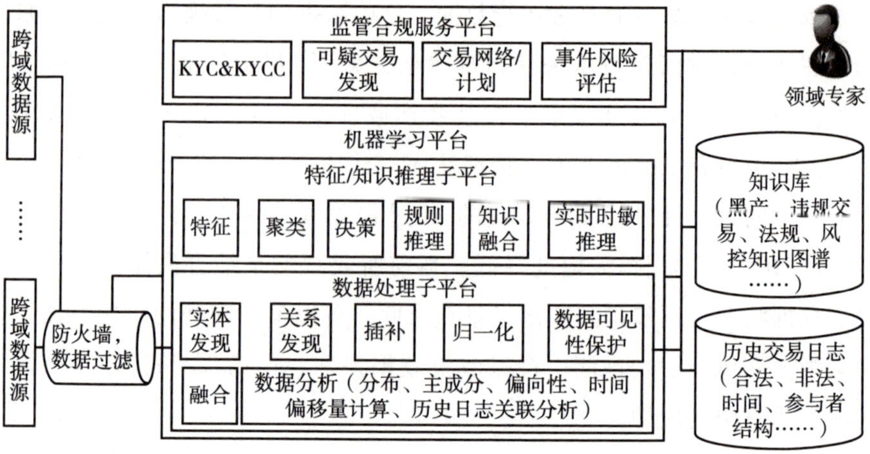

图 1　基于 AI 的跨域 AML 技术体系架构示意

2. 交易反欺诈

近年来，随着 AI、大数据、移动支付等新技术的发展，交易欺诈呈现技术应用现代化、集团化、隐蔽化、产业化的趋势。犯罪分子利用对现有反欺诈技术的分析，采用新型伪造、交易模式，削弱了近年来反欺诈系统的作用效果。因欺诈交易在正常交易中的占比极小，一般的欺诈在事中准确被发现并响应的概率不高。监督式学习总结欺诈特征的辨别模型初筛，事后客户举报/复合、专家分析精筛的模式在效率提升方面仍有空间。其主要困境是欺诈手段更新迅速，且越来越隐蔽，以旧数据训练的模型不能及时发现，就算依靠后续客户举报、人工复合、更新训练数据和黑名单、重训练的方法也赶不上犯罪手段发展的速度。有时即便进行了重训练，由于新数据数量占比极小，不能保证模型“真正领悟了”最具区别性的特征，这使其无法及时提升初筛召回率，后续工作压力仍然相当显著。

当前，出现了基于特征分析及无监督聚类的方法，在一定程度上提升了对团伙欺诈犯罪的发现概率。这种方法在一定程度上补充了专家智慧，点出了在监督式学习视角下不明显的特征。在这一方面，如能将识别的新特征立即固化为筛选规则，则基于规则的交易反欺诈系统反而具有特征明晰、专家智慧表达确切等优势。基于无监督学习和规则的反交易欺诈系统逻辑架构如图 2 所示。

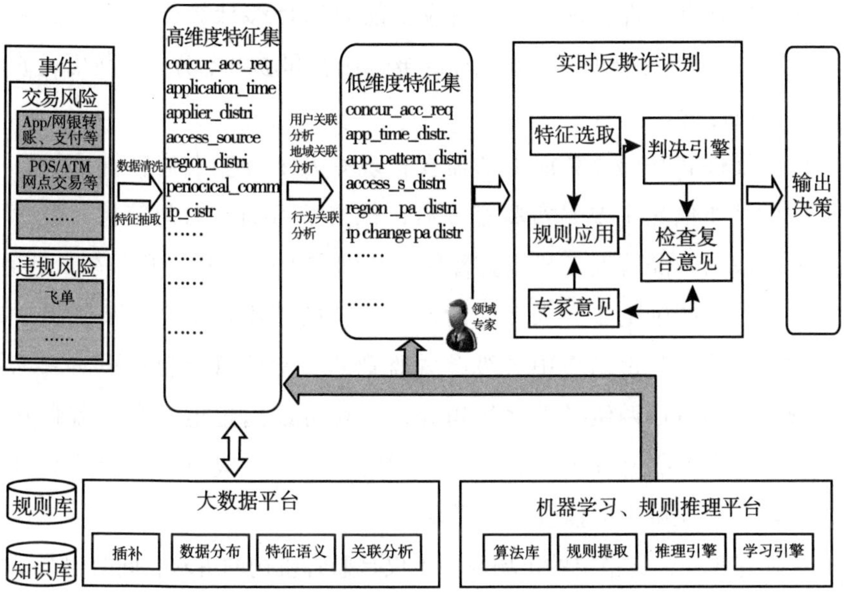

图2　基于无监督学习和规则的反交易欺诈系统逻辑架构

图2中系统从交易事件数据中两次提取特征，应用用户低于行为关联分析，得到高度概括的特征集，后来特征集中又进一步融入领域专家的意见。实时反欺诈识别模块是具体判决欺诈交易数据的场所，对于不同场景，允许选择不同的低维特征子集，其演变为规则，交由判决引擎对具体数据进行反欺诈行为预测。对于事后发现（交易方举报或检查发现）的情况，则通过领域专家总结形成专家意见，进而形成对判别规则的修改。这个系统中使用了无监督机器学习算法归集数据，为精确特征发现、选取提供了基础。

图灵测试一直被视为判断人工智能是否成熟的标志，其涉及人工智能技术，已经可以实现在某些拥有固定规则的场景进行，甚至在特定领域已超越人类极限，正如AlphaGo在围棋领域击败人类的世界冠军。而金融监管恰是此类拥有一定固定规则的开放场景，这给人工智能创造了足够的发挥空间。随着个人、企业部门多类型多维度数据的不断丰富，在机器学习不断训练下的人工智能将快速成长，并最终超越人类个体在金融监管领域所能做到的极限，诞生具有自主性、多面性、高应变能力和足够计算能力的“金融大脑”，以应对不断融合的、高复杂性的金融业态和层出不穷、不断衍变的金融违法违规行为。

由于硬件和基础计算能力的需要，现有人工智能在监管科技的发展与应用的性质依然主要是实验室性质，机器学习训练时间较长，替代和推广成本较高。随着人工智能监管科技基础实力的不断提升，在云计算、大数据等技术的辅助下，人工智能监管科技的使用成本会逐步降低，并最终达到区县、省份乃至中央级金融监管的日常监管需要水平。人工智能监管科技的央地两级甚至多级覆盖，不仅可以满足地方金融监管基础能力需要，有效提升地方监管水平，同时还可以形成央地两级的有效联动，实现不同地域内的监管动态平衡。

良好有效、合规稳定的市场环境不仅是监管机构的诉求，同时也是市场合规机构的期盼。在监管机构的推动下，金融监管机构与金融机构虽然偶有协作，但由于角色的差异，双方依然难以大范围地进行合作。人工智能监管科技天然的永久中立的技术属性，可以有效弥合双方差异，推动金融监管机构和金融机构长久、深入合作，建设更为智能化的监管体系，营造更具有稳定性的监管环境，释放金融活力。

参考文献

[1] 邱锡鹏：《神经网络与深度学习》，Cithub 开源图书，2019。

[2] H. et. al.，“Neural Networks and Graph Algorithms with Next-Generation Processors，” *International Parallel and Distributed Processing Symposium Workshops*（*IPDPSW*）*IEEE*，2018，pp. 1194 – 1203.

[3] 《监管科技的八大发展趋势》，财经网，http：//yuanchuang. caijing. com. cn/2019/0407/4577400. shtml。

[4] 《人工智能可以为监管合规做些什么?》，亿欧网，https：//www. iyiou. com/intelligence/insight78658. html。

[5] 《知识图谱助力智能问答和精准检索的实践应用》，搜狐网，http：//www.

sohu. com/a/254229313_ 100130966。
[6]《金融行动特别工作组公布中国反洗钱和反恐怖融资互评估报告》，中华人民共和国中央人民政府网，http：//www. gov. cn/xinwen/2019 - 04/18/content_5384062. htm。
[7]《用上 AI、大数据，开班授课如何骗贷，黑产、黑中介的江湖有多野?》，财新网，http：//finance. caijing. com. cn/20190510/4586999. shtml。

B.6
区块链在监管科技中的应用

区块链应用课题组*

摘　要： 区块链技术依托其分布式治理、数据难以篡改、数据可溯源的特性，是监管科技重要的技术手段之一，适合在金融监管领域发挥重要作用。目前，在金融监管机构的指导下，金融机构和金融科技公司从业务流程、商业规则和运营模式等方面，不断探索区块链技术在监管领域的应用，并在不同细分领域进行项目试点，其中部分项目已落地。本报告介绍了区块链的基本原理与技术发展情况，并结合具体事例分析了区块链在监管科技领域的应用和实践，同时，根据区块链的技术特性对区块链在监管科技中的应用前景做出分析并进行展望。

关键词： 区块链　监管科技　应用实践

一　区块链的基本原理与技术发展情况

（一）区块链

区块链，也称分布式账本（Distributed Ledger），是由包含交易信息的区块从后向前有序链接起来的数据结构。区块一般被定义为包含在分布式账本里聚

---

* 课题组成员：范贵甫、练娜、潘鲁鲁、朱宏亮、王瑛，中钞信用卡产业发展有限公司；殷舒、徐加明，联动优势电子商务有限公司。

合了交易信息的容器数据结构，它由包含元数据的区块头和紧跟其后的构成区块主体的一长串交易组成，每个区块都有唯一前序区块，区块内账户的每个交易也都有唯一前序交易与之对应。所有的数据块和所有的交易都通过严格的密码学算法前后链接。新的交易被打包到新的区块中，在获得全网共识后被写入区块链。区块链数据结构见图 1。图 1 中一个 Tx 代表一笔交易数据。

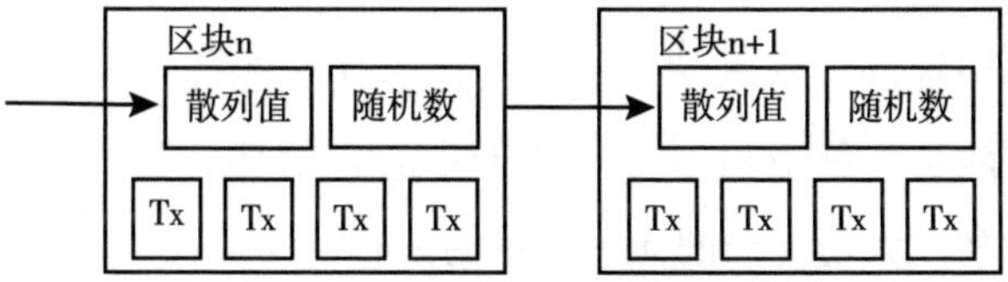

图 1　区块链数据结构

区块链系统自下而上由基础设施层、密码算法层、节点通信层、共识协议层、运行平台层、智能合约层和系统应用层组成（见图 2）。

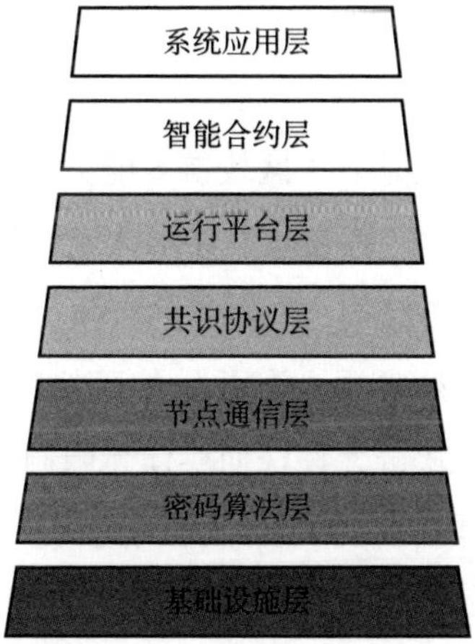

图 2　区块链技术架构

基础设施层包含区块链在其上运行所需的基础软硬件，如操作系统；密码算法层包含区块链实现中所需要的密码学技术，如非对称加密算法、数据摘要算法等；节点通信层包含节点之间的通信传输机制；共识协议层主要包含各类共识协议；运行平台层包含智能合约运行环境，如 EVM 虚拟机；智能合约层主要包含各类部署在区块链上的业务合约；系统应用层指基于智能合约，结合传统IT技术构建的可被最终用户访问的各类应用。

（二）区块链技术发展情况

1. 技术路径发展情况

区块链技术是从比特币中抽象总结的一种涉及多学科的综合技术，将点对点网络、共识算法、密码学、可编程脚本（智能合约）以及隐私保护等技术进行创新融合，创造出一套不基于中心化信任、基于密码学的技术体系。像比特币和以太坊这样的无须许可的公有链，可在不需要集中权限的情况下建立互信关系，这需要通过增加复杂的加密机制（“挖掘”）来实现，该机制在减少吞吐量的同时，保护区块链免受攻击。

然而，只有无须许可的公有链（任何人都可以访问并运行验证程序节点）才需要这种机制。对于一些受限制的会员使用的私有链是不需要的。经过许可的区块链以更高的吞吐量运行，并仍然获得高度信任，因为验证者节点仅由已知的可信方操作。

“许可/无须许可”指的是写入区块链的能力。“许可”属性限制谁可以建立节点并记账。换句话说，各参与方共同认定的实施者具有较高的管理权限，包括：节点准入、准出权限，账本访问权限，设置节点角色权限等。参与区块链网络、谁可以查看需要“许可”的区块链会分配有差异的访问权限，而“无须许可”的区块链允许任何实体无限制地记账。

“私有/公开”指的是读取区块链信息的能力。在“私有”属性的区块链中，可以读取信息的只有区块链所有者授权的人，而“公开”属性的区块链可以无限制地访问区块链。

“公开、无须许可”的区块链在权限控制、性能、隐私保护等方面，难以达到实际应用要求，而“私有、许可”的区块链使用范围过窄，应用价值有限。经过不断实践和探索，具有“公开、许可”属性的区块链更为适合实际的应用场景，特别是对安全要求较高的金融场景来说。

开放许可链示意见图3。

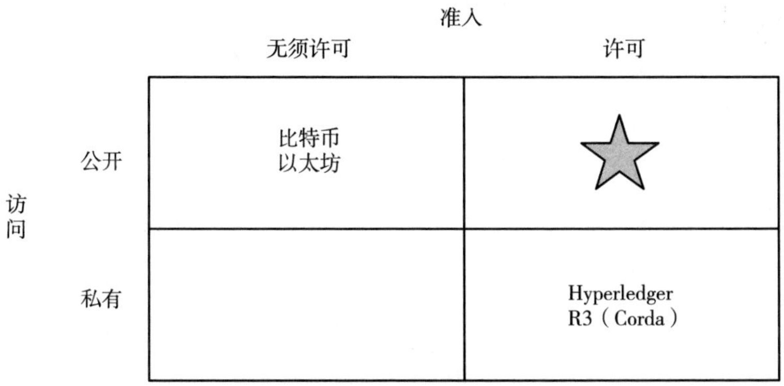

图 3　开放许可链示意

2. 核心技术发展情况

区块链并不是单一的创新技术，而是一种多学科综合技术。这些技术以新的结构组合在一起，形成了新的数据记录、存储和表达的方式。工信部发布的《中国区块链技术和应用发展白皮书（2016）》中指出，区块链核心关键技术包括共识机制、数据存储、网络协议、加密算法、隐私保护、智能合约。

（1）共识机制

共识机制用于多方达成一致，是区块链的关键技术之一，共识机制可以决定记账权以保证节点数据的一致性，这既是认定的手段，也是防止篡改的手段。代表协议包括以 PBFT 为代表的 BFT 类共识、以 PoW/PoS 为代表的中本聪共识。当前共识机制存在节点规模、性能、容错性三者之间难以平衡的问题。如何处理三者之间的关系，是区块链技术发展需要解决的问题。

（2）数据存储

区块链的分布式存储是指参与的节点各自都有独立的、完整的数据存储。链上的区块数据以块链式结构相互关联，并将区块数据持久化到物理磁盘中。原本存在中心化数据库中的数据并不需要全部上链，也可存储在链外的文件系统里，可将摘要保存到区块链上用以自证。

除了上述块链式存储结构外，以有向无环图（DAG）为代表的非块式数据存储结构的技术方案，可以应对安全、高并发、可扩展性和数据增长等问题，被更多采用。

（3）网络协议

对于区块链来说，网络协议一般采用 P2P 协议。按照节点是否中心化、节点地址是否结构化两个方面，可分为中心化 P2P 网络、全分布式非结构化 P2P 网络（比特币）、全分布式结构化 P2P 网络（以太坊）、半分布式 P2P 网络（Hyperledger）。每种 P2P 网络结构拥有各自的优缺点，可针对不同区块链应用场景，使用不同的 P2P 网络。

（4）加密算法

加密算法在区块链各个技术（共识算法、账本结构、隐私保护等）实现中扮演重要角色，是保证区块链机制的安全性和数据不可篡改性的关键因素。区块链领域使用较多的加密算法是用于身份识别的非对称密钥算法和形成块链式结构的哈希算法。哈希算法被广泛使用在构建区块和确认交易的完整性上。非对称密钥算法主要用于数字签名、地址生成、交易回溯和交易验证等。目前国内已支持国密 SM2、SM3、SM4 算法实现数字签名和验签，通过国密算法加密交易数据，利用 TLS 协议保证交易过程完整可靠，提高系统安全性。

（5）隐私保护

区块链系统中隐私保护的目标包含“身份的隐私性”和“数据的机密性”。“身份的隐私性”保护可采用群签名或环签名等技术；“数据的机密性”保护可采用同态加密、零知识证明等技术。在安全性要求更高的金融行业，应利用技术手段确保匿名证书和用户信息相隔离，使各服务器节点无法从本地存储数据库中获取相关联的用户隐私信息，防止隐私信息被追踪。

（6）智能合约

在区块链领域，智能合约是指基于预定事件触发、不可篡改、自动执行的计算机程序。其本质是一段运行在区块链网络中的代码，用以完成涉及用户的业务的逻辑，具有透明可信、自动执行、强制履约的优点。安全性是智能合约的关键性问题，目前已经开始探索利用形式化验证框架和方法解决智能合约安全和审计性问题。

3. 其他研究热点技术的发展情况

（1）跨链技术

不同区块链系统之间的交互需要跨链协议的支撑，目前主流跨链技术方案（公证人机制、侧链/中继、哈希锁定、分布式私钥控制）均立足于解决具体业务问题的需求，尚未形成统一的行业标准，不同区块链之间的互联仍存在障碍。跨链技术是下一步区块链技术发展的重点，建立健全统一的跨链行业标准是关键解决方案。

（2）分片技术

分片技术本身是一种传统数据库技术，在区块链上的应用主要是为了链上扩容。具体的做法是将区块链网络分成很多更小的部分，即进行“分片”处理，将链上交易通过某种与业务无关的规则划分成碎片交由区块链上的不同节点进行运算，这样冗余计算量可大大减少，效率得到提升。

（3）身份管理

基于区块链技术的分布式身份管理使自主身份（SSI）成为可能。自主身份基于分布式公钥基础设施（DPKI）形成的分散标识符（DID）、可验证凭证及基于分散密钥管理体系（DKMS）的密钥管理，让身份所有权归个人所有，真正实现身份自主可控。目前 W3C 正在起草涉及分散标识符和可验证凭证的规范；去中心化身份基金会（DIF）正在构建分布式身份生态系统；非营利基金会 Sorvin 正在进行一个自主权身份的开源项目，已有多个产品基于 Sorvin 代码库进行开发。

（三）区块链在我国的应用情况

1. 国内以联盟链为主流，多数考虑拥抱监管需求

国内区块链应用落地以联盟链为主，特别是在金融场景中，受到分布式资产流转方式和激励机制介质的限制，几乎都采用联盟链作为底层实施技术。

越来越多的联盟链技术架构增加拥抱监管的考量。在架构设计方面，区块链平台会设立类似于超级节点的角色，其对联盟链的管理维护以及数据访问均享有最高权限。架构中通常还会包含预留模块，如 API、智能合约等，以用于在满足监控需求时扩展使用。在工程实施方面，联盟链的组织方式可支持灵活的管理方式，可以动态地增加一个或多个监管机构节点，或者为监管机构开发 API 的访问权限，以用于实时金融监管。

2. 技术逐渐成熟，符合商业化的要求

近几年区块链在国内引发技术革新浪潮，区块链初创公司逐年增长，投融资市场持续增加，国内主流互联网金融公司、各大金融机构均加入区块链研究和应用探索的队伍中，区块链从业人员规模扩大。区块链技术的自主可控力度越来越大，标准体系建设逐步完善，国内区块链学术成果、知识产权数量在全球范围保持领先水平。

从技术成熟度分析，区块链技术从效率、稳定性、安全性、可维护性方面基本适合商业化实施的要求。效率方面，一部分联盟链平台通过每秒万笔吞吐量测试支持低延时出块，可以支撑大多数金融场景的业务需求。稳定性方面，大范围共识、广域网环境的容错、动态节点管理、可横向扩展、在线升级等能力已成为区块链系统的标准配置。安全性方面，拜占庭容错的共识算法保证区块链系统内的安全可靠；通过物理隔离或隐私保护算法，可以保证共享账本环境中商业机密的保护。可维护性方面，可视化监控、一键运维、探测预警等配套工具的完善，使得区块链技术在金融场景落地，持续运营成为现实。

3. 金融领域应用广泛，监管科技受关注，案例增多

区块链在国内落地场景多元，区块链 + 金融的应用场景最为广泛。区块链已经渗透至支付清算、保险、证券、供应链金融、金融监管等领域。其中，金融监管的重视程度越来越高，很多金融从业机构参与到监管科技的研究工作中。

对于中国支付清算协会监管科技研究组发起的“2018 监管科技重点课题”公益性研究项目，多个成员单位积极参与，展开交流与学习，贡献研

究报告和实施案例等成果，取得了良好的效果，为构建我国监管科技体系贡献了一分力量。

二　区块链在监管科技领域的应用与实践

监管科技的本质是创新科学技术在监管领域的应用，使用的技术或技术集合都是手段，监管才是本质。监管规则和监管框架走在前面，技术手段为进行监管规则和框架设计提供解决方案。金融科技公司只有充分了解和理解金融监管机构和金融机构的需求，才能更好地将先进技术应用在监管领域。

金融与科技不断融合使金融风险的影响程度更高、波及范围更大、传播速度更快，这给监管机构带来监管方式的挑战。利用区块链的共识机制和分布式账本，能够为监管机构提供实时可信的交易数据，改变传统的金融数据的报送流程，提升监管效率。通过统一的区块链技术进入基础设施建设领域，有助于降低重复建设成本，构建更安全、更及时的金融监管体系。

融合区块链的监管科技，可以在交易行为监控、合规数据报送、合同文件保全、客户身份识别等领域发挥作用。

（一）交易行为监控

近几年，随着互联网金融的发展，金融服务逐渐融入我们的日常生活。随着金融工具的丰富和便利，面对业务品类、交易规模、客户数量的增长，对交易行为进行监控，有效对风险事件进行分析和识别，成为金融机构亟待解决的挑战。2017 年中国人民银行表示，将严格规范金融市场交易行为，加强互联网金融监管。金融交易行为监控是维护金融安全稳定的重要举措。

交易行为监控应当覆盖交易前、交易中、交易后三个阶段。区块链技术可以在交易中、后阶段帮助提升交易行为监控能力。交易中阶段，规范不同类型业务的交易行为数据字典，对被监管机构上报的交易行为数据在区块链上登记，并实时进行校验和分析。校验上报数据是否及时，交易数据是否完整。对验证通过的数据再进行发掘分析，自动生成合规报告或触发风险提示。交易后阶段，通过区块链数据可追溯特性，跨机构、跨业务分析历史交易行为，识别关联风险、隐藏风险，并可以结合大数据和可视化技术，将风险分析结果提示和展示。

区块链增强了交易行为数据的可信性，而且可以从中获得常规风险识别难以获得的数据，对金融违规行为、客户风险行为进行实时的检测分析，有效提高交易行为监管的精确性和及时性，提升交易检测报表的准确性和完整性。

（二）合规数据报送

合规数据报送是监管机构进行非现场监管的重要手段之一。金融监管趋势逐年趋严，监管机构需要从多个被监管机构采集合规数据，数据容量和数据维度不断扩大和增加。

目前，很多金融业务实施合规报送的监管措施，但是在实施过程中，存在一些问题。首先，“数据孤岛”现在依然存在。被监管机构的数据规范不统一，难以实现数据的流通；被监管机构的商业数据涉及机密，主动报送业务数据的积极性不高；数据报送过程中难以保证数据不被篡改。其次，数据质量不高。被监管机构报送的数据存在缺失、连续性不够、给合规监管的准确性造成影响的问题；数据结构标准不统一，很多非结构化数据或很多数据表述方式不一致。最后，对于被监管机构，需要向多个监管机构上报数据，存在不同监管机构数据格式不统一的问题，这造成被监管机构合规成本上升。

在基于区块链进行合规报送处理，构建一个分布式的可信任环境时，被监管机构和监管机构均作为链上节点，被监管机构将合规数据在区块链上报送，节点共同参与数据完整性校验，互相监督，共同治理。完成实时数据交互，减少人工干预，提高金融机构报送数据的能力，降低金融机构合规成本。在数据结构规范方面，区块链的智能合约可以对不同维度、不同类型的数据进行集中校验和处理分析，实现被审计机构之间数据的通用性。在数据传输过程中，各机构使用节点数字证书对报送数据进行数字签名，采用加密算法对数据明文进行加密保护，确保数据的不可抵赖性、保密性和完整性。

数据报送是合规数据采集的阶段，基于区块链技术在数据源头对报送数据进行确认，解决数据可信问题，提升报送数据质量和数据报送处理效率，从而简化合规处理流程，降低合规成本。

（三）合同文件保全

《网络借贷信息中介机构业务活动管理暂行办法》（银监会令〔2016〕1号）第二十二条指出，“各方参与网络借贷信息中介机构业务活动，需要对出借人与借款人的基本信息和交易信息等使用电子签名、电子认证时，应当遵守法律法规的规定，保障数据的真实性、完整性及电子签名、电子认证的法律效力。网络借贷信息中介机构使用第三方数字认证系统，应当对第三方数字认证机构进行定期评估，保证有关认证安全可靠并具有独立性”。第二十三条指出，“网络借贷信息中介机构应当采取适当的方法和技术，记录并妥善保存网络借贷业务活动数据和资料，做好数据备份。保存期限应当符合法律法规及网络借贷有关监管规定的要求。借贷合同到期后应当至少保存5年”。为了保护投资人利益，更好地促进互金行业和普惠金融的发展，国家层面和各地监管机构相继出台了管理办法，要求相关金融机构实施银行资金存管措施、进行充分的信息披露、实现电子合同保全。

基于区块链的电子合同保全方案，为电子合同提供可信、可靠的登记、存证、存储、验证等公共服务，同时兼顾用户体验和隐私保护的要求。在功能上，为互金机构提供电子合同登记服务，将合同指纹记录在区块链上，将合同内容分散存储在多个机构；为投资人或借款人提供电子合同检索和下载服务；为所有人提供电子合同验证服务。在技术上，可以通过区块链实现存在证明（Proof of Existence）以确保合同的可信保真，通过分布式多副本实现合同的可靠保全，采用多方协作的存储调度机制来共同实现容量扩展，采用文件碎片化机制实现合同信息的隐私保护。在业务上，可以有效服务互联网金融行业，降低被监管机构系统的复杂度，减少重复建设，同时实现对电子合同有效而统一的监管。

区块链电子合同保全方案可以促进新型监管科技的探索。首先，有利于降低监管成本，实施有效的监管。采用技术手段将电子合同统一存证和存储，并且确保必要时能快速找到原始合同，这便利了监管措施的实施，提高了监管的有效性。其次，有利于降低合规成本，快速有效地合规。依靠区块链分布式的治理架构，依赖不同的存证平台、存储平台，从而降低每个参与者的合规成本。再次，有利于保护投资人利益，提高对互金行业的信心。有了法律合规保障，投资人将更放心地参与金融活动，这有利于金融行业的繁荣和发展。最后，有利于加快行业的优胜劣汰，促进金融行业健康发展。

（四）客户身份识别

客户身份识别是金融风险识别和风险防控的基础环节，是现代金融服务的基本原则和基本要求。随着互联网金融业务的发展，更多的业务通过线上渠道受理，因此监管政策要求金融机构了解每一位用户及其风险承受能力。

基于区块链的客户身份识别服务，将客户的身份要素信息摘要在区块链上进行存证，包括身份证、手机号码、姓名等。保持追踪客户实际身份的线索信息，以满足最小 KYC 要求。同时，可以扩展多因子身份认证技术，将人脸、指纹、声纹、虹膜等生物特征数字化，并与身份要素信息绑定存证，增强身份识别的准确性。将多因子身份认证与区块链技术相结合，可以有效地将身份数据共享，防止身份数据泄露以及对身份认证过程进行管理等，并为相关机构降低风险和成本。

监管机构和被监管机构可以共建基于区块链的身份识别平台，被监管机构在线下完成客户识别，在区块链上进行认证结果登记和共享，避免重复的客户身份认证，降低监管合规成本。区块链上保存的是客户身份信息的摘要数据，以保证客户信息明文不可见，这不会造成信息泄露，降低监管的风险。更加精准的客户识别效果，为交易行为监控、分析和挖掘自然人的金融行为奠定了基础，是金融监控的强有力保障。

三　区块链在监管科技领域的实践

在监管机构的指导下，金融机构和金融科技公司从业务流程、商业规则和运营模式等方面，不断探索区块链技术在监管领域的应用，并在不同细分领域进行项目试点，其中部分项目已落地。目前，区块链在监管科技领域的应用探索主要集中在识别和防范流动风险中的应用、识别和防范非法集资风险中的应用、KYC（了解你的客户）与KYD（了解你客户的业务单据）中的应用。

（一）区块链技术在互联网金融监管中的实践

北京金融局在2016年开始构建以区块链为底层技术的网贷风险监控系统，其可以让监管机构将网贷平台上报的数据记录在案，并从中对异常交易进行快速识别且做出反应。系统基于区块链底层技术，运用大数据技术构建包括企业欺诈、信用、流动性三方面风险模型，通过各个维度风险的量化、赋值，综合计算出企业的“冒烟指数”，并对预测的高风险网贷平台进行进一步跟踪、处理，及时缓解风险，防止事件扩散。“冒烟指数”可应用于多种类型网贷项目，例如现金贷、校园贷。

（二）区块链在票据监管中的实践

2018年初，上海票据交易所基于区块链的数据交易平台“数字票据交易平台实验性生产系统”上线试运行。平台实现了数字票据签发、承兑、贴现和转贴现业务。平台以网络协议层、数据层、平台层和应用层为逻辑，采用同态加密、零知识证明等密码学保护数据隐私，以实用拜占庭容错协议为共识机制，实现对票据交易和数据监测的穿透式触及。同时，通过建设可视化监控平台，通过可交互的图形化业务展示、信息查询、运行告警、统计分析等功能，实现对区块链系统、业务开展、主机网络等运行情况的实时监控。

（三）区块链在跨境交易监管中的实践

2019 年，国家外汇管理局作为发起方，建设了跨境贸易服务平台。平台以“出口应收账款融资（发货后）”作为业务场景，通过区块链的数据不可篡改特性，从企业提交融资申请、融资受理、融资审核、放款登记到还款登记，整个业务流程在该平台上进行管理，并将出口贸易融资中的核心单据“出口报关单”通过区块链系统进行查验，即验证该单据的真实性，同时进行报关单是否重复使用、是否超额融资等校验，相关结果可作为银行审核融资业务的参考。平台首创的三方隐私保护密码学方案，使业务参与方信息和业务内容信息仅在对手方和监管方可见，而利用区块链共享机制实现的穿透式、实时的监管方式，还具备信息实时同步、交易方无须主动上报的特色。其为监管方提供了更加便利、全面的管理支撑，是监管科技领域的一次创新尝试。

后两项实践主要是为了满足“监管机构需要掌握市场动态，并在必要的时候进行引导或干预，使用区块链技术可以实现对业务的穿透式监管，提高监管有效性”的需求，监管机构引入看穿机制，满足了监管要求。

隐私保护机制采用零知识证明技术同时实现了全网共识与交易金额私密，但监管机构需要借助对隐私数据的看穿机制来实现监管。首先，将用户的身份密钥与隐私保护密钥分开，前者用来做交易签名和身份证明，后者用来对交易金额进行加密保护。其次，用户将隐私保护公钥公开，并与监管机构的隐私保护公钥进行非交互式密钥共享算法计算，得到新的隐私保护密钥并公开其公钥。当两个参与方之间进行隐私保护交易时，双方利用对方的新隐私保护公钥再做一次非交互式密钥共享算法计算，得到本次交易的临时隐私保护密钥，并用其作为金额保护密钥。

同样，监管机构也可以通过两次非交互式密钥共享算法，计算所有的隐私保护交易所使用的临时密钥，因此可以对区块链上的所有交易进行穿透式监管。第三方无法获得非交互式密钥共享算法计算的密钥，因此无法获得隐私保护的交易信息。

四　区块链监管科技应用前景展望

区块链技术依托其分布式治理、数据难以篡改、数据可溯源的特性，是监管科技重要的技术手段之一，其在金融监管领域发挥重要作用。

首先，分布式治理可以帮助监管机构构建新型监管模式。传统的监管方式由监管机构履行管理、监督职责，造成风险集中化、内部管理成本提高等问题。采用区块链技术，可以将监管机构的管理职责与监督职责隔离，将监督职责通过分布式的环境分摊，促进行业内机构共同参与、互相监督，从而有效降低单一机构监督实施过程中导致的集中化风险。同时，降低机构内部的运营、内控、审计等成本。

其次，区块链存证的数据难以篡改，可以帮助提升监管效率。目前金融机构数据报送的管理缺乏约束力，报送的数据结构不统一，报送数据可以更改，导致金融监管机构数据处理效率不高，难以对数据进行核验而影响报送数据质量。基于区块链技术，将被监管机构按照统一的 API 报送数据进行存证，再进行监管处理。如果被监管机构需要对数据进行更正或其他操作，则均会在区块链上留下痕迹，作为监管的依据，这增强了对被监管机构数据报送的约束力，同时，统一结构和不可篡改的数据保证监管机构可以高效地开展监管工作。

最后，在区块链账本上可追溯完整的监管数据，提升监管工作的有效性。某些业务的监管工作存在抽查的情况，导致数据缺乏连续性，难以全面地实施监管。基于区块链的监管数据管理，保证了数据的实时性、连续性、可追溯性。监管机构基于全量数据可以追本溯源，跨行业、跨机构深度挖掘其中的关联性，发现更多业务风险或行业隐患，进一步提升监管效果。

另外，区块链是一种确保数据安全可靠的基础设施技术，通过将区块链技术与大数据、人工智能、云计算等技术融合，可以在监管科技领域发挥更大作用。利用区块链的可信任性、安全性和不可篡改性，让数据市场更加公平，促使更多数据被解放出来，降低了人工智能遭受攻击的风险，推动算法更加精准。

目前，区块链技术在监管科技领域的应用仍处在初级阶段。作为金融基础设施的重要组成部分，需要进一步解决性能、隐私保护等问题，使监管体系更安全、更及时、更稳定。

随着技术的发展，区块链与监管科技的契合度必然越来越高。从我国已有的实践和探索情况来看，加快构建新兴技术在金融监管领域的应用框架，结合实际场景深入研判技术的适用性和安全性，强化新技术的合理选型，基于成熟、稳定的技术开展监管工作，有助于优化监管科技治理模式，升级金融监管科技理念。在未来的金融发展和金融监管方面，区块链技术会有更多的应用，这需要我们积极探索，正面解决问题，从而更好地防范金融风险。

参考文献

[1] 中国信息通信研究院可信区块链推进计划，《区块链白皮书（2018 年）》，2018。

[2]《区块链　数据格式规范》，工业和信息化部，2017。

[3]《上海票据交易所数字票据交易平台实验性生产系统成功上线试运行》，上海票交所网站，http：//www. shcpe. com. cn/info_ 11_ itemid_ 613. html。

[4]《外汇局跨境贸易区块链项目低调上线》，中国证券网，http：//news. cnstock. com/news，yw－201904－4367390. htm。

[5]《狄刚：区块链技术在数字票据场景的创新应用》，搜狐网，http：//www. sohu. com/ a/234694814_ 475952。

B.7

API在监管科技中的应用

API应用课题组*

摘　要： 随着开放银行行业日臻成熟，国内外的OpenAPI监管政策和手段也将日趋完善，涵盖数据标准、API标准、安全标准与治理模式。应探索通过API实现监管系统与金融机构系统的信息交互，及时准确地传输交互内外部风险信息数据。提高金融监管预警报告能力，降低合规成本，实现金融风险早识别、早预警、早发现、早处置。本报告介绍了API的基本原理与技术发展情况，并结合具体事例分析了API在我国监管科技中的应用和实践，同时，对API在监管科技中的应用前景进行分析并做出展望。

关键词： API技术　开放银行　实时数据交互

一　API的基本原理与技术发展情况

（一）API的基本概念

API的全称为Application Programming Interface，即应用程序编程接口。其本质是一些预先定义好的函数，目的是给予开发人员基于某软件或硬件得

* 课题组成员：朱玉红、赵浩钧、刘昊、吴一凡、杨洋、韦有华、方景星，中国建设银行股份有限公司；马聪，中国信息通信研究院。

以访问一组程序的能力而使其无须理解内部工作机制。API 是一种为客户提供服务的方式，并逐步演变为新型商业模式的驱动力。API 扮演了“技术连接器”的角色，即基于业务逻辑和已有数据将企业内外部的不同技术连接整合。通过 API，一个组织可以扩大用户规模，组织的核心资产可以被复用、共享和实现价值最大化。

（二）API 的开发

API 的开发流程主要分为六个阶段。第一是明确需要开发哪些 API，明确每个 API 的具体功能，确保各个接口之间功能无交叉。第二是 API 设计与细节分析，即针对每一个接口确定发送和接收的参数名，参数含义，参数数据类型、长度和精度，发送信息时的数据格式，网络传输时的编码格式。第三是确定数据交互的安全性，要根据具体情况确定传输的数据是否需要加密、采用哪种加密方式、API 是公开的还是受限定访问等问题。第四是编码工作。第五是接口内部测试、修改、第三方联调。第六是 API 正式上线，如果上线失败则回到编码阶段开始新一轮的测试，直到成功上线为止。API 开发流程见图 1。

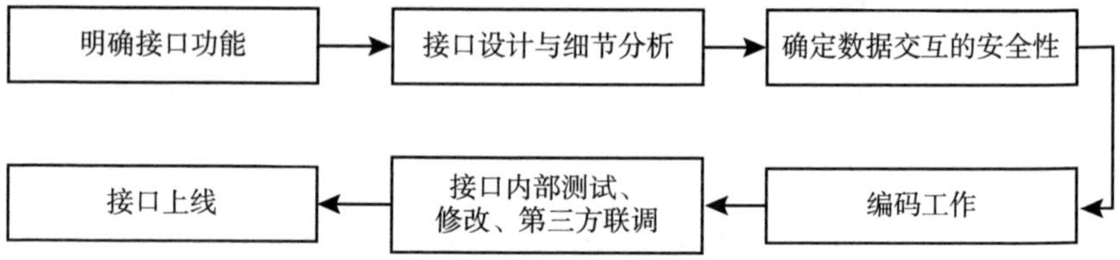

图 1　API 开发流程

API 衍生出了 API 经济，即通过 API 和连接来整合产业链上下游，让产业链生态内的各项业务和模块能够高效整合与共享，共创业务价值。在 API 经济中，金融是一个不可或缺的驱动手段，可以有效激活连接的信息流和资金流，让有价值的信息流得到资金和信用的支持。

一般而言，API 可以分为三类，即内部 API、企业定制 API 以及开放

API（OpenAPI）。内部 API 仅供企业内部开发者使用，通过轻量级接口公开数据、业务流程和应用程序功能，促进业务系统之间的信息互通。企业定制 API 主要用于与特定的合作伙伴之间进行定制集成，目标是支持特定的业务流程或产品，访问通常是根据业务协议授权的，有时甚至约定使用专有网络进行通信。OpenAPI 广泛地面向应用方提供标准接口，公开应用程序功能，主要供外部合作伙伴、第三方开发者使用，较前两类 API 更深度、更广泛地面向外部合作者提供服务。

（三）OpenAPI 的应用发展

随着移动互联时代的到来，服务开放已经成为企业新的商业模式，企业将其自身服务，通过开放平台以标准 API 的方式发布，与第三方开发者实现合作共赢，在满足第三方构建完整应用场景需求的同时，丰富了自身平台生态，提升了客户体验，增加了客户黏性。API 已然成为一种商品，通过 API，企业可以延展产品服务，提供增值服务，发展合作伙伴。

2007 年 5 月 Facebook 宣布平台开放，这成为互联网企业开放的标志，其成为标杆，开放内容为用户登录功能与用户数据。2009 年 6 月淘宝推出开放平台，开放内容为用户数据和与电子商务相关的服务。2010 年 8 月新浪微博开放了授权登录、微博分享、内容搜索等服务。同年 9 月百度移动开放平台投产运营，开放百度地图的相关服务及数据；同年 12 月网易推出游戏开放平台。2011 年 6 月腾讯开放了授权登录、内容分享、广告投放等服务，自此国内互联网巨头基本完成了开放平台布局。2012 年之后，各大互联网企业通过 API 开放了更多的自身核心价值服务平台，进一步构建自身平台生态。

在这种背景下，银行领域的 OpenAPI——开放银行在全球迎来发展热潮，美国出台了《多德 - 弗兰克法案》，这为金融数据共享奠定了法律基础，欧洲联盟通过英国提出的《支付服务指令Ⅱ》（PSDⅡ）促进欧洲经济区支付服务的竞争和创新。

因此，商业银行开始探索依托 API 技术实现外部互联的金融服务模式。商业银行应用程序接口服务的参与方主要包括用户、应用方以及商业银行，用户通过应用方发起商业银行应用程序接口应用请求，并接收由应用方或商业银行返回的处理结果。应用方负责接收并处理用户请求，通过互联网渠道调用商业银行应用程序接口并向商业银行提交相关请求，以获取商业银行提供的各类服务，接收返回结果，依照流程进行服务请求处理或向用户反馈。商业银行通过为应用方提供用以互联的应用程序接口，输出自身金融服务能力与信息技术能力，为增加金融生态黏性提供有益补充。

二　OpenAPI 与监管科技的应用与实践

（一）国内外 OpenAPI 监管应用现状

OpenAPI 在有效提升银行金融服务效能的同时，也加大力度防范数据泄露风险、网络安全风险、业务开放风险、外部风险，使得风险敞口更多，风险管控链条更长。因此要通过监管手段有效地对银行进行监管，强化对银行开放服务的合规管理。

在 OpenAPI 监管领域，目前英国和欧盟走在世界前列。英国方面主要由竞争和市场管理局 CMA 主导开放银行服务计划，并由财政部牵头成立了工作组 OBWG。2016 年 3 月 OBWG 在结合英国银行实际情况的基础上，充分考虑了 PSD Ⅱ 和 GDPR 的要求，正式对外发布了《开放银行标准框架》，就开放 API 的设计、交付、管理等各方面提出了几点核心建议。《开放银行标准框架》由三大标准以及一个治理模式组成。三大标准具体是指数据标准、API 标准与安全标准，底层的治理模式则是维系开放银行标准有效运行的基石。数据标准定义了数据描述、记录的规则，包括对数据展现、格式、定义、结构的共识。API 标准是关于开放 API 设计、开发和维护的准则，主要涉及架构风格（REST）、资源格式（JSON）、版本控制、分层管理等各个方面。安全标准是指 API 规范的安全性，目的是保护消费者的数据安全。OBWG 在用户同意、身份认证、欺诈监控、用户授权四个方面提出了相关意见。

欧盟则从最基础的支付业开始变革，基于已有的《支付服务指令》（PSD）与《通用数据保护条例》（GDPR）颁布《支付服务指令Ⅱ》（PSD Ⅱ）。PSD Ⅱ纳入了支付发起服务商和账户信息服务商两类新兴第三方支付服务提供商，并制定了支付账户开放规则（Access to Payment Account—XS2A），提出了对开放银行的核心监管要求。它规定，以银行为代表的支付机构要向第三方开放用户的账户、交易数据。开放以用户同意为前提，无须第三方与银行之间签订协议，其对银行的身份验证和数据交换技术提出了更高的标准。

PSD Ⅱ的开放银行理念掀起了全球开放银行监管浪潮。在银行、金融科技企业的倡议声中，全球各地政府监管部门相继出台相关指导政策规范。澳大利亚政府从上至下推行包括 CDR 立法、适用领域评估、规则设定、标准统一的开放银行监管框架。监管框架明确了开放银行所覆盖的数据范围。一是客户提供的数据，如客户的个人地址、联系方式、办理开户或贷款提供的财务状况、付款所需信息（收款人名单）等。二是交易数据，如存取款、转账记录、账户余额、利息以及其他由客户产生的费用等。此外，监管框架指出所有授权存款机构都应逐步共享客户数据，开放银行中的非授权存款机构也应共享客户数据以及通过其他途径获取的相关客户数据。数据传输标准方面，监管框架建议以 API 为共享手段，使用 API 技术来建立一个有效的用户数据传输机制，并实现传输机制的透明化与全面化。银行、第三方和中间件提供商等中介机构应谨慎保留数据传输记录，以便监管机构进行随时监督与调查。

香港金融管理局（HKMA）发布了旨在推动银行通用 API 被广泛使用的《香港银行业 OpenAPI 框架咨询文件》，以促进银行和科技公司创新融合，提升银行业竞争力。HKMA 将 OpenAPI 分为四个类型：提供银行产品和服务细节的产品和服务信息 API，用于存贷产品在网上申请的产品服务订阅申请 API，用于认证客户的账户信息 API，由验证客户发起交易、支付、转账的交易 API。HKMA 要求银行提供核心银行板块的所有功能，对于投资、保险相关功能，银行可以选择性提供。为了促进 API 使用和推广，HKMA 提出在香港科技园数据工作室网页内创建一个中央资料库，以用于展示所有香港境内银行的 OpenAPI，并建议银行在自己的网站上公布 OpenAPI 的功能、安全性等细项说明，提供示例代码和沙盒，从而让所有第三方服务提供商可以便捷、灵活地引用银行数据。

新加坡金融管理局联合新加坡银行协会发布 API 指导手册（Playbook），提供了 API 选择、设计、使用的最佳指导，以及相应的数据和安全标准建议。Playbook 基于银行、保险机构、资产管理公司、监管机构的既有流程，根据重要性筛选了 411 个 API，跨越产品、市场、销售、服务、支付、监管价值链，并对每一个 API 提供了详细的功能说明。Playbook 对 API 的参与者以及与其相对应的操作指南也做了详尽的说明，包括通过 API 将数据共享出去的 API 提供者、使用 API 来访问或发送数据的 API 消费者、行业创新先锋的金融科技公司、开发者社区。最后，Playbook 为确保 API 使用的一致性、有效性、安全性，提议由上至下建立一个治理模式，包括 API 治理框架、API 治理参考架构、API 生命周期治理、API 风险治理。

国内方面，2019 年 4 月，全国金融标准化技术委员会秘书处发布了《关于征求〈商业银行应用程序接口安全管理规范〉（征求意见稿）意见的通知》，旨在指导从事或参与商业银行应用程序接口服务的银行业金融机构、集成接口服务的应用方开展相关工作，并为第三方安全评估机构等单位开展安全检查与评估工作提供参考。这一规范规定了商业银行应用程序接口的类型与安全级别、安全设计、安全部署、安全集成、安全运维、服务终止与系统下线、安全管理等要求，并对基于商业银行应用程序接口服务运营过程中的安全监测、风险控制等方面提出基本的安全保障要求。

（二）中国建设银行 API 技术的应用与实践

1. 开放银行管理平台概述

银行金融服务模式经历了从网点经济、App 经济到 API 经济的逐步演化。在金融科技赋能下，建设银行开放银行管理平台（简称“建行开放平台”）于2018年8月25日正式上线。建设银行以用户需求为导向，以场景服务为载体，以整合生态、搭建平台为目标，以API/SDK为技术手段，在一系列网络、信息、智能技术支撑下，通过内部整合和对外开放，第三方合作伙伴仅凭几行代码就可通过共享获得信用卡分期账单、普惠金融服务、E账户等对外开放的金融产品。金融服务渗透到客户的日常生活的方方面面，具有服务场景化、业务扁平化、参与多元化、能力综合化的特点，实现C端突围、B端赋能。

建行开放平台通过依托建行公有云，搭建起客户中心、运营中心、服务治理中心、安全中心等平台运营管理子系统，运用金融科技手段，以第三方合作伙伴的设计、接入、运行、退出维度，构建起全生命周期的安全保障体系。可稳定安全有效地对OpenAPI进行治理、安全监测、风险控制。从SDK安全、链路安全、系统安全、运维安全等维度，为线上线下的金融服务开放和数据共享提供了全方位的安全保障。

参考《商业银行应用程序接口安全管理规范》（征求意见稿）相关内容，通过与第三方合作伙伴签订《中国建设银行开放银行管理平台用户服务协议》，与其相互约定，约定对C端客户数据进行隐私保护，不得泄露、丢失、篡改、留存C端客户数据。对于收集、使用C端客户数据或代C端客户向第三方提交客户信息，需要取得C端客户的明确授权。

2. SDK概述及关键技术

建行开放平台SDK（Software Development Kit）是开放平台为简化第三方应用开发，提供的一组开发工具的集合，其功能视图如图2所示。按照第三方合作伙伴的应用集成方式不同，接入模式分为接口模式和页面模式两种。

接口模式，即第三方合作伙伴直接在其服务端集成开放平台的服务端SDK（如Java SDK），访问建设银行金融服务的应用程序接口，业务逻辑由第三方合作伙伴实现，这更方便地满足了第三方合作伙伴的精细化、个性化的需求。

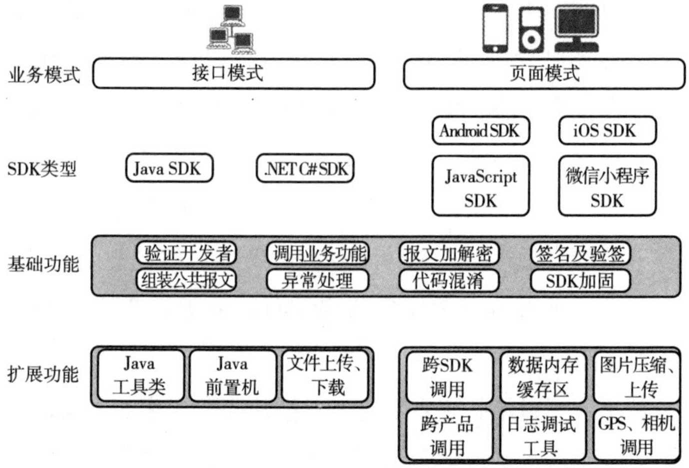

图 2　建行开放平台 SDK 功能

页面模式，即第三方合作伙伴在其移动端 App 上集成开放平台的移动端 SDK（如 Android SDK、iOS SDK），在其 App 中可直接展示由中国建设银行统一提供的包含具体业务逻辑的金融产品 H5 页面，C 端客户直接与建行开放平台进行数据交互，业务逻辑由建设银行实现，第三方合作伙伴可简单方便、快速地接入开放平台。

图 2 中 SDK 基础功能包括验证开发者、调用业务功能、报文加解密、签名及验签、组装公共报文、异常处理、代码混淆和 SDK 加固。接口模式下 SDK 包含 Java 工具类，Java 前置机，文件上传、下载三项扩展功能。页面模式下 SDK 包含跨 SDK 调用，数据内存缓存区，图片压缩、上传，跨产品调用，日志调试工具和 GPS、相机调用功能。

以上是 SDK 相关的整体情况介绍，另外，结合《商业银行应用程序接口安全管理规范》（征求意见稿），下文将从 SDK 隐私保护，SDK 防调试、防反编译，SDK Hybrid 架构安全体系，报文加解密体系，数据保护与鉴权，安全监控方面介绍相关关键技术。

（三）SDK 隐私保护

SDK 端直接面向第三方合作伙伴和使用金融产品的 C 端客户，数据机密性至关重要。SDK 端不会采集、存储用户个人金融信息或支付敏感数据，防止第三方合作伙伴发生用户信息泄露事件；SDK 端针对所有交易报文，对于低风险和高风险交易，均采用最高级别的全报文加密，用户隐私不可被中间人窃取。

（四）SDK 防调试、防反编译

对于面向接口模式的服务端 Java SDK，使用变量混淆、Java VMP 虚拟化保护①等技术，可在不改变 Java 应用代码业务逻辑的情况下，对 SDK 进行高级别的代码变量混淆、防反编译、防调试的安全保护，提高了攻击者分析、研究通信过程中加密解密机制的门槛。任何攻击者，即使拥有 Java SDK，在没有合作伙伴私钥的情况下，也无法通过抓包的形式获取明文内容，同时由于验证签名的机制，攻击者无法更改报文中的内容。

对于页面模式的移动端 SDK、iOS SDK 和 Android SDK 采用有效的安全加固策略，对其进行二进制加固、高强度字符串混淆，规避了外界攻击者分析、研究 SDK 内部机制的风险；为规避外界二次打包、篡改 SDK 内部业务逻辑，通过对代码与资源文件相互交叉校验，采用双向 ptrace 保护技术②、so 文件动态清除保护技术③，使对外发布的移动端 SDK 具有防范攻击者通过篡改文件、实时调试、动态修改内存代码等方式控制程序行为的能力。

（五）SDK Hybrid 架构安全体系

对于面向页面模式的移动端 SDK，第三方合作伙伴可将移动端 SDK 直

---

① Java VMP 虚拟化技术，即使用一套自定义字节码替换掉原有 jar 中的 native 指令，而字节码在执行的时候又由程序中的解释器执行，可提高反编译、调试的门槛。

② ptrace 提供了一种机制使父进程可以观察子进程的调用过程，由于 Android 平台没有禁止用于调试的 ptrace 系统调用，攻击者在拿到 root 权限后可对目标进程的内存、寄存器进行修改，通过双向 ptrace 保护技术，防止攻击者进行内存调试等行为。

③ so 文件是 linux 的动态链接库，对 so 文件进行加壳保护，加壳后使用 ida 工具无法查看 so 文件的导入导出函数及定位源码，防止攻击者反编译看到真正的源码。

接嵌入其 App 中，移动端 SDK 直接面向 C 端客户，采用 Hybird 架构（如图 3 所示）。运用 Webview JavascriptBridge① 技术，搭建 App 原生与 H5 网页之间的沟通桥梁，同时以 Webview 的形式跳转至金融产品对应的 H5 页面。其中，报文请求与响应、加密解密、签名验签、工具类等功能，均使用 Webview JavascriptBridge 桥梁实时调用 App 原生封装的函数，上述功能的业务逻辑由 SDK 原生代码统一封装实现，移动端 SDK 对外提供相应接口供 H5 页面调用。运用该技术架构，一方面，因为业务逻辑使用系统原生代码实现，任何攻击者难以分析页面内的真实业务逻辑，提高了攻击者分析、研究的门槛；另一方面，可在开发过程中弥补 Javascript 语言的短板，使对外发布的建设银行的金融产品兼具原生 App 良好用户交互体验的优势和 H5 App 跨平台开发的优势，极大提升了建设银行的金融产品 H5 快速开发速度。

移动端 SDK 在满足对外发布金融产品服务的基础功能，提供数据内存缓存区、摄像头调用、图片压缩、SDK 中间件、GPS 等功能，在保证通信安全、数据安全、保护用户隐私的前提下，为 C 端用户提供更加个性化、多样化、安全可靠的金融产品服务。

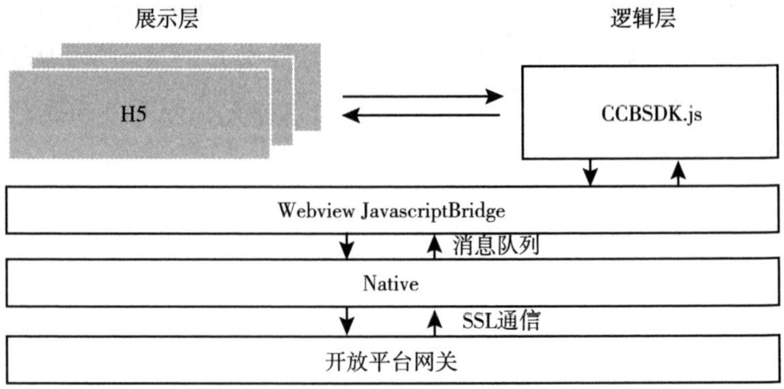

图 3　移动端 SDK Hybrid 架构

① Webview JavascriptBridge 以 Webview 为依托，通过重写移动端的 Webview 的部分原生方法，建立 Webview 与 Native 之间的通信协议，通信内容以消息队列方式传递。

API 网关概述及关键技术

建行开放平台 API 网关是结合 SDK 技术实现外部互联的核心模块，通过安全中心、参数中心模块的支持，实现了一整套建行开放平台独有的加解密、鉴权、监控、熔断及数据安全性保障方案。第三方调用建行开放平台 SDK 进行数据交互，需要经过开发者认证和交易接入两个步骤。

图 4 描述了开发者认证流程，第三方通过建行开放平台发布的 Java、Android、iOS 等 SDK 加密并发送验证开发者请求，经过公有云负载均衡接入建行开放平台网关；网关解密后通过安全中心对第三方进行认证，发放令牌（TOKEN）给第三方，后续交易接入使用。

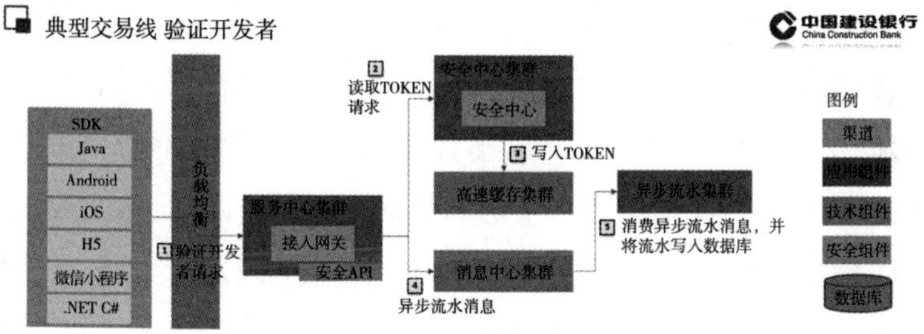

图 4　开发者认证流程

图 5 描述了交易接入流程，第三方调用具体 API 服务时上送 TOKEN 信息，建行开放平台网关校验 TOKEN 有效性，并进行解密、鉴权、监控、熔断、数据还原等。服务调用完成后，将后端响应数据进行脱敏操作，并加密返回第三方，完成 API 调用流程。

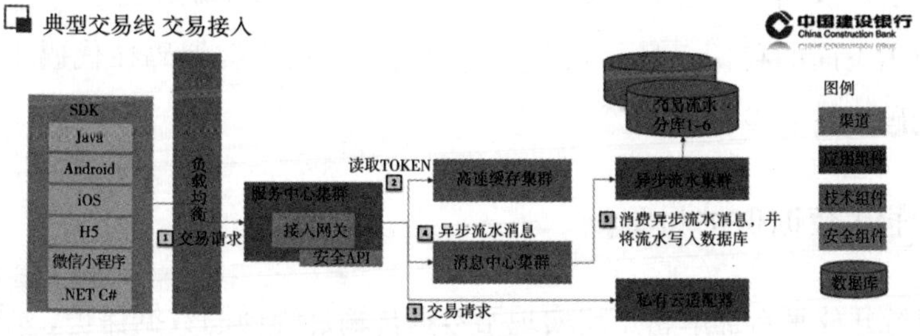

图 5　交易接入流程

（六）报文加解密体系

为保证 API 交互的安全性，除了数据在网络传输过程中采用 SSL 安全通道连接进行通信外，建行开放平台还设计了一套完善的加解密体系。第三方用户在建行开放平台注册并建立应用信息后，建行开放平台为第三方生成身份认证标识，包括 App_Key 和数字证书，用于后续身份认证与加解密。在第三方与建行开放平台建立连接的握手过程中，会进行双向认证，建行开放平台与第三方互相认证对方证书的可靠性。连接建立后，第三方应用通过 SDK 发起验证开发者流程。建行开放平台发布的 SDK 会生成随机秘钥，使用 AES 算法对传输数据进行加密；同时，使用 RSA 算法对关键数据形成数字签名，以用于建行开放平台网关验证数据的完整性。另外，SDK 还会生成一对交易秘钥，传送给建行开放平台网关，以用于在后续 API 调用中使用。建行开放平台网关对第三方上送的数据进行安全认证，对于通过认证的请求，返回 TOKEN 令牌，第三方在后续进行 API 调用时携带 TOKEN 令牌数据，以用于建行开放平台网关识别第三方身份。TOKEN 令牌具有有效期，以避免长期有效连接。完成验证开发者流程后，第三方应用继续通过 SDK 发起 API 调用。SDK 生成随机秘钥，使用 AES 算法对传输数据进行加密；同时，使用验证开发者流程中生成的交易秘钥，利用 RSA 算法对关键数据形成数字签名，以用于建行开放平台网关验证数据的完整性。业务系统返回第三方需要的数据后，建行开放平台网关使用相同的随机秘钥，利用 AES 算法对数据加密并返回第三方应用。在整个 API 调用过程中，加密和签名使用不同的秘钥，且相互分离。同时，秘钥不会编码在代码中，以防止因代码泄露引发秘钥泄露。

（七）数据保护与鉴权

建行开放平台加解密策略实现了数据传输过程中的数据保护，保障了传输数据的可靠性和安全性。但是，建行开放平台 API 返回的业务数据会留存在第三方，因而存在银行数据泄露的风险。为解决可能存在的数据泄露问题，降低银行风险，建行开放平台网关实现了数据脱敏及还原的功能，保证数据安全性。对于业务系统返回的敏感数据，如客户的姓名、卡号、证件号、手机号等支付敏感信息，除因清分清算、差错对账等场景，需将信息完整传输至第三方外，建行开放平台网关通过脱敏算法进行数据脱敏操作，将脱敏后的数据返回第三方应用，使第三方无法获取真实的数据信息。对于后续还需要进行业务交互的数据，建行开放平台网关接收到第三方应用传输的脱敏数据后，进行还原操作，将还原的真实数据传输到后端业务系统，使业务系统能正常地识别业务数据，完成后续的业务操作。同时，建行开放平台网关不会在内存或临时文件中留存用户的敏感信息，以有效防范攻击者窃取用户数据。脱敏还原功能极大地降低了银行数据泄露的风险，对业务数据进行了可靠的保护。

灵活有效的权限管理和控制能够使建行开放平台对第三方操作范围进行有效的管理，对第三方 API 调用权限进行合理控制。第三方在建行开放平台提出开通 API 的访问权限的申请，由建行开放平台管理人员进行审批和复核，确保第三方应用具有相应资质。建行开放平台对第三方进行了应用维度的 API 访问权限控制，采用“最小权限”原则进行授权，未授权的资源禁止访问。同时，建行开放平台可以根据安全要求随时修改应用的状态或权限的状态，使应用失去全部或者部分权限，保障系统的安全。

（八）安全监控

安全监控是实时监控建行开放平台运行时状态，并进行及时管理和控制，实现 API 交互安全的有力保障。建行开放平台网关记录所有第三方进行 API 交互的日志，记录服务状态，包括耗时、交易量、成功率等参数，对于异常状态进行监测，并及时处理。流量控制、故障隔离、黑白名单控制是建行开放平台进行 API 调控的三大利器。建行开放平台通过流量控制管理，配置第三方应用调用 API 服务的并发数、最大交易量，对于超出配置范围的 API 调用，采用拒绝的方式进行处理。故障隔离功能使建行开放平台网关集群中故障机器及时被隔离，第三方应用无法进行调用，保证系统的高可用性；同时，故障机器修复后，可以进行恢复上线，继续对外提供服务。建行开放平台的黑白名单控制机制，可以对第三方应用进行实时访问控制，加入黑名单的应用无法进行 API 调用，允许进行 API 调用的第三方应用加入白名单，进行例外管理。此外，建行开放平台管理也在筹划设计熔断机制，根据第三方一定时间窗口范围内的 API 调用成功率，对于超过失败阈值的调用采用熔断措施，拒绝交易并暂停 API 调用；熔断超过设定的时间后，尝试恢复 API 调用并重新统计交易成功率。

综上所述，依托 SDK 的加解密、安全加固及多样化功能和网关的鉴权、监控、熔断及数据保护的安全方案和技术实施，建行开放平台从网络安全、链路安全、系统安全、SDK 安全、数据安全等维度，为线上线下的金融服务开放和数据共享提供了全方位的安全保障。

三 API 监管科技应用前景展望

API 有可能放大金融风险，监管部门应加强顶层设计。API 开放将带来更多的金融行业风险，如开放服务接口潜在的设计缺陷或权限设置不当等。因此，监管部门需要提前统筹设计 API 相关的顶层规划。

API 开放规则亟待制定，确立金融机构责任边界。未来将有更多的金融机构提供 API，出于安全考虑，监管部门要提前考虑制定 API 开放规则，来明确金融机构的责任边界，以与科技机构区分监管责任。

API 有利于重塑金融生态，拓展服务范围。API 可以连接金融与各行各业的场景，有利于推动金融服务向更多用户、更宽领域拓展，推动金融服务从个人用户向企业用户延伸。

对于 API 推动金融开放，数据交互共享的合规性尤为重要。当前，开放银行、无界银行的概念相继被提出。然而监管部门对金融行业相关数据的使用范围和使用方式均持有审慎的态度。比如数据的本地化，要做到本地存储 + 处理 + 分析，且仅在符合“业务必需 + 客户同意 + 关联机构 + 确保保密”的情况下才允许数据例外出境。这显然较网信部门对数据保护、数据出境的监管态度更加严格。

金融监管部门的规定、网信部门的规定对比见表 1。

表 1　金融监管部门的规定、网信部门的规定对比

	金融监管部门的规定	网信部门的规定
基本思路	原则禁止 + 例外允许	原则允许 + 例外禁止
适用范围	个人信息	个人信息 + 重要数据
本地化要求	本地存储 + 处理 + 分析	本地存储
出境要求	目前仅限跨境业务场景:业务必需 + 客户同意 + 关联机构 + 确保保密	业务需要、安全评估

随着开放银行行业日臻成熟，国内外的 OpenAPI 监管政策和手段也将日趋完善，涵盖数据标准、API 标准、安全标准与治理模式。但在当前监管模式下，监管机构仍主要以政策文件向商业银行开放 API 输入监管要求，再通过现场核查获得对监管规则执行情况的合规审查结果。这种情况下主要采取事后行政处罚措施、增加金融违规成本的方式，实现对市场行为的震慑，但缺少事前、事中监管，难以及时发现违规行为。

而商业银行的 OpenAPI 是通过 API 向第三方开放服务接口，实现数据信息的互通，未来可探索通过 API 实现监管系统与金融机构系统的信息交互，及时准确地传输交互内外部风险信息数据。这种监管主体的 API——RegAPI 成为监管机构向金融机构提供各项“监管服务”的程序结构，金融机构按照监管的接口规范，结合内部系统和业务财务流程改造升级自身系统，双方通过规范的程序接口实现监管规则与业务流程的对话和统一。通过 RegAPI 可以实现监管部门与金融机构之间的实时数据交互，减少人工干预，提高金融监管预警报告能力，降低合规成本，实现金融风险早识别、早预警、早发现、早处置。

参考文献

[1]《API 应用将颠覆银行业的商业模式》，香港贸发局，2016。
[2] ABS-MAS，Finance-as-a-Service：API Playbook.
[3] Accenture，Seizing the Opportunities Unlocked by the EU's Revised Payment Services Directive.

场景应用篇

Scenario Application

B.8

监管科技在用户身份识别中的应用

孙扬　丰俊　王耀东*

摘　要： 本报告从理论上分析了监管科技在用户身份识别中的应用背景及解决的痛点，并结合具体案例，探讨了监管科技在用户身份识别中的应用框架及实现路径，其中应用框架包括基础产品组件、产品服务套件、运营服务平台、核心驱动模块；实现路径包括黑名单系统、设备、IP 地址、账户、关系图谱、信用身份识别。

关键词： 监管科技　身份识别　黑产监控预警平台

* 孙扬、丰俊、王耀东，苏宁金融服务有限公司。

一　应用背景及解决的痛点

随着互联网的快速发展，越来越多的交易发生在线上，这给监管带来了一个新的问题：如何更好地识别用户身份？技术的发展不仅带来了便利，同时也给了不法分子伪造、隐藏身份的机会。不法分子不仅会盗取用户账户，还可能盗用用户身份信息进行违法活动，这也给身份识别带来了新的困难，故应从单纯地核验身份信息有效性，提升到核实身份信息与操作人的匹配性。

（一）监管面临诸多身份伪造的挑战

盗用账户、盗用银行卡行为日益猖獗。随着灰黑产线上网络的扩张，泄露的账户、银行卡信息得以快速传播，利用这些泄露信息进行违法活动的人群也在不断扩张。对于这部分异常数据的收集及异常账户的防范是急需解决的问题。

非法活动逐渐转移线上。随着互联网的快速发展，诸多犯罪活动例如赌博、传销、非法集资、洗钱等逐渐转移至线上，更具隐蔽性、传播性。需要搭建平台为金融监管机构提供定制化的舆情监控体系，解决原有监管存在的覆盖面小、数量级低、算法介入程度低的情况，对辖区内的金融风险进行统一监控。

盗用身份损害消费者权益情况频发。互金行业的发展也激活了身份信息交易产业，不法分子可利用购买到的他人信息进行账户设立、贷款申请，从而损害消费者权益。

包含价值信息的舆情信息未做收集处理。现阶段网络上的公开渠道舆情中包含较多有价值信息，包括灰黑产人员的动态及身份信息。对于这部分数据的获取及分析能够建立风险预警机制，更好地识别问题人群。

用户信息缺失，难以针对用户进行定制化的信息安全防范工作。难以获取用户的准确信息，从而对用户进行安全画像，有针对性地对用户进行定制化的信息安全防范工作。

（二）技术发展为监管提供新的解决方案

金融科技已经对金融行业产生深远的影响。在交易监控、金融安全等多个领域正在全面影响传统金融服务的技术基础和商业流程，促使金融机构选择新的战略发展方向。

监管科技与金融科技需要同步发展。金融科技的发展使监管变得困难，要求监管机构不断尝试新的监管科技提高监管效率，建立能够进行风险数据整合，风险建模、分析和预测，具有实时交易监控、汇报和拦截功能的监管体系。

二　应用框架及实现路径

现阶段用户身份信息的多样性、复杂性使得原先单一的信息核验，不再适用于当前复杂的环境。除了文本型的身份信息外，图像、视频、声纹等多方面信息的汇总分析是现阶段急需解决的问题。

同时，该系统应当具备自动化、智能化分析处理能力，能够根据数据的变化实时获取最佳策略，防止风险策略被攻破。

（一）应用框架

用户身份识别本地化部署方案包含四个部分（见图1）。

1. 基础产品组件

基础产品组件包含基础的技术开发组件，包括风险特征库、算法模型平台、设备指纹、关系图谱、名单库、人脸识别。

2. 产品服务套件

根据不同场景，开发基于不同技术组件的产品，包含智能IP识别、中介套现识别、地址相似性分析、逾期预测、信用评分等。

3. 运营服务平台

针对不同运用场景、不同客群，选择不同的策略部署及可视化展示方案，包括模型策略共享平台、策略部署平台、策略分析、商户门户等。

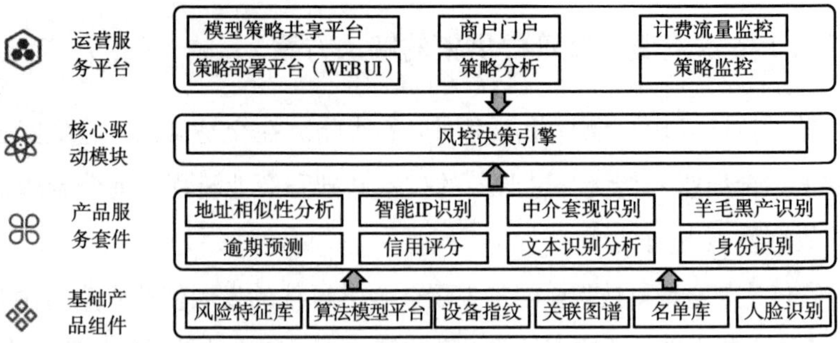

图1　本地化部署方案

4. 核心驱动模块

建立风控决策引擎，综合运用多场景、多维度数据，智能选择最佳策略方案。

另外，SaaS云部署方案见图2。

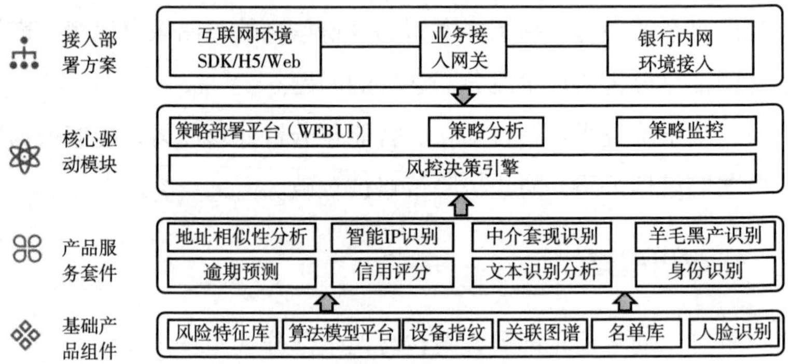

图2　SaaS 云部署方案

（二）实现路径

用户身份识别分析模块包含以下六个方面。

1. 黑名单系统

建立完备的黑名单体系。收集多维度黑名单数据，尤其是从公开舆情渠道获取黑产相关从业人员黑名单，在降低数据成本的同时扩大数据收集的范围。

2. 设备

建立欺诈设备识别模型，根据设备、账户、行为等多方面信息判断设备是否存在异常，是否为欺诈设备。

3. IP 地址

对 IP 地址上的交易进行分析建模，分析 IP 地址是否存在异常，从 IP 地址的角度对用户身份进行分析。

4. 账户

从账户角度出发，根据个人账户的行为判断账户是否存在风险，是否为可疑账户。同时分析对公账户的交易情况，判断商户是否存在可疑交易及洗钱、套现、黄赌毒等风险。

5. 关系图谱

依托图形学、关系推理、图数据库等先进技术，充分挖掘用户、设备、地址、手机号等多维度之间的关联，以用于反欺诈场景的全维度侦测分析和预警。苏宁金融“幻识”反欺诈关系图谱见图 3。

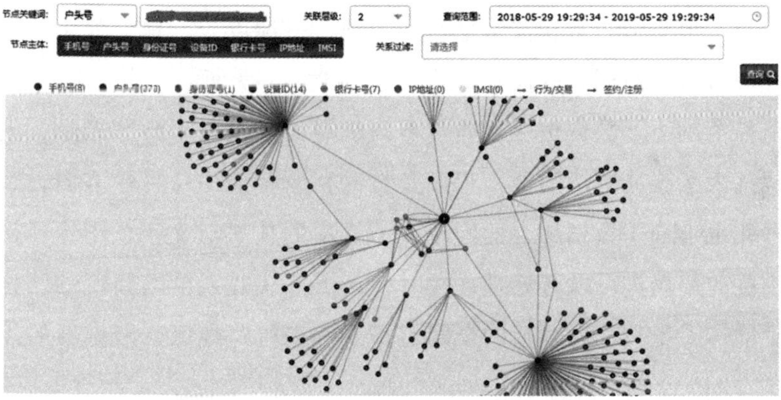

图 3　苏宁金融“幻识”反欺诈关系图谱

6. 信用身份识别

根据用户的信用、消费、行为等多方面数据，得到用户的信用画像，从信用角度对用户身份进行识别。苏宁用户识别产品矩阵见图 4。

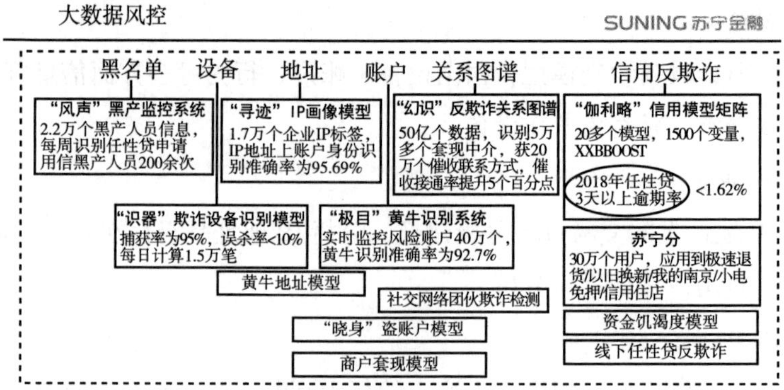

图4　苏宁用户识别产品矩阵

三　典型应用案例——“风声”金融黑产监控预警平台

现阶段黑产从业人员的沟通方式已经由线下转移到线上，网络中黑产相关信息层出不穷，且相关信息愈加呈现传播速度快、地域分布分散、隐蔽性强等特点，对原有的监管方式产生挑战。一方面，传统监控方式存在线上监控范围小、数据量小且质量不高、需大量人工干预等局限，需要进一步提高人工智能算法的介入程度及自动化监控能力；另一方面，数据源的多样化也带来了数据融合的问题，需要新的技术对文字、图像、视频等多个维度的数据进行融合处理。同时，灰黑产从业人员的高流动性也给局部监管增加了压力，需要新的全网监控系统进行跨地区、跨维度的黑产监控。

为解决舆情收集的问题，苏宁金融致力于打造“风声”金融黑产监控预警平台。该系统可监控全网相关信息，实时进行关联分析，及时发现风险点；并且运用自然语言处理技术，对舆情进行实时解析，从低价值信息流中获取与灰黑产相关的有用信息，可解决传统监控方式监控范围小、需要大量人工干预的问题。

该系统应用场景广泛，覆盖与个人相关的赌博、涉黄、电信诈骗等方面，以及对公相关的传销、非法集资、司法信息等方面；且支持来源自主化配置，可以自主添加信息源，后台自动获取舆情信息，既可满足区域性定制化的黑产监控需求，也可进行全方位、全领域的全网实时监控。通过对舆情、现金流等的汇总分析，辅以人工智能技术，对现金流进行定向跟踪，并对相关人员的舆情信息进行语义分析，在事前对风险进行判断，可有效防范金融风险事件的发生。

通过建立健全地方金融监管体系，可以协助监管部门更加全面地对辖区内的金融活动进行监管，及时发现异常金融经营活动，减少赌博、传销、非法集资等案件的发生，防患于未然；通过对灰黑产从业人员的重点监控，能够实时发现灰黑产的最新动向，减少电信诈骗、赌博等恶性事件的发生；对重点行业、公司进行监控，模拟资金流动情况，可以更方便地对行业发展情况进行评估，及时发现金融风险。

通过减少电信诈骗、赌博、传销等恶性案件的发生，可以减少受害者的经济损失；对重点行业、公司进行监控，及时发现有问题、有风险的企业，从源头降低因非法集资、赌博等问题造成的损失。

（一）系统架构介绍

“风声”金融黑产监控预警平台基于采集的互联网黑产数据、接入的金融风险数据、业务所沉淀的黑产知识，通过数据融合技术，将金融黑产监控和预警所需的信息进行存储，并利用强大的离线计算引擎、实时计算引擎来提供预警规则的计算和服务，利用搜索引擎提供一站式的信息检索服务，利用AI技术对存储的黑产信息进行挖掘和分析，最终为用户提供清晰而易用的金融黑产监控预警平台。“风声”金融黑产监控预警平台架构见图5。

“风声”金融黑产监控预警平台包含以下四大功能模块。

1. 黑产监控舱

在对所采集的互联网黑产数据以及从内外部接入的金融黑产相关数据进

行自然语言处理和数据分析之后，对金融黑产的统计信息、趋势信息、热点信息、度量指标等进行可视化展示和监控。

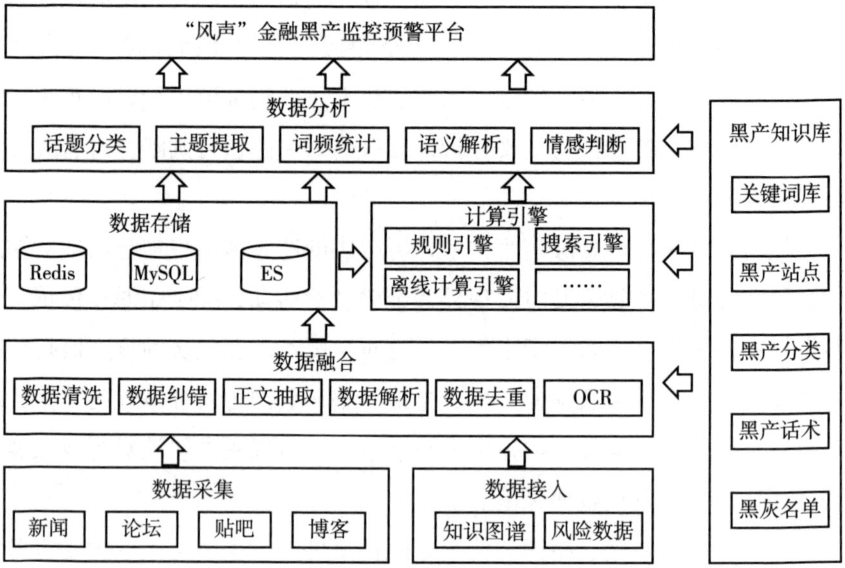

图5　“风声”金融黑产监控预警平台架构

2. 黑产知识库

依据苏宁金融长期以来在金融黑产信息收集、分析、预测、拦截等方面积累的经验，结合业界的最新金融黑产发展态势以及政府监管要求，建立全面的金融黑产知识库，以作为金融黑产分析的知识基础。

3. 黑产分析室

充分利用主题提取、实体识别、情感分析、意图识别等自然语言处理技术，结合强大的知识图谱技术，对黑产信息进行深度的分析和挖掘，提供对金融黑产的分析工具和辅助分析结果。

4. 黑产预警中心

基于从各个维度在金融黑产方面所挖掘出的信息，建立金融黑产风险预警模型，对金融黑产风险进行自动预警，并进行风险处置管理。

“风声”金融黑产监控预警平台的核心技术路线主要分为五步：

（1）利用高灵活性、高稳定性、高时效性的互联网数据采集技术，对互联网金融黑产相关的信息进行采集；

（2）利用主题提取、关键词提取、实体识别等自然语言处理技术对所采集的金融黑产数据进行自动分类和关键信息提取；

（3）利用多维度数据融合技术，结合内外部接入的黑产相关信息，对所采集的互联网金融黑产信息进行数据融合；

（4）利用文本情感分析、关联信息分析、相似信息计算、图计算等 AI 技术，对金融黑产数据进行深度的分析和挖掘，寻找黑产行为模式，探查金融黑产线索；

（5）运用先进的数据可视化技术，对金融黑产信息进行可视化展示。

（二）系统功能

“风声”金融黑产监控预警平台将实现以下四个方面及系统配置的功能（见图 6）。

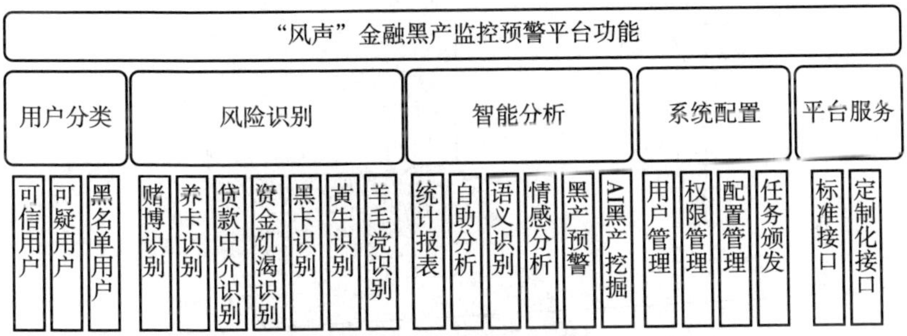

图 6 “风声”金融黑产监控预警平台功能分类

1. 用户分类

对获取的用户数据进行分类，按可信度分为可信用户、可疑用户、黑名单用户。

2. 风险识别

基于自然语言处理技术，对用户进行风险识别，准确识别用户的具体风险标签并记录。

3. 智能分析

基于人工智能和自然语言处理技术，对舆情信息进行实时分析处理，并将结果反馈给用户分类及风险识别模块，保证数据的准确性和时效性。

4. 平台服务

其可为平台用户提供服务接口，并可根据用户需求提供定制化的接口。

基于系统架构及功能，平台发挥了以下作用。

（1）对互联网黑产的从业人群、使用设备、账号等进行识别、提取和监控，为政府机构和金融企业提供网络黑产名单库。现阶段大量灰黑产从业人员会使用论坛、贴吧等进行沟通交流，平台可以从公开的论坛、贴吧中将可疑人员进行筛选和分析，对高危人群进行识别和标记，建立健全网络黑产名单库。已获取可疑人员情况见图 7。

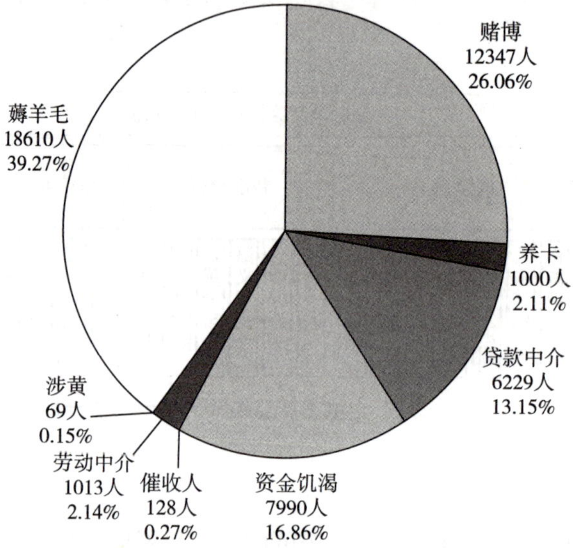

图 7　已获取可疑人员情况

（2）对黄赌毒、非法集资、团伙诈骗、养卡养号、传销网络等金融风险进行线索挖掘、预测和预警，帮助政府机构和金融企业提前识别和防范金融风险。根据公开舆情信息对灰黑产从业人员的动向进行捕获和分析，及时发现异常动向，为平台用户提供最新最及时的预警信息。

（3）对资金用途、资金流向进行分析，挖掘并监控 P2P、黑中介、影子银行等问题企业和行业。

（4）配合银保监会、地方金融监管机构等相关政府机构，共建金融风险指标体系，并进行可视化展示和监控。

截至目前，“风声”金融黑产监控预警平台已经应用于苏宁金融的各条业务线，为苏宁金融拦截高危个人贷款超千万元，节约营销成本 10%，并为苏宁金融风控平台提供超过 10 万个高危人员黑名单。该项目已与江苏省内多地金融办洽谈合作，将输送至地方金融监管部门，持续监控风险变化情况，并根据地区性差异为各地监管机构提供定制化的监管服务。“风声”金融黑产监控预警平台后台界面见图 8。

图 8　“风声”金融黑产监控预警平台后台界面

B.9
监管科技在市场交易行为监测中的应用

中国建设银行课题组*

摘　要： 本报告从理论上分析了监管科技在市场交易行为监测中的应用背景及解决的痛点，并结合具体案例，探讨了监管科技在市场交易行为监测中的应用框架及实现路径，包括监管科技应用服务框架及实现路径——数据采集与标准制定、统一的监管服务平台，全面的风险监管体系框架，反洗钱清单监测应用框架，反洗钱交易监测应用框架，反欺诈风险防控应用框架。

关键词： 交易行为监测　反洗钱清单监测　反欺诈黑产挖掘

一　应用背景及解决的痛点

（一）应用背景

所谓金融市场交易，是以货币换取其他金融性资产的行为。金融资产包括黄金、通货、存款、贷款、股票、债券、保险准备金、应收/应付账款等金融工具。金融机构在作为市场交易活动中介的同时，也承担着对市

---

* 课题组成员：朱玉红、陆登强、蒋炜、陈桂花、张木玲、韦有华、方景星，中国建设银行股份有限公司。

场交易行为的监督义务和责任，包括反洗钱、反欺诈、关联交易、监管报送等。反洗钱、反欺诈是金融机构对金融市场交易行为监督监测的两大重点。

随着国际经济形势的不断变化，科技驱动着金融业一次又一次变更，大量的金融应用给客户带来了丰富便捷的金融选择和极致的支付体验。

监管机构在反洗钱金融行动特别工作组（FATF）和巴塞尔委员会设立的反洗钱框架内，对金融机构提出了更高的合规要求。各金融机构反洗钱理念由“规则为本”向“风险为本”转变，积极响应监管要求，认真落实反洗钱义务，关注关键洗钱风险环节，防范洗钱风险和潜在隐患维护金融体系安全。

在普惠金融、人工智能等战略背景下，互联网+信贷的模式在监管有力指导下迅速发展，消费信贷、小微信用贷款等产品在全行业内快速普及、遍地开花。科技进步促进了金融创新，同时也滋生了大量的新型金融欺诈犯罪，信息泄露、身份伪冒、电信诈骗、卡片盗刷、信贷诈骗、“薅羊毛”等欺诈案件层出不穷，欺诈黑色产业链已经成型，黑产的攻击手段瞬息万变，在互联网体系下金融科技与欺诈分子形成了激烈的“攻防”的博弈，欺诈风险已经超越信用风险，成为风险识别的重要内容。

大数据、人工智能、知识图谱、区块链等技术快速发展，金融与科技深度融合，科技创新在推动金融机构业务创新的同时也为反洗钱、反欺诈的合规监管提供了更为智能化、高效的手段。

（二）难点与痛点

金融业务与科技的加速融合，对反洗钱、反欺诈工作全面展开产生了深刻影响。

（1）庞大客户群产生海量的交易数据，且数据来源分散、数据格式多样，超出了传统监管手段的处理能力。

（2）犯罪分子在金融交易过程中，规避金融机构洗钱检查意识和手段提升，反侦查能力日益精湛，给制裁名单客户的识别、欺诈客户识别和侦测带来了挑战。

（3）金融科技衍生了跨区域、跨行业、跨市场的业务模式，资金链路更趋复杂，资金来源和去向更难以追踪。

（4）小微企业信用贷款业务范围不断扩大，但是传统信贷反欺诈技术手段相对滞后，在小微企业数据不透明的情况下，难以发掘反欺诈风控新模式，识别潜在风险。

（5）欺诈黑色产业链已经形成，黑产规模庞大，人员众多。黑产与黑中介相互融合，互相助攻，欺诈黑产防范已经成为反欺诈斗智斗勇的难点，公开资料显示，截至 2018 年 6 月，中国网络黑产从业人员已超 150 万人，据估计造成的损失规模高达千亿元级别。

（6）我国征信体系是政府与市场双轮驱动的模式，数据联合应用是线上反欺诈的基础能力与有效手段，但是我国信用体系正在构建，虽然已有互联网信贷联盟数据，但是存在大量数据污染的现象，数据联合防控尚不成熟。

利用监管科技转变风险管理理念，提升风险感知能力，既是应对当前反洗钱、反欺诈风险新形势的需要，也是顺应技术变革的时代需求。运用大数据、人工智能等技术能够及时识别客户风险，分析挖掘交易规律和风险变化趋势，做到事前预警、事中监测、事后追踪的全方位风险防控。

二　应用框架及实现路径

中国人民银行于 2017 年成立金融科技委员会，提出强化监管科技应用实践，对于监管科技定义普遍达成共识：通过科技手段，服务监管需求，提高监管效率，降低机构合规成本。监管机构、金融机构、金融科技公司逐步形成生态合作圈，赋能监管科技的应用，共同打造监管科技生态圈。监管科技应用服务框架见图 1。

为了提高监管科技的应用效能，需要建立以多方合作、以数据驱动，覆

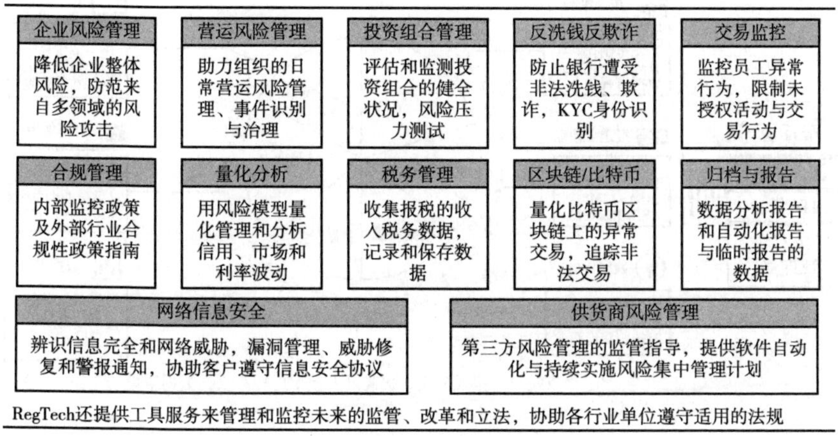

图 1　监管科技应用服务框架

资料来源：根据相关资料整理。

盖整个生命周期事前、事中、事后的数据化采集、应用、提升的实现路径。实现路径——数据采集与标准制定、统一的监管服务平台见图 2、图 3。

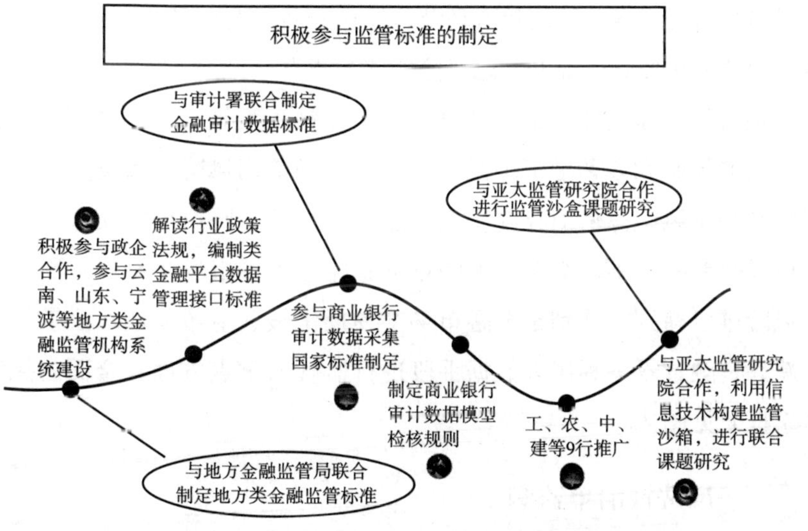

图 2　实现路径——数据采集与标准制定

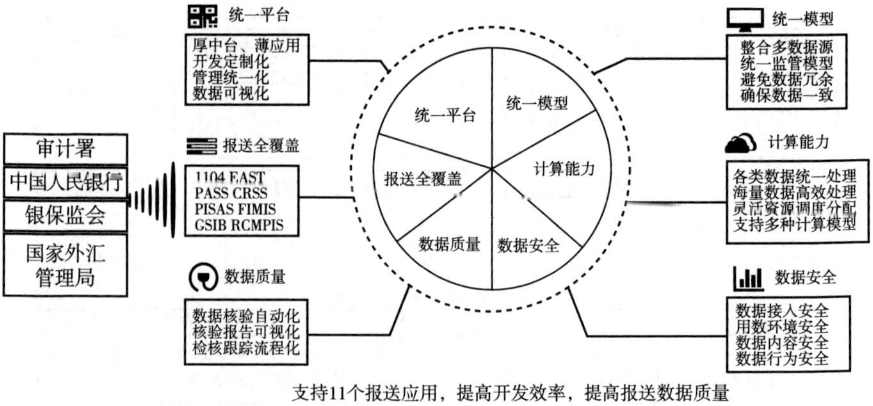

图 3　实现路径——统一的监管服务平台

监管科技应用离不开平台承接，监管平台是关键的信息基础设施，利用微服务架构、容器技术、云技术及虚拟化技术，实现复杂监管服务的敏捷化部署和适用监管要求变化的应用环境，最大限度提高对监管业务需求的响应速度和支撑效率。

风险分析是金融监管的核心环节，要充分利用人工智能技术实现金融风险的全面智能化监管，提升金融风险的感知能力。

金融科技飞速发展、金融脱媒、普惠金融政策等，为金融市场交易带来了极致的体验和多种融资手段，传统的金融信用风险、市场风险、流动性风险和利率风险等依旧存在，但是随着跨行业、跨市场的交叉发展，对金融市场交易的甄别、交易的追踪难度日益增大，市场交易风险隐蔽性明显，风险难以甄别，特别是金融市场交易反洗钱、清单侦测、反欺诈，是目前新兴金融背景下利用大数据手段进行监管的重点方面，全面的风险监管体系框架见图 4。

（一）反洗钱清单监测

反洗钱清单监测旨在建立一个高性能、智能化、数字化的制裁名单筛查平台，既包含联机实时的交易报文筛查、新建客户筛查，也包含事

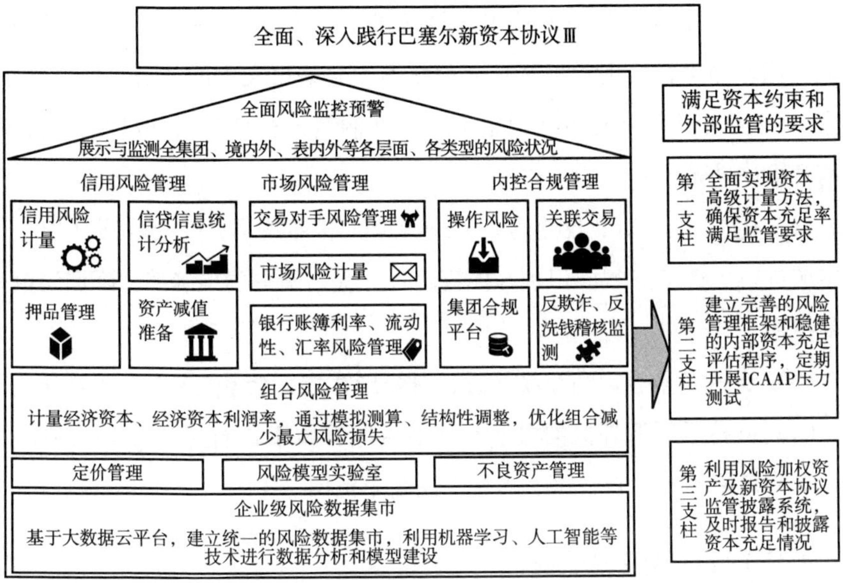

图4　全面的风险监管体系框架

后批量的交易回溯筛查、存量客户筛查，建立完善的告警核查和处置平台，并提供参数管理、名单管理等灵活的基础管理配置功能，以满足境内外监管要求，防范洗钱/恐怖融资风险。反洗钱清单监测应用框架见图5。

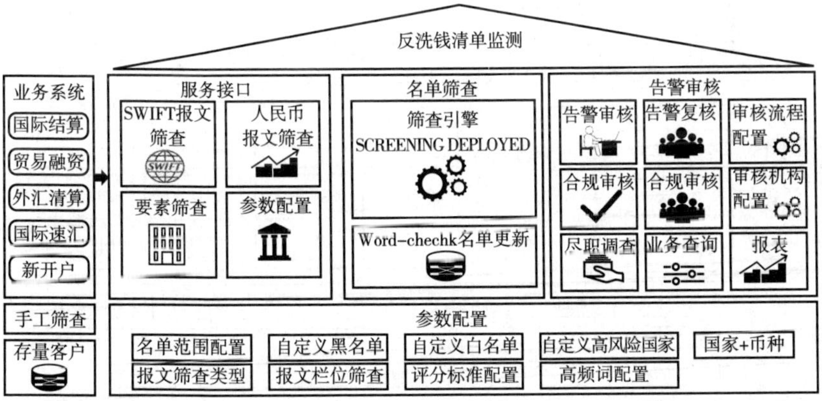

图5　反洗钱清单监测应用框架

（1）通过引入搜索引擎技术，将新建客户筛查、交易报文筛查模块嵌入业务流程当中，实现对新客户、关联人、交易报文中的交易主体、对手、国家/地区等个人和实体的实时监测，阻断制裁人员相关的开户和交易，在事前和事中防范洗钱风险。

（2）通过引入 NLP 自然语言处理等人工智能技术，对交易报文中自由文本域进行关键信息智能识别与模糊筛查，提高筛查的准确率，降低误报率和漏报率。

（3）支持海量客户和交易筛查，对全量客户、全量交易进行回溯筛查。

（4）支持不同海外机构根据不同地域监管要求进行差异化参数灵活配置，支持采用不同筛查引擎、支持不同名单范围。

（二）反洗钱交易监测

反洗钱交易监测，从数据获取和加工到交易监测规则模型建设，从交易甄别确认和数据补录再到中国人民银行报送，建立了完整的大额、可疑交易监测体系。通过引入机器学习和大数据可视化等技术，弥补传统监测方式的不足，实现交易监测智能化，建立更精准、更高效的反洗钱交易监测体系，提升合规风控水平。反洗钱交易监测应用框架见图 6。

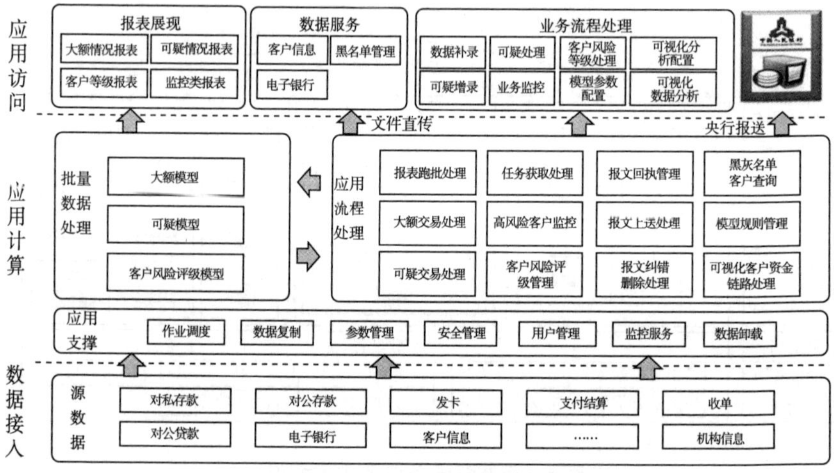

图 6　反洗钱交易监测应用框架

1. 数据获取和加工

通过企业级数据仓库提取反洗钱交易监测所需的全部基础数据，包括存款、贷款、信用卡、电子银行、支付结算、客户信息、机构信息、员工信息等行内业务系统数据，也包括工商、海关、法院、检察院等提供的外部数据，整合各系统的数据，并对数据进行预处理，包括数据清洗、标准化处理、汇总、分类，最终形成指标库。

2. 交易监测

基于数据预处理的结果，通过案例特征化、特征指标、指标模型化的建模思路，建立大额交易监测模型，疑似地下钱庄、疑似腐败、疑似毒品、疑似走私、疑似诈骗、疑似集资、疑似传销、疑似商户套现、疑似涉税、疑似恐怖融资、疑似赌博等可疑交易监测模型以及客户风险评级模型，并进行规则模型的自动化跑批，生成待确认和补录的模型结果。

3. 交易甄别确认

建立完整的交易甄别确认流程，并引入大数据可视化分析工具，以辅助可疑交易甄别确认，解决在反洗钱可疑交易监测中面临的客户体量大、排查数据量多、排查方式较为传统、排查手段简单等问题，提升反洗钱交易监测模型的精准度，提高可疑业务处理的效率。

（三）反欺诈风险防控

对于智能反欺诈，引入人工智能与深度学习技术，建立了基于神经网络的交易欺诈评分模型，实现了海量级交易，毫秒级精准、实时响应的首笔欺诈侦测，构建了面向客户的企业级联防联控的交易实时反欺诈防御体系。反欺诈风险防控应用框架见图 7。

利用知识图谱社交网络算法，构建欺诈黑产的关联关系图谱与资金图谱，挖掘潜在的欺诈黑产团伙，反欺诈防控由点到面。

利用知识图谱结合机器学习，构建小微企业的关联关系图谱与资金图谱，利用图嵌入、图神经网络等算法，挖掘欺诈异常的关联关系与行为模式，构建小微申请反欺诈评分模型，探索反欺诈风控新模式，全面提升反欺诈防控能力，助力普惠金融的政策。

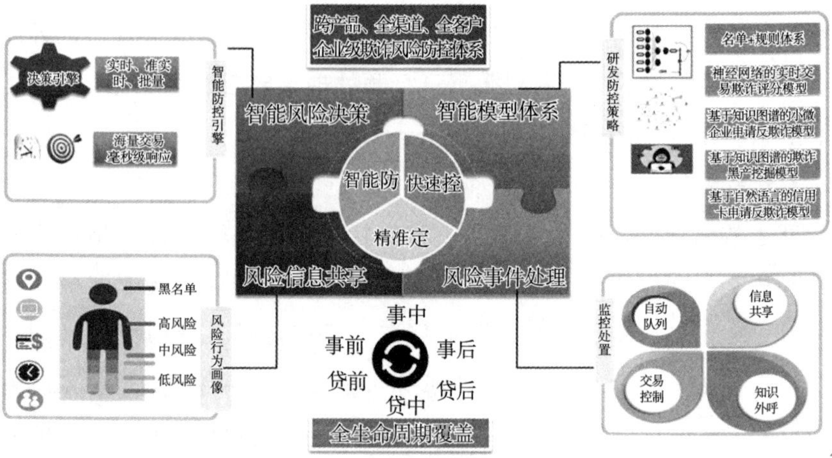

图7　反欺诈风险防控应用框架

三　典型应用案例

案例1：基于机器学习的反洗钱可疑交易监测

基于机器学习的可疑交易监测示意见图8。

根据中国人民银行发布的《义务机构反洗钱交易监测标准建设工作指引》的要求，反洗钱可疑交易监测遵循“案例特征化≥特征指标化≥指标模型化”的建模思路，利用聚类、决策树、逻辑回归、神经网络等机器学习算法完成建模，实现对恐怖融资、赌博、毒品、传销等特定反洗钱类型有指向性的监测，并持续对策略和模型进行优化。

通过分析反洗钱典型案例及监管部门下发的相关反洗钱资料，对案例进行归纳分析，抽象出可识别的异常特征；在数据准备和可疑数据回标的基础上，采用数据挖掘分析技术，分析客户/账户数据中蕴含的可疑交易行为模式和洗钱风险特征，构建指标变量并分析有效性，捕捉客户历史信息和未来

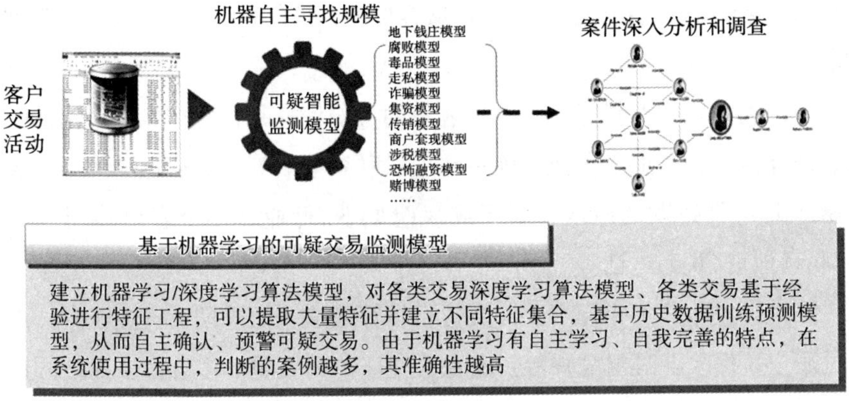

图8　基于机器学习的可疑交易监测示意

风险表现之间的关系，对客户的潜在风险采用数量化的方式进行评估和打分，利用聚类、决策树、神经网络等机器学习算法，训练出可适用的监测模型。可疑交易监测建模思路见图9。

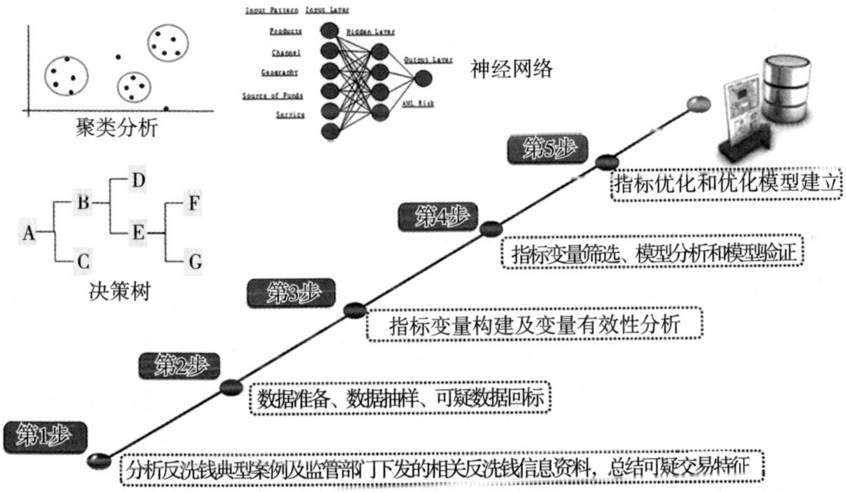

图9　可疑交易监测建模思路

（一）指标选择

将所收集案例中可识别的特征抽取和量化，设计出可识别、可衡量或可反映案例中异常特征的指标。指标选择从客户类、账户类以及交易类三个维度来考虑。

客户类：客户类指标主要体现客户的身份信息是否存在异常，包括归属地、证件信息、行业、职业、联系地址、联系电话等相关信息。例如：客户归属严重犯罪高发的地区、属于高风险职业/行业、多个客户共用同一证件/联系地址/联系电话等。

账户类：账户类指标主要涉及银行结算账户、证券期货资金账户、网络支付账户、保险业理财账户等。着重关注账户的数量、多客户多账户间的关联性、账户的实际控制人或受益人。例如：单个客户开立大量账户、短时间内集中开户、一人代理多人开立账户等。

交易类：交易类指标着重从资金划转的时间、地点、频度、金额、性质、交易对手等多个角度入手，关注资金交易是否存在疑点。例如：交易大多发生在夜间、交易频率高（快进快出、不留余额）、交易金额均为某固定数额的整数倍、交易对手异常分散等。

另外，针对不同类型的洗钱行为，可将客户、账户、交易三个维度的指标综合考虑，形成衍生指标。

（二）算法选择

对历史数据进行洗钱交易回标，将标签数据作为训练集，可用于神经网络、决策树等有监督学习算法的建模。然而，在反洗钱交易监测中，面临全量交易数据量庞大但历史洗钱交易案例极少的问题，在训练样本较少时，使用有监督学习得到的模型效果较难以满足现实需求，因此，可以考虑用半监督学习来增强效果。

半监督学习一般可以分为自训练算法、基于图的半监督算法、半监督支持向量机。反洗钱交易监测场景下，可使用自训练算法来进行建模：

（1）把有标签的数据作为训练集，进行模型训练；

（2）使用训练出来的模型，对无标签的数据进行分类，可以得到无标签数据的伪标签；

（3）利用有标签数据和伪标签数据，进行模型的重新训练；

（4）反复迭代如上过程，即可得到半监督学习训练出来的模型。

通过建模及优化，2018 年末系统推送异常交易数量较 2017 年末下降 68.66%，建行在中国人民银行反洗钱监测中心大额和可疑交易报告的评比中，排四大行第二位，较 2017 年结果上升一位，交易监测能力明显提升。

案例 2：基于大数据可视化分析的可疑甄别确认

大数据可视化分析辅助可疑确认示意见图 10。

在反洗钱交易监测模型的应用过程中，借助大数据可视化分析技术，解决在可疑甄别确认过程中手段有限、缺乏依据的现实问题，全面提升可疑甄别确认效率和有效性。

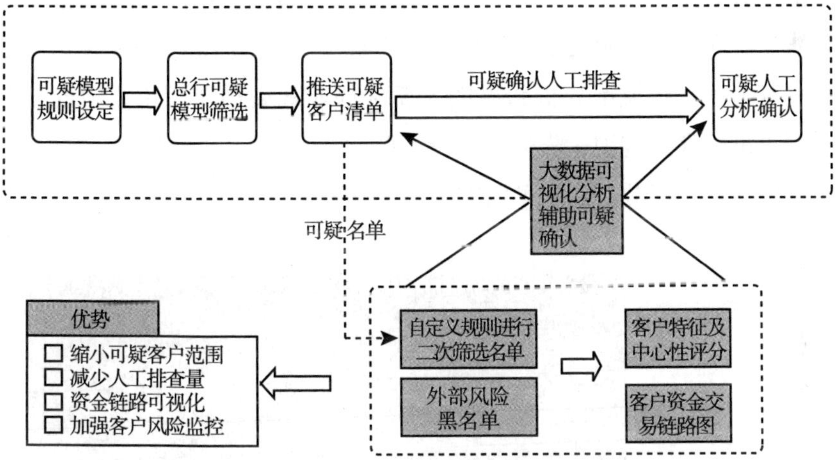

图 10　大数据可视化分析辅助可疑确认示意

1. 路径分析（Ntree Algorithm）

引入路径分析，生成客户交易链路表，可结合业务规则对交易链路可疑性进行判断，如地下钱庄的可疑流向：可疑客户≥异地或他行≥本地本行客户。多个可疑客户的间接交易：可疑客户 A≥客户 C≥可疑客户 B。

2. 客户中介性评分算法（Betweenness Algorithm）

引入客户中介性评分算法，通过最短路径计算来测量客户在交易网络中节点的中心性，用来反映客户在交易中的影响力和重要性。洗钱客户在交易网络往往处于中介地位，因此该参数值会较高。节点的中介性评分可用于辅助可疑名单的确认或者捕获和识别风险名单。

3. 资金链路图

引入基于社交网络模型算法的资金链路图，将路径分析和中介性评分的结果进行可视化的展示，追溯客户的多手资金流向，可对每一个客户或多个客户生成一张资金链路图，通过视图追溯客户周期内的汇总资金流向。可疑客户的交易资金链路图结合可视化操作可以进一步梳理可疑客户交易网络。

基于大数据可视化分析的可疑甄别确认，充分利用图数据库大数据计算分析能力，在大量历史交易数据中挖掘隐蔽于二手或者多手交易网络中的洗钱犯罪行为，并将模型分析结果嵌入反洗钱业务处理流程中，辅助业务处理，缩小可疑客户范围，降低人工投入量。

大数据可视化分析展示见图11。

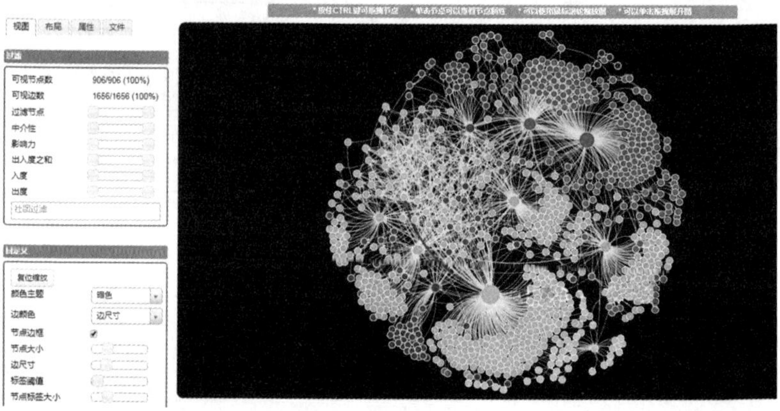

图11　大数据可视化分析展示

案例 3：基于搜索引擎和 NLP 自然语言处理的清单监测

清单监测服务示意见图 12。

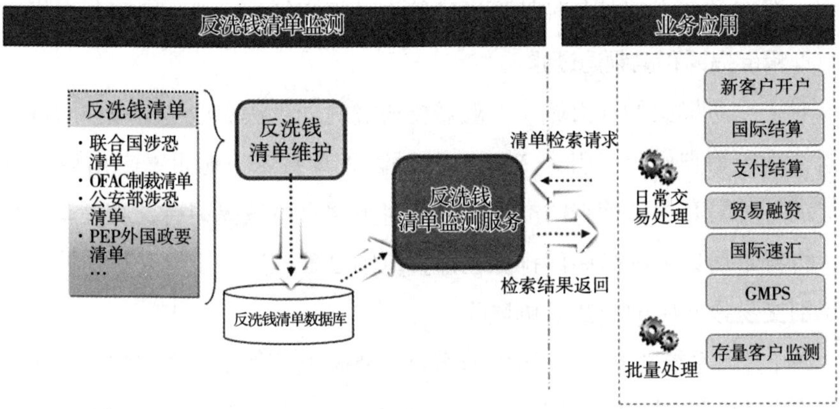

图 12　清单监测服务示意

在反洗钱清单监测中，引入搜索引擎技术，将新客户、关联人、交易报文中的交易主体、对手、国家/地区等个人和实体与 OFAC 制裁名单、联合国制裁名单以及 PEP 等进行模糊匹配；引入 NLP 自然语言处理技术，对交易报文进行精准提词，进一步提高筛查准确率，及时有效地识别客户风险，提升合规风险防控水平，减少人工核查工作量。清单筛查算法见图 13。

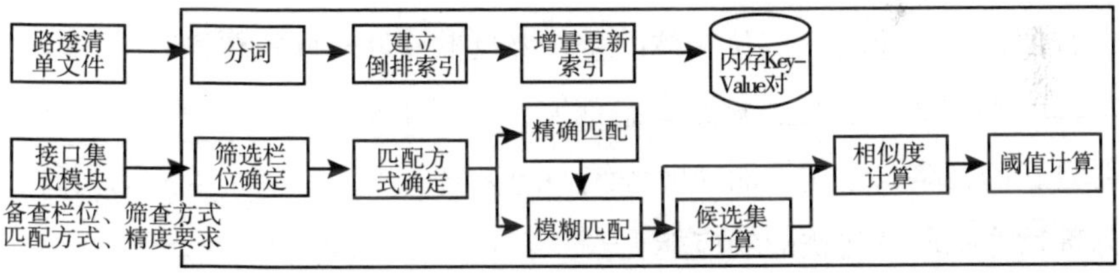

图 13　清单筛查算法

1. 模糊匹配和相似度计算

针对交易中需要筛查的栏位，根据匹配精度依次按倒排索引筛选出候选清单，将栏位字符串相似度（筛查栏位与清单栏位）及栏位权重做加权，得到相似度，取相似度大于阈值的结果产生告警。模糊匹配可基于编辑距离等算法来实现，综合考虑低风险单词、低质量别名、过去命中频率、忽略特殊标记、单词（Single Word）等因素，对不同语言、不同字体、文字颠倒、错字、漏字及多音字等各种情形进行筛查，提高筛查准确率，降低误报率。

2. 精准提词和高频词过滤

对于交易报文的自由域，一般需要通过提词算法提取自由域中的待筛查要素，确定筛查栏位。引入 NLP 自然语言处理技术，对报文自由域进行精准提词，可提高报文筛查的准确性。在对报文自由域提词后，通过设置高频词，将特定场景下的高频词排除在筛查范围之外，进一步提升筛查效果，有效识别交易报文中的制裁名单风险。

清单监测系统的上线，减少了业务部门 90% 的审核工作量。2018 年初至今，清单监测系统有效拦截（经人工确认为真实命中）数千笔涉及金融制裁的跨境交易，阻断被监管限制交易的客户开户达数万笔，有效履行了监管要求的义务。

案例 4：基于深度学习的反欺诈实时交易监测

企业级交易反欺诈体系见图 14。

从制度标准、防控能力等方面，以国际一流实践为标杆，建立了面向客户的覆盖多产品、全渠道、全流程的企业级反欺诈平台，实现了事前的客户准入控制、事中的交易拦截、事后的批量侦测及风险分析，形成了“主动防、智能控、快速赔”三位一体的企业级反欺诈联防联控体系。

（1）策略集中管理，规则动态部署：实现了支持集中管理、动态调整、实时更新的策略，搭建了面向业务统一的策略研发实验室，极大地提高了面向外部欺诈手段变化快的响应能力。

（2）首笔实时侦测阻断：首笔刷卡大额欺诈、短时间内高频率小额非面欺诈成为主要欺诈手法，首笔欺诈发生额占比已超过 60%，作案手法较以往更加快速，实现了首笔欺诈的实时阻断。

（3）毫秒级的快速响应：面对新型欺诈手段的“短时间、多次数”的典型特点，反欺诈平台通过引入分布式缓存等多项技术，实现了上万笔交易毫秒级决策响应，提升了安全交易体验。

（4）大数据智能反欺诈：传统的反欺诈侦测缺乏关联分析及大数据挖掘能力，未能及时发现隐藏风险，研发基于神经网络交易欺诈评分模型，进行交易的实时评分决策。

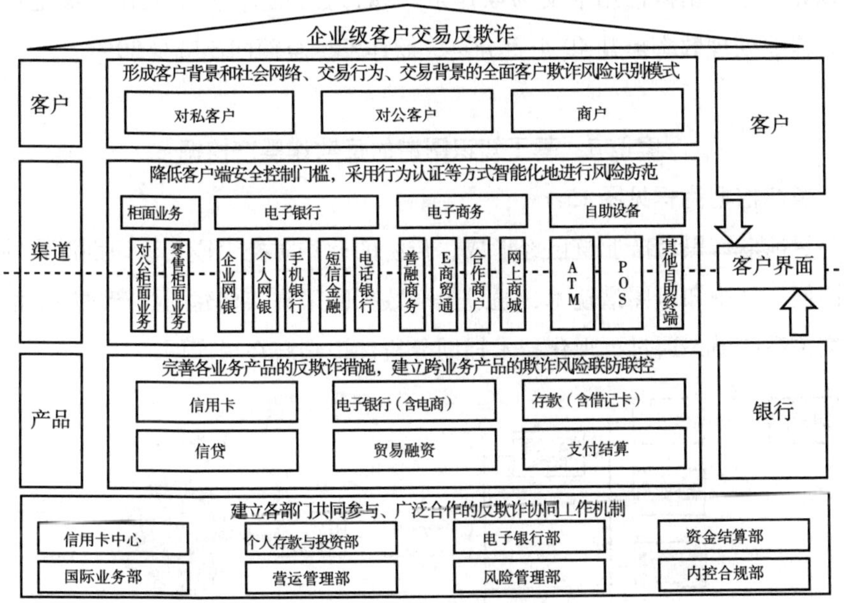

图 14　企业级交易反欺诈体系

（5）智能客户风险画像：针对社会工程、信息窃取、身份盗用、黑客/木马攻击等风险，99%的欺诈交易都是行为异常，采集客户行为信息建立档案画像，建立可替代或强化安全工具的交易认证授权机制，提供客户自助安全防控设置，提升客户安全体验。

（6）一站式风险事件处置：建设企业级的告警案件管理平台，整合全渠道、全口径风险警报，实现案件信息共享；统一平台内的冻卡、降额、换卡、短信等一键快速管控功能，解决了多平台、跨系统的协同操作问题，提升了案件调查处理运营效率。

（7）数据共享的联合防控：通过建立反欺诈信息共享平台，涉及舆情信息、告警案件信息、调查处置信息、黑名单信息等内部信息以及与监管机关、公检法部门、国内外金融组织之间等外部机构的欺诈风险信息共享，实现企业级联防联控的数据共享。

企业级客户交易反欺诈平台构建后，运行效果良好，截至2018年底，渠道端系统实时拦截欺诈交易数十万笔，避免客户损失十几亿元。产品实时反欺诈，累计堵截信用卡交易欺诈事件超过数万起，防范欺诈金额上亿余元，作业处理效率提升40个百分点，欺诈发生金额同比减少30%。

案例5：基于知识图谱的反欺诈黑产挖掘

黑产挖掘流程见图15。

目前欺诈黑色产业链已经形成，传统的欺诈防控手段无法识别潜在的欺诈团伙，利用知识图谱技术，通过黑产数据的采集，构建与黑产之间的潜在社交关系图谱，通过可视化技术辅助分析，识别潜在黑产网络。

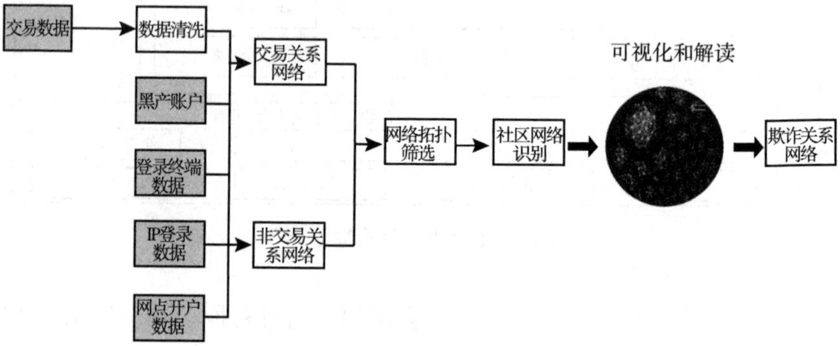

图15　黑产挖掘流程

（1）黑产信息采集：充分利用内外部数据资源，行业反欺诈黑产联盟数据，比如QQ黑产数据、举报数据、公安数据等，进行数据的采集与识别。

（2）知识图谱黑产挖掘：使用知识图谱，社交网络算法，包括社区探测、聚集系数、中介性等图挖掘分析算法，挖掘潜在的黑产网络路径。

（3）知识图谱可视化辅助风险识别：通过知识图谱可视化技术，直观展示黑产社区、黑产关联路径等信息，辅助风险识别决策。

截至2019年6月，系统累计对数千个黑名单账户和设备进行黑产挖掘，挖掘潜在高风险黑产团体近600个。

案例6：基于知识图谱与深度学习的普惠金融反欺诈

网络贷款欺诈表现形式为以虚增资产、虚增利润、虚增收入（现金流）的三类经营虚构为主，以虚夸前景、虚构用途、虚设门面三类故事虚构为辅；欺诈黑产中介已具规模，熟悉银行的业务流程，通过中介资质包装的骗贷行为日益增多；欺诈黑色产业链已经形成，技术手段先进，随着银行纯线上"秒申秒批"的业务开展，第三方欺诈风险逐渐成为需要关注的重点风险。

金融行业反欺诈体系构建，需要具备如下原则。

（1）快：具备实时决策的能力同时反欺诈规则模型需要根据外部形势的变化，与欺诈分子争分夺秒。

（2）准：反欺诈防控需要具备高的准确性，实时精准决策。

（3）全：欺诈分子日益产业化，反欺诈更需要多方合作进行，实现反欺诈联盟的数据共享和联合防控。

本案例构建了多层面的反欺诈平台，图16展示了"多层面线上信贷反欺诈"。另外，小微企业线上反欺诈模型体系见图17，小微企业反欺诈关联图谱可视化见图18，小微企业反欺诈资金链路可视化见图19。

（1）构建小微企业欺诈图谱。这包括小微企业关系图谱与小微资金图谱，展示小微企业与干系人，小微企业间的实控、董监高、股权、投资、担保、配偶、亲属、IP、设备、GPS、地址等关联关系以及其之间的资金往来关系，包括资金流向图谱、贷前资金关系图谱、贷后资金关系图谱，以用于欺诈挖掘与贷后监测预警。

（2）搭建黑名单库。充分整合内外部数据资源的优势，构建小微企业反欺诈黑名单库，实现黑名单的联防联控。

（3）反欺诈规则。通过数据分析、数据挖掘、图分析、图挖掘等技术，通过已知的欺诈业务场景，识别欺诈模式，总结反欺诈规则，以用于欺诈防控。

（4）AI反欺诈决策模型。使用图嵌入、图神经网络识别潜在异常的图模式，结合机器学习算法进行欺诈评分模型训练，具体模型如下。

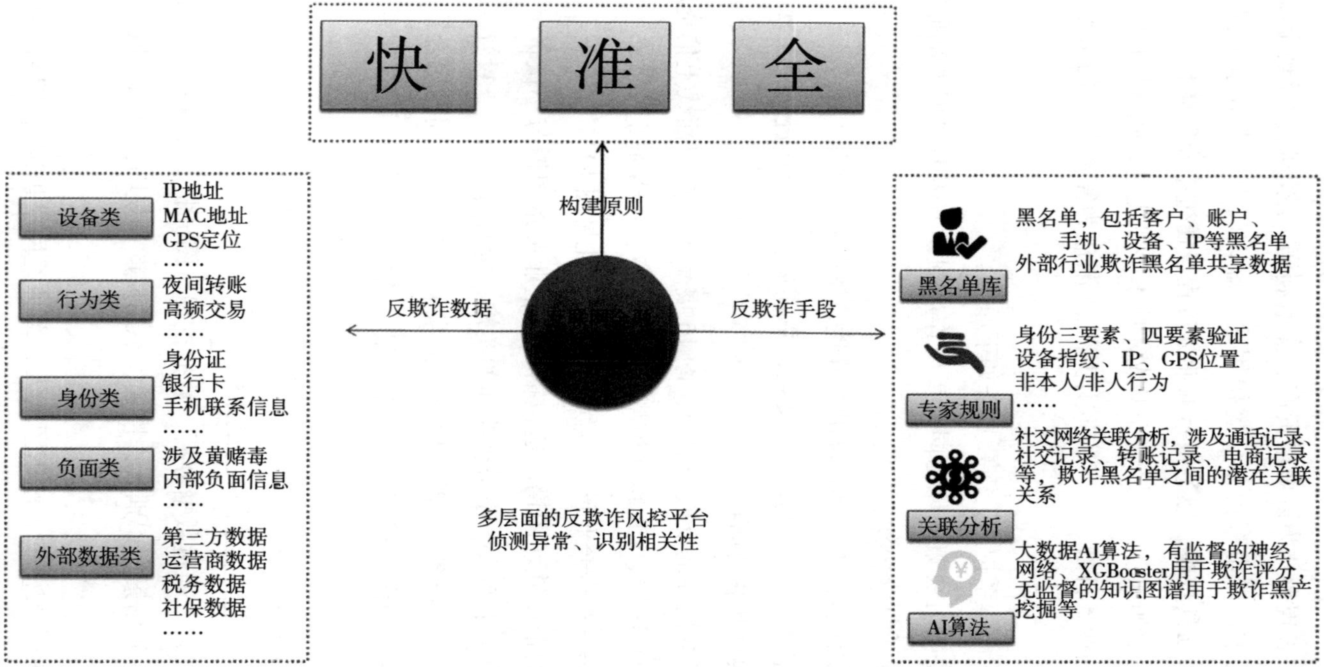

图 16　多层面线上信贷反欺诈

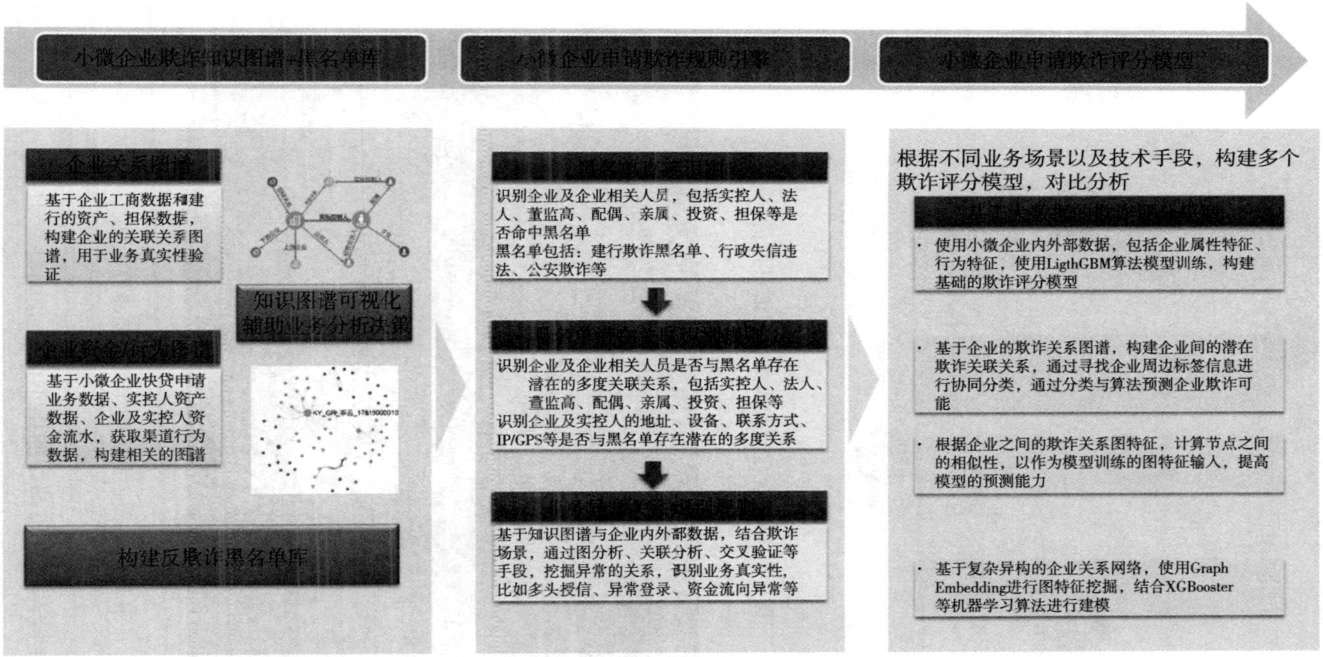

图17　小微企业线上反欺诈模型体系

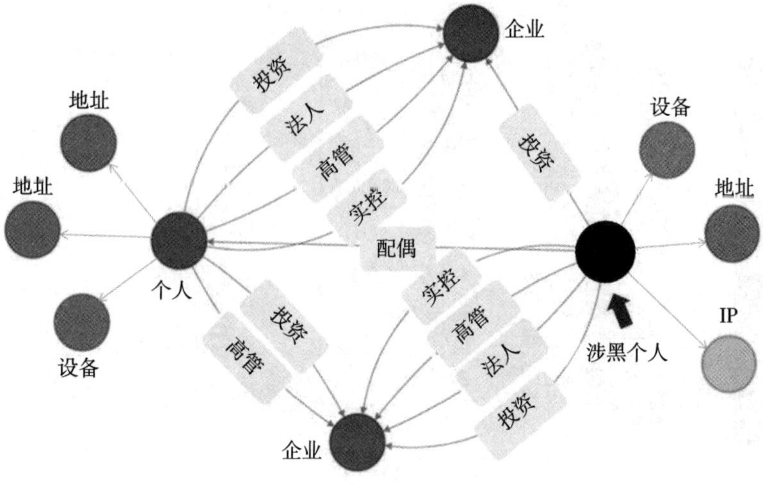

图 18　小微企业反欺诈关联图谱可视化

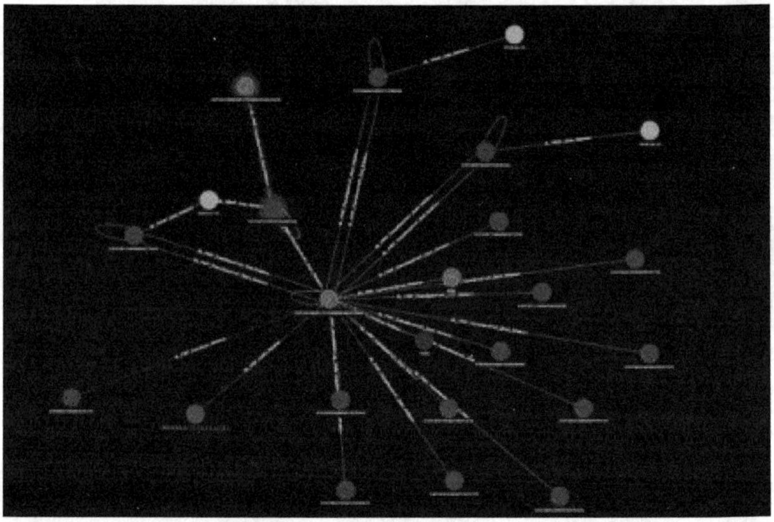

图 19　小微企业反欺诈资金链路可视化

基于 LigthGBM 欺诈评分模型：使用小微企业内外部数据，包括企业属性特征、行为特征；使用 LigthGBM 算法模型训练，构建基础的欺诈评分模型。

基于图传播的欺诈评分模型（ICA）：基于企业的欺诈关系图谱，构建企业间的潜在欺诈关联关系，通过寻找企业周边标签信息进行协同分类，通过分类与算法预测企业欺诈可能。

基于图网络特征欺诈评分模型（LINE）：将企业之间的欺诈关系图特征，计算节点之间的相似性，作为图特征输入、训练模型，提高模型的预测能力。

基于异构图的图嵌入的欺诈评分模型（GEM）：基于复杂异构的企业关系网络，使用 Graph Embedding 进行图特征挖掘，结合 XGBooster 等机器学习算法进行建模。

基于图神经网络的欺诈评分模型（GCN、eGNN）：使用图神经网络算法，结合节点的属性信息，进行图模式的训练与学习。

（5）大数据可视化应用：通过大数据可视化技术，直观展示企业的关联关系与贷前、贷后资金流向关系，辅助业务决策分析。

通过知识图谱结合机器学习，对全量工商几百万个小微企业 + 商户，数千万个干系自然人/位置/IP/电话/地址/GPS 等信息，构建了 1 亿级的点、10 + 亿级的边的图谱，并基于图谱挖掘与机器学习，构建线上信贷反欺诈评分模型，其中模型 AUC = 0.91，Top 10 Precision = 80%，Top 100 Precision = 76%，模型业务效果良好。

参考文献

[1] 李秀君、顾文欣：《加强金融科技反洗钱监管》，《金融时报》2019 年 4 月 15 日。

[2] 李伟：《监管科技应用路径应用》，《清华金融评论》2018 年第 3 期。

[3] 何阳：《监管科技（RegTech）前沿技术与应用研究》，《智库观察》2018 年第 18 期。

[4]《基于大数据的反洗钱智能监测应用研究报告》，中国建设银行，2018。

[5]《提升反洗钱监管科技应用水平》，《金融时报》2019 年 5 月 20 日。

[6]《国内网民权益保护调查报告（2018）》，中国互联网协会，2018。

B.10 监管科技在合规数据报送中的应用

合规数据报送课题组*

摘　要： 本报告以反洗钱（大额与可疑交易）报送、征信报送为示例，论述在满足监管要求的前提下，有效运用大数据技术、AI技术提升合规数据报送的时效性和准确性的应用框架及实现路径，即基于Hadoop分布式架构大数据平台的合规数据报送架构、反洗钱报送系统架构。

关键词： 大数据技术　AI技术　反洗钱　征信

一　应用背景

合规数据报送，通常是指金融机构按照监管机构的要求，将自身数据进行有效监测、提取和处理，上报给监管机构。监管机构通常是指中国人民银行或银保监会等金融监管单位。金融机构包括商业银行、农村信用社、证券公司、期货公司、基金管理公司、保险公司、信托公司等。

近年来，我国金融监管日趋严格。在保障经济健康稳定发展的同时，金融监管部门为防范金融风险、维护金融体系稳定，先后发布了多项涉及合规数据报送的监管规范，并对合规数据报送的有效性和时效性提出了更高的要求，如：2016年12月28日，中国人民银行发布了《金融机构大额交易和

---

* 课题组成员：邱毅、汪亚男、陈盈盈、肖和兵、李元、兰冲、冼炳洪、李朝阳、陈结，深圳前海微众银行股份有限公司；付万琳、李明凯、王黎强，蚂蚁金融服务集团。

可疑交易报告管理办法》（中国人民银行令〔2016〕第3号），又称“反洗钱3号令”，要求金融机构应当制定本机构的交易监测标准，并对其有效性负责。同时，“反洗钱3号令”要求将可疑交易报告时限，由可疑交易发生后10个工作日，调整为按照内部操作规程确认为可疑交易后5个工作日内；并增加了对时效性要求更高的实时监测内容。

2015年10月，中国人民银行征信中心发布《企业征信系统数据采集接口规范》，对于数据采集时点和频率，要求报送机构按天进行数据报送，当天发生的客户信息变更，最晚上报时间为下一个工作日结束，即T+1结束前上报，其中T代表报送机构客户信息发生变化的工作日，通常称为“T+1”报送要求。

二 解决的痛点

随着金融业务模式的不断创新，以及规模的持续扩展，各家金融机构积累的数据量越来越大。部分商业银行单日交易已达到数亿笔，三年的数据即可达到PB级别。这对金融机构合规数据的存储、分析、计算与报送都是巨大的挑战。

目前，金融机构在合规数据报送的系统建设和运营过程中，遇到的痛点集中体现在以下三个方面。

（一）海量数据存储与计算难，数据报送时效性要求高

随着移动支付与普惠金融的发展，金融业务已经渗透到大众生活的方方面面。人们的衣、食、住、行每时每刻都在产生大量的金融交易数据。这种变化，带来了金融机构数据的爆炸式增长，给金融机构自身运营和监管机构的监管都带来了非常大的挑战。

一方面，海量数据的存储使传统金融机构数据存储成本激增，且金融机构的数据日常批量计算、数据查询、提取以及指标模型的运算对于计算能力的要求非常高。如果采用传统的数据库，要满足海量数据的计算时效，则一般需采购价格高昂的大小型机，不但成本高而且不易扩展。

另一方面，随着监管部门对金融机构的监管力度加大，监管统计工作的内涵和外延都在不断扩大。为了满足监管机构监控新兴金融业务需求，快速获取新的监管指标数据，金融机构需要对大量基础数据进行整合，数据及时性、准确性、完整性得不到保证，监管统计人员与科技人员在应对监管口径变更时，均面临较大的压力。

（二）可疑交易识别难，数据报送准确性难以保证

数据报送的准确性压力集中体现在反洗钱可疑交易的识别与报送方面。

对于大额交易，金融机构能够将合规数据报送要求数字化，只要触发对应的阈值，即可清晰确定是否为反洗钱报送数据，而对于可疑交易，则需要金融机构基于自身的数据，结合金融应用场景，进行判断分析，识别是不是可疑交易行为的客户。既不能漏报，造成金融风险漏洞，也不能扩大上报范围，为监管机构造成不必要的甄别工作量。如何提高准确度是当前比较显著的痛点。

（三）数据质量管控难

合规数据报送涵盖金融机构各类业务，涉及成千上万个系统表及对应字段。缺乏数据质量管控的合规数据上报，可能会导致数据报送错误，面临监管处罚，更重要的是，如果数据质量没有管控，那么数据分析的基础就无法保障，金融风险的管控也就无从谈起。

数据质量管控意味着对数据的完整性、一致性、时效性、准确性进行校验和管理。同时，数据质量的管控需要一个反馈机制，及时将数据问题及改进指引反馈给关注人，进而有针对性地提升数据质量，形成渐进完善的数据质量提升闭环。这些都是当前数据质量管控急需解决的问题。

三　应用框架及实现路径

金融机构合规数据报送系统一般称为监管报送系统，建立统一监管数据

平台，承担金融机构主要业务数据的集中和整合工作，满足监管类报送数据的自动采集、便捷加工、灵活展现、数据及时、准确一致等要求。

基于 Hadoop 分布式架构大数据平台，支持存储和计算能力的动态扩展，可以满足存储和高时效能力的要求。针对纳入金融机构业务系统的各类数据，如存贷核心、信用卡、资金、理财、外汇、总账等系统数据，构建统一的监管数据平台，从入口进行数据质量监测，提高数据标准化，减少数据重复处理，为各类合规数据报送应用提供高质量的数据接口服务。运用 Hadoop 大数据技术，能够支持复杂校验规则的计算，在时效要求内对明细数据进行质量校验，保障合规数据上报的质量。基于 Hadoop 分布式架构大数据平台的合规数据报送架构见图 1。

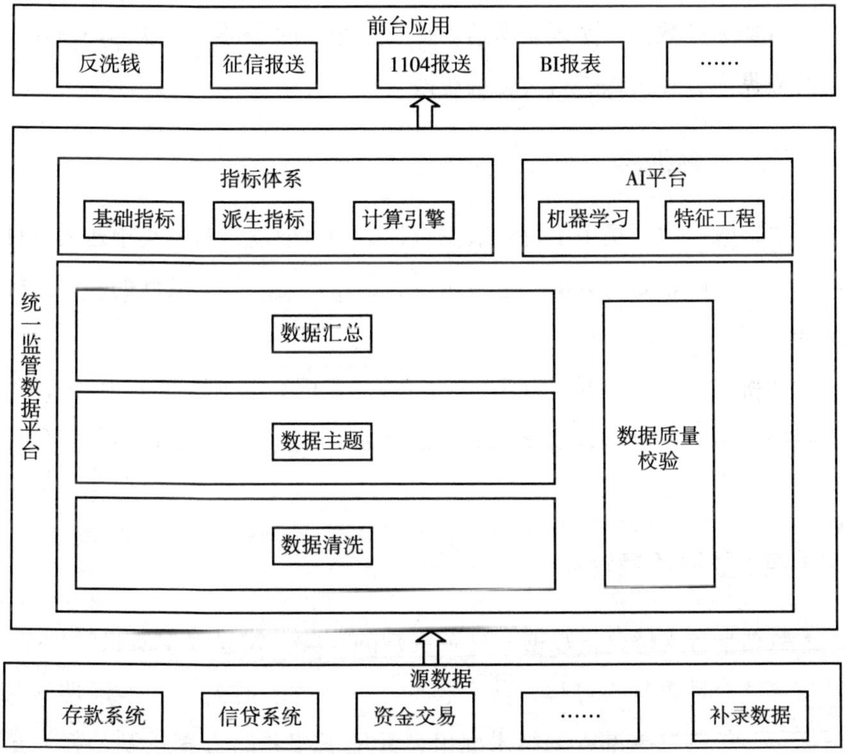

图 1　基于 Hadoop 分布式架构大数据平台的合规数据报送架构

（一）数据清洗

数据清洗层对源数据的各个报送项进行梳理和归类，总结归纳需要覆盖全监管内容的接口表，通过该层屏蔽源系统的计算结果数据变化对报送的影响。同时，对源系统数据进行质量校验，将其清洗成符合监管要求的数据。

（二）数据主题加工

数据主题层是分布式架构大数据平台中数据的核心，一般称为基础数据模型层，它是整合主题的数据模型，根据金融机构的业务特点设计，按照业务主题对源系统的数据表和数据内容进行重组，涵盖客户、存款、贷款、信用卡等各类业务数据，实现全覆盖。模型层数据除了进行标准化处理外，并不会对数据内容和机构进行过多的更改。

（三）数据汇总

汇总层数据主要是为了提升数据查询的响应速度，对各类报送的共性查询或者请求频度较高的数据项进一步整合，以方便后续对共性的基础指标进行统计分析。

比如将客户类的数据进行汇总，同时，客户类数据下又分为个人客户、对公客户、同业客户。后续查找某类客户时，可高效精准地迅速定位目标数据。

（四）数据质量管控

大数据平台支持海量数据、复杂规则的校验，建立数据质量管理平台，使其贯穿整个数据加工过程，从完整性、一致性、时效性、准确性这几个方面衡量，控制数据准入，结果准出，并配以相关的告警机制，将质量问题及时反馈给关注人，建立数据质量管控闭环，形成数据质量持续优化的机制。

（五）AI 平台

AI 平台提供标准化的机器学习算法封装和特征处理工具集，以及标准的模型评估可视化工具等。提供特征指标注册、特征数据供数，以及模型存储发布等服务，以用于满足各类报送应用对 AI 的需求。

（六）指标体系

引入指标计算体系，使每个报送单元最终以指标形式体现，以极大程度地适应监管报表的灵活新增与统计口径的频繁调整。可将指标分为两类：基础指标和派生指标。

基础指标：基于原始字段配置的指标。

派生指标：基于已有指标进行四则运算或逻辑运算配置的指标。

另外，计算引擎可对基础指标和派生指标计算公式进行预处理，使其可以让系统识别并执行，运用 Hadoop、Spark 等大数据技术分布式计算和存储能力，快速、准确地获得基础指标；派生指标由若干个基础指标运算生成，可通过二叉树遍历的方式进行计算。

四　典型应用案例

在合规数据报送中，每一类报送都有各自的业务特点及个性化报送要求。下文分别以反洗钱大额交易及可疑交易识别报送以及征信报送作为案例，对如何应用基于 Hadoop 分布式架构的大数据平台，解决合规数据报送的痛点问题进行具体分析。

（一）反洗钱大额交易及可疑交易识别报送

1. 反洗钱报送系统的特点及难点

在金融机构的数据量爆炸式增长的背景下，交易数量每日可达到亿级，反洗钱的大额交易与可疑交易监测报送、客户身份识别等需要监测数月的数据，数据计算量大，时效性要求高。涉恐名单回溯以及尽职调查中的海量信息查询时效性要求更高，分钟级别响应，另外，反洗钱需要快速响应监测预警涉恐、红色通缉令等人员的开户或交易情况，无法通过离线批量计算的形式进行监测。洗钱模式变化迅速，对金融机构可疑模型的普适性和灵活性也提出了挑战。

2. 反洗钱报送系统的应用

为了满足反洗钱报送要求，基于 Hadoop 分布式架构的大数据平台，在分层架构的基础上，计算规则模型，解决报送时效性问题。为了提高反洗钱可疑交易识别准确度，引入机器学习等 AI 技术，以提升准确率。基于 Hadoop 分布式架构大数据平台的反洗钱报送系统架构见图 2。

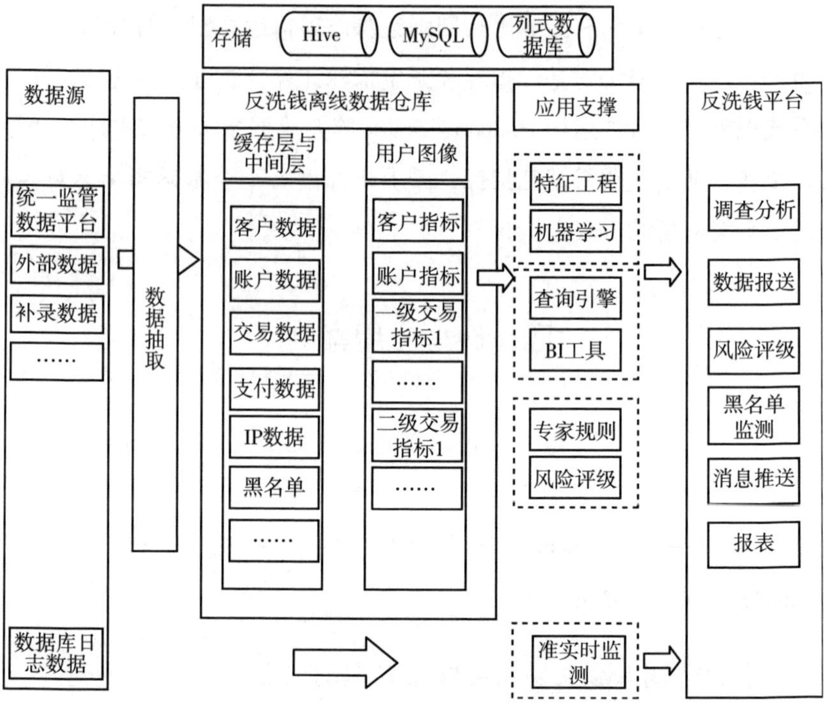

图 2　基于 Hadoop 分布式架构大数据平台的反洗钱报送系统架构

（1）数据存储与计算

反洗钱报送系统需要监测金融机构各个业务的客户数据、账户数据、交易数据等相关维度信息，以 Hadoop 分布式架构大数据平台为基础，数据存放在 Hive、MySQL、列式数据库（HBase）中，有效解决了海量数据的存储与计算问题。

（2）按主题分类汇总数据，构建用户画像

传统规则模型与计算过程绑定，采用多个计算规则组合积分的模式进行监测。这种模式相对呆板，在调整模型参数与新增模型时不够灵活。

基于 Hadoop 分布式架构大数据平台将传统规则按主题分类、汇总，抽象成指标特征，组建基于客户的信息特征画像和交易特征画像。这种模式的优势如下。

①可快速添加新的特征，同时基于用户画像的指标特征，可以调整模型参数，灵活构建新的规则模型。

②构建的客户画像数据，可以提供给机器学习模块，进行进一步的特征处理，为提升可疑交易识别的有效性提供数据支撑。

③客户画像数据提供给查询引擎，方便业务人员准确识别客户。

（3）基于分布式架构的准实时监测和快速查询

反洗钱大额交易及可疑交易识别报送的一个显著特征是海量数据的回溯查询与指标数据的实时监测并运用分布式架构，将交易日志与流式计算引擎相结合，可快速监测到涉恐用户，及时发出预警。

反洗钱报送系统将分布式架构大数据平台的主题分类汇总与多层指标体系相结合，构建高效的索引查询引擎。通过对底层数据进行二级分区，建立索引的方式，首先找到分区数据，再通过查询引擎提交多个并行查询任务，避免全量数据扫描，实现数据快速定位。

（4）机器学习在反洗钱中的应用

反洗钱系统利用用户画像数据，针对客户指标、交易指标进行标准化、离散化处理等，进行进一步的特征加工，形成超高维度的用户特征数据。使用历史积累的可疑案例数据，标注可疑用户，利用机器学习算法，定期抽样、训练、评估得到最优的模型，并将其应用于反洗钱可疑交易监测中。

（二）征信报送

1. 征信报送系统的特点及难点

中国人民银行征信系统全面收集企业与个人的全生命周期信贷业务信息，为金融机构提供可靠的信用风险服务，促进信贷市场的发展。

中国人民银行征信中心要求，金融机构需要在各类信贷数据采集时点的日终生成相应的数据，并于次日上报中国人民银行征信系统，即“T+1”报送。

随着金融业务的发展，金融机构信贷业务量也随之增加，信贷产品的上线速度越来越快，业务形态也趋于复杂。监管机构对于报送时效的更高要求，促使征信报送系统采用更高效的方式，及时准确地采集并上报客户信贷业务信息，满足中国人民银行征信系统报送要求。

2. 征信报送系统的应用

基于 Hadoop 分布式架构搭建的统一监管数据平台可以很好地解决征信报送所遇到的难点。按照征信报送规范要求建立信贷业务数据主题，通过大数据平台采集上游业务系统中的信贷业务数据、客户数据，在数据主题层统一进行数据的校验、整合、加工，减少征信报送系统的数据计算工作量，及时发现业务系统数据问题，满足征信报送“T+1”的时效要求。

在数据清洗层对信贷系统业务数据进行准入校验和清洗，对不符合校验规范要求的数据及时生成数据质量报告，反馈给关注人及时处理，避免在征信报送系统加工完成后发现数据问题，影响报送的时效。将不同系统不同设计规范的业务数据，在数据清洗层按统一的标准进行清洗，减少征信报送系统的计算工作量。

主题层整合不同信贷系统的业务数据，屏蔽不同信贷系统之间的差异，加工出符合征信要求的信贷主题数据，如授信、借据、还款计划、还款明细等，可以支持信贷系统的新产品、新需求快速迭代上线，屏蔽新需求对征信报送系统的影响，满足新产品上线“T+1”报送时效要求。

对于征信报告中复杂指标的计算，采用 Hadoop 流式计算技术，运用计算引擎，先计算出基础指标，再通过基础指标加工出派生指标，以达到快速生成报文的目的，满足合规数据报送的时效性要求。

金融机构通常要向多个不同职能金融监管部门报送不同结构、不同统计维度的合规数据。随着金融业务的发展，数据量的增加，以及监管力度逐渐加大，金融机构的合规成本提高。

近年来，大数据技术、AI 技术在包括监管科技在内的多个领域得到快速发展与广泛应用，并在落地实践中取得积极成效。未来，相信区块链、云计算等技术也会逐步运用到监管与合规场景中，为监管与合规提供全面、精准的数据分析与相关服务。

运用前沿科技为监管与合规工作赋能，有助于进一步提高监管效率、降低合规成本，并日渐成为监管领域的重要发展趋势。

（三）蚂蚁金服监管合规平台实践

蚂蚁金服经过几年的探索和实践，形成了一套集大数据采集、处理、分析、服务能力于一体的合规管理方案和落地平台。平台主要包括四部分内容。

1. 大数据精准计算：分布式计算基础架构

蚂蚁金服采用的是一套分布式金融交易架构与技术体系，从 2005 年每秒处理 1 笔交易，到 2016 年“双十一”每秒处理 12 万笔交易，经历了每年大促考验。在分布式架构下，就传统的数据管理方式而言，由于数据实时性要求高、容量大以及数据类型多样，在分析上除了静态数据以外，还要关注动态数据处理，保证数据质量可靠，信息数据一致、准确和完整，缺失一条数据都会引起整体钩稽校检不通过。为达成这一目标，蚂蚁金服技术团队强化多项分布式计算架构能力，主要包括两大部分。

一是可靠的数据关联建模。蚂蚁金服的数据包括客户、商家、支付、订单等不同类型，业务关联关系复杂。为此，蚂蚁金服技术团队构建了一套关系连接技术，将动态数据与离散系统的连接通过结构化建模语言形成基础元数据，沉淀到一个细粒度化且易于扩展的安全性模型中。支持其与现有系统、各应用程序、存储库集成，并保证主数据信息同步准确。同时，通过数据质量保障平台快速部署数据核对、运算异动分析规则，连接上下游数据关系保障一致性。通过数据关联技术又可以反向提高数据质量，建立信息架构标准；通过信息架构标准治理，为各个信息环节建立一套标准的沟通语言。

二是分布式计算技术。为实现稳定、高效的数据处理，蚂蚁金服自主研发建立了一套具有弹性混合云架构的分布式计算平台。其具有丰富的计算能力，包括大数据分布式计算平台 ODPS、实时分布式计算平台 Kepler、分布式图计算数据库及平台 Geabase 等；其具备对数百 PB 级的数据进行分布式处理的能力，并在计算处理时进行语义、逻辑层面的验证，将计算结果输出到在线分布式数据库 OceanBase、关系型数据库 MySQL 或 KV 数据库 HBase 等数据库中。其在保留计算结果的同时，通过大数据分析，保持对静态明细数据血缘的追溯；同时强化数据完全一致性、多流 Join 以及实时迭代计算能力，只需要通过配置即可完成业务逻辑，做到单条数据计算毫秒级响应。另外，自研的分布式图数据库和图计算平台，在解决超大规模复杂关系网络进行高并发和低延时的读写及分析时，支持百亿条节点、万亿条边的规模，并支持二度扩展。

2. 智能指标库：专家经验及智能模型

指标是一种广泛的数据应用技术。经过多年实践，积累吸收借鉴专家经验，蚂蚁金服沉淀出一套指标管理标准和落地平台，每个指标代表某类业务特征的一个点，多级指标体系或指标大盘把点结成网，形成指标图谱，而每个点通过数据资产指标化，将信息供应链中信息节点，提炼成数据资产管理起来，探查到具体风险的诱因。当新业务的变化或者业务发生异动时，指标上会发生微观反应，可以根据分解更细维度指标，进一步发现异动发生的源头和特征，并结合模型和算法进行智能异动分析。智能指标库效果示意见图 3。

3. 关系网络：全业务信息图谱

关系网络涉及资金、人际、媒介等多种关系网络特征。蚂蚁金服建立了大数据的分类信息库标准，通过实施完善的元数据管理，将数据划分为若干主题域，用以管理用户、商户、机构、合约信息、订单信息、交易信

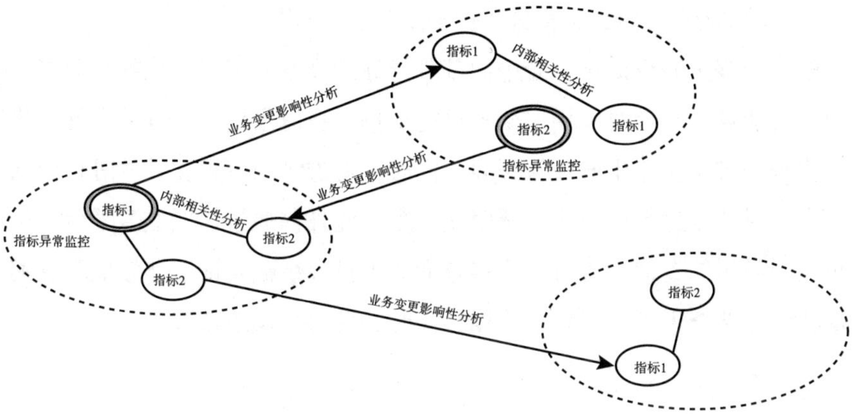

图3　智能指标库效果示意

息、资金信息等各维度数据核心资产，并沉淀关系网络开放服务能力，在风控、反洗钱 CSI 中识别潜在风险和新领域风险。关系网络产品效果示意见图 4。

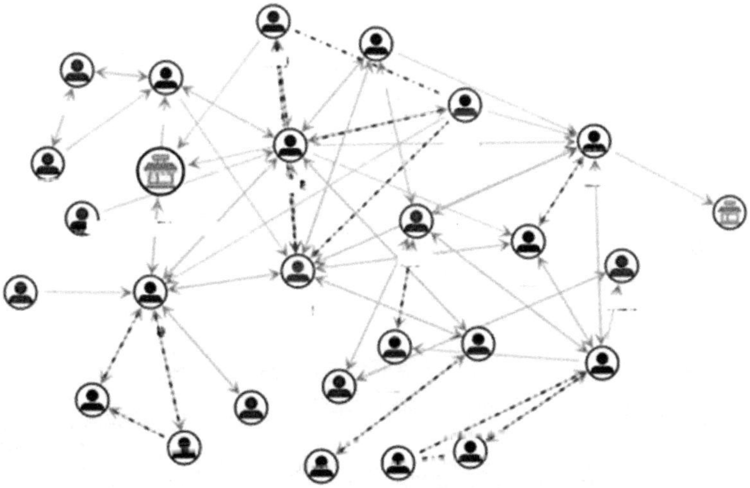

图4　关系网络产品效果示意

4. 一键式透明监管：监管信息报送自动化及可视化

蚂蚁金服金服沉淀出一套中间基础指标库及基础模型，依托大数据指标平台与智能算法平台对应用层架构进行支撑，将海量信息数据结合指标化定义，实现一键式快速生成监管报表。同时，通过结合可视化技术进行数据分析，实现对数据进行可视化、透明化披露。此外，通过透明监管平台，提供备付金交易明细查询、备付金账户查询、支付宝余额查询、非银监管查询等非现场快速核查工具，实现了远程、实时、随时、快速核查。

B.11
监管科技在风险数据融合分析中的应用

平安壹钱包课题组*

摘　要： 本报告从理论上分析了监管科技在风险数据融合分析中的应用背景及解决的痛点，将数据融合分析中的“UK 情报环”应用于支付行业交易风险管理中，分析讨论交易前、中、后环节应用数据融合分析的框架及实现路径。最后结合具体案例，介绍了监管科技在反欺诈、商户风险管理、反洗钱、系统异常监控等环节中的应用。

关键词： 数据融合　深度学习　孤立森林　聚类

一　应用背景及解决的痛点

（一）监管科技应用于风险数据融合分析的背景

监管科技作为近几年开始兴起的金融合规概念，被普遍认为是金融科技的子集。监管科技包括监管和合规双层含义，其本质是通过科技赋能金融监管改革，助力监管机构优化监管方式，帮助金融机构降低合规成本，平衡监管与创新，最终实现金融业平稳健康发展的目标。其核心在于运用科技手

---

* 课题组成员：诸寅嘉、王延斌、李志辉、胡怡文、王紫微、朱斌、朱乐琦、胡婷婷、魏翔、潘捷、谢娟霞、王一勋，平安壹钱包电子商务有限公司。

段，服务于监管需求并最终实现提高监管效率的目的。

数据融合也可以被理解为信息融合，多传感器数据融合（Multi-Sensor Data Fusion）的概念最早出现在军事领域，将来自多个不同来源的数据信息进行多层次、多维度的融合处理，目的是可以提高目标识别、身份、战况、威胁等决策评估的准确性。此后，数据融合被更广泛地应用于信号处理、信息学、统计学、人工智能、机器学习等领域。近年来，得益于金融科技、大数据技术的飞速发展，海量的内外部数据被支付机构获取并被应用于交易行为的风险控制中，风险数据融合分析成为支付交易风险管理的新兴应用方向。

将监管科技运用到风险数据融合分析，通过风险交易数据的获取、整合及决策建模，可以有效提升监控效率，借助大数据、深度学习模型以及生物识别技术覆盖交易前、中、后整个过程，实现异常交易行为的及时发现和实时拦截，并通过后期数据分析完善交易监控平台。

1. 支付行业面临的主要风险

探讨监管科技在风险数据融合分析的应用，首先需要了解支付行业交易过程中面临哪些风险。支付行业面临的主要风险包括欺诈风险、洗钱及恐怖融资风险、技术风险三个类型。这些风险类型从客户面、商户面两个角度出发，涵盖了支付行业风险控制需解决的主要问题。

（1）欺诈风险

欺诈风险作为支付机构风险控制的重中之重，主要反映 C 端客户的账户风险。随着互联网黑灰产业的日益猖獗，不法分子获取个人信息进行交易、买卖的手段逐渐多样。加之客户对个人信息安全防范意识较弱，最终可能造成无法挽回的经济损失。欺诈风险可表现为以下几种情形。

伪冒申请：客户身份信息和银行卡信息被犯罪分子通过多种渠道获取，并在第三方支付机构进行注册，注册成功后不法分子通过绑卡、交易、转账提现等一系列操作将客户银行卡内资金占为己有，实现盗取客户账户资金的目的。

账户盗用：伪冒分子通过多种不法手段，直接获取客户的个人身份信息以及常用的注册、支付密码，进而直接盗取客户的第三方支付账户，并将支付账户及绑定银行卡中的资金进行非法转移，同样能够实现盗取客户账户资金的目的。

电信网络诈骗：又称“虚假信息诈骗”、“通信诈骗”或“网络诈骗”，也俗称“钓鱼诈骗”，是指犯罪分子以非法占有他人财物为目的，利用手机、小灵通、固定电话、VOIP电话、互联网等通信工具，采取虚构事实或者隐瞒事实真相的方法，骗取较大数额公私财物的行为。不法分子通常冒充他人或仿冒各种合法形式达到欺骗的目的，如冒充公检法、银行工作人员等，伪造和冒充招工、刷单、贷款、手机定位等各种形式进行诈骗。电信诈骗由于客户本人操作的特性，逐渐成为近几年金融和支付机构风险防控的重点和难点，中国人民银行等监管机构近几年不断出台针对网络电信诈骗风险管理的要求（如银发〔2016〕261号文、银发〔2016〕170号文等），切实打击电信网络诈骗犯罪

支付账户作弊：通过接码平台、发码平台、猫池养卡等一系列新兴的技术手段，通过短时间内注册、操纵海量虚假支付账户的方式套取支付机构营销活动费用，最终造成支付机构经济损失。

（2）洗钱及恐怖融资风险

涉及法律合规风险的犯罪行为暂未给用户、商户或支付机构带来直接的经济损失，但由于对社会稳定和安全造成巨大隐患，扰乱正常的经济秩序或产生不良社会影响，其仍然是支付机构风险防范的重点，本报告所述的法律合规风险主要包括洗钱风险、恐怖融资风险两类。

洗钱风险：第三方支付洗钱是指不法分子利用电子商务和第三方支付本身的特点和漏洞来掩饰、隐瞒或转移走私、贩毒、贪污、受贿等犯罪所得，使其形式上合法的行为。由于互联网金融支付在全球范围内不会受到时间、地域的限制，而且交易链路的复杂程度、隐蔽程度相对较高，犯罪分子容易利用此类渠道进行洗钱活动。通过支付机构的支付通道进行洗钱活动，不仅会助长非法融资、金融贪污腐败、国际经济犯罪等违法犯罪行为，也极大地破坏了我国经济金融市场的稳定。及时发现、监控反洗钱活动，追查并没收犯罪所得，遏制洗钱犯罪及其上游犯罪，极大地保障了经济安全，维护社会

稳定，消除潜在金融风险和法律风险，维护国家的良好国际形象。

恐怖融资风险：我国《金融机构报告涉嫌恐怖融资的可疑交易管理办法》（中国人民银行令〔2007〕第1号）第二条规定：“本办法所称的恐怖融资是指下列行为：（一）恐怖组织、恐怖分子募集、占有、使用资金或者其他形式财产。（二）以资金或者其他形式财产协助恐怖组织、恐怖分子以及恐怖主义、恐怖活动犯罪。（三）为恐怖主义和实施恐怖活动犯罪占有、使用以及募集资金或者其他形式财产。（四）为恐怖组织、恐怖分子占有、使用以及募集资金或者其他形式财产。”同洗钱活动相似，犯罪分子容易利用支付机构通道接口或通过虚假商户进行犯罪活动。有效防范恐怖融资风险，不仅是监管机构对金融机构、支付机构的要求，同样也是机构遵守法律法规、履行反恐怖融资的义务所在。

（4）技术风险

交易高峰时的数据量激增，会对风控系统的交易规则引擎带来性能压力。当金融机构、支付机构的交易吞吐量达到一定程度时，交易侦测引擎的处理效率瓶颈必将成为急需解决的一项技术难题。

2. 黑色产业链日臻成熟

近几年，伴随着互联网金融的迅猛发展，互联网黑灰产业已形成了众多团伙化、自动化、配合严密的产业链条，伪装成公检法等权力机关进行网络电信诈骗，或伪装成正常的业务请求蚕食着企业的营销利益。随着互联网黑灰产业逐渐演变出越来越多可复制的运作模型，客户资金面临极大风险，业务安全问题日渐凸显。黑色产业链的特点可以集中归纳为团伙产业化、技术专业化、手段隐蔽化。

（1）团伙产业化

黑灰产业已经形成一套完整的产业链，并非某个不法分子的单打独斗。在一个典型的营销牟利团伙中，可能包括编写黑产工具的开发者、批量出售虚假账号给刷量工作室的“号商”；“刷量工作室”进行批量注册或参与营销活动，套取机构营销费用。以一个电信诈骗团伙为例，组织内部有专门的分工，包括获取客户资料、真实公民信息卖给金主的“菜商”，获取客户身份信息进行银行卡开户的“卡农”，编造剧本伪装成公检法人员与受害者进行通话的“话务员”，将骗取的赃款进行转移的“水房”以及最终提现的“车手”。整个黑色产业链上下游紧密协作配合，形成巨大的关系网，对企业营销资金、客户账户资金进行套取和诈骗。

（2）技术专业化

为了通过非法手段获取电商平台的营销资金，单个账户通常难以形成规模效应。不法分子通过使用接码平台、猫池、群控平台等一系列的专业化、自动化工具实现大规模的批量注册、批量交易。往往在黑产团伙完成攻击之后，支付公司或电商平台才可能发现问题，此时损失已经造成且无法挽回。

（3）手段隐蔽化

为了避免被金融机构、支付机构的风控系统捕获，黑灰产业的犯罪分子通常会使用更隐蔽的方式转移资金、获取营销产品。例如，在电信诈骗团伙中，“水房”会将资金拆分流向多个二级卡、三级卡，“车手”取现也会戴着头盔、口罩、墨镜，骑着无牌摩托车到地处偏僻、监控设施缺乏的 ATM 取现。在套取电商平台营销费用的黑灰产团伙中，通常会雇用网络水军分散下单，再运用暗号等方式将货物运送到集中地点，给金融支付机构及电商平台的风控工作带来极大难度。

3. 监管合规要求不断完善

为应对金融欺诈、反洗钱与反恐怖融资数量迅速增长，国家相关部委、金融监管机构多次发文，加强对金融机构、支付机构的监管。例如，为防范电信诈骗违法犯罪行为发布的银发〔2016〕261 号文《中国人民银行关于加强支付结算管理防范电信网络新型违法犯罪有关事项的通知》，明确强化支付信息的安全管理，加大银行卡、支付机构互联网交易风险防控力度，加强账户实名制管理。银办法〔2016〕222 号文《中国人民银行办公厅关于印发〈网络支付报文结构及要素技术规范（V1.0）〉的通知》中，也进一步明确网络支付交易信息的真实性、完整性、可追溯性以及在支付全流程中的一致性。多项监管发文的出台，预示着监管机构对于交易行为风险防控的监管提升至前所未有的高度。

4. 风险数据融合分析在防范支付风险中发挥的重要作用

风险数据融合分析能够将多渠道、多元化、多维度的纷繁数据统筹处理、去伪存真，将不同来源的数据进一步处理，最终为交易监控决策提供依据。这无论是在传统银行还是第三方支付机构，都是风险控制中的核心一环。通过风险数据融合分析，金融、支付机构能够及时发现欺诈风险，防范电信诈骗、账户盗用等C端账户风险，也可以及时发现商户交易行为异常，在进件环节遗漏的风险商户可以在交易环节中及时侦测并清退。同时，风险数据融合分析也是防范洗钱、恐怖融资风险工作中的重要技术方法。

运用数据融合分析框架对支付交易进行实时、精准、高效的监控，不仅是监管机构对金融支付机构的要求，还是金融、支付机构为保障客户财产安全、避免资金损失、防范交易风险而必不可少的风控环节。

（二）传统支付行业风控规则体系的痛点

在外部风险控制形势日趋严峻的情况下，交易行为的风险控制同样面临诸多内在问题，主要体现在交易风险管理的“信息孤岛”问题严重、传统风控规则体系难以发现风险、传统风控规则体系难以做到及时响应三个方面。

1. 交易风险管理的“数据孤岛”问题严重

支付行业各个公司内部均存储了海量的客户行为数据、交易数据、黑名单、第三方公司征信数据等通过各种渠道获取的数据，但由于各个公司乃至公司内部之间存在的竞争、孤立关系，信息不透明、不对称。数据无法共享，或是同一个数据在不同业务单位解释逻辑不同，都会导致支付公司交易欺诈风险提升、反洗钱难度增大。打破“数据孤岛”才能解决信息不对称和信息获取不及时的问题。

2. 传统风控规则体系难以及时发现风险

传统风控规则体系仅能识别已知的交易风险，通过提炼规则进行部署，无法防范未知风险，面对交易量逐渐增大、业务品类逐渐增多的支付市场，传统风控系统将面临诸多挑战。

（1）商户违规经营难以稽核

风险商户在进件初期可能由于各种原因未被及时拦截，对其仅能通过交易过程中的异常行为进行进一步监控。目前的商户风险主要集中在套现、移机、移码、违法违规以及套取平台营销费用方面。为躲避支付机构的风险监控，商户可能通过隐藏交易真实意图、伪造交易地理位置等各种方式躲避风控系统侦测，给商户违规经营的稽核造成一定难度。

（2）技术风险难以及时发现

支付机构交易终端、交易接口以及网络商户平台均会出现各种漏洞。不法分子利用漏洞窃取客户资金，或挪用支付接口进行违法犯罪活动，甚至某些商户会将通道转借他人，进行非本公司经营范围的交易活动。以上种种情形由于交易支付链路的复杂性，往往无法通过传统支付机构风控手段加以识别。

（3）洗钱手法隐蔽，传统侦测手段无法识别

随着中国互联网电子商务交易规模的迅速扩大，利用互联网的快捷性、隐蔽性进行违法犯罪的行为也开始出现。当前，洗钱行为已经发展为一种重要的国际犯罪行为，为了将非法所得合法化，犯罪分子通过各种手段掩饰、隐瞒其资金的来源和性质，使其在形式上合法。

新型的洗钱手法，可能通过复杂的、多种类多频次的金融交易，逐渐将非法收益与其真实的来源疏离，并尽可能多地进行分拆。这些交易存在多个中间环节，金额、交易时间、交易对手看似表现正常，常规的风控规则无法精准定位可疑交易。

为了识别可疑交易，风控反洗钱运营人员需要投入大量时间成本，对预警数据中的客户信息、交易信息、账户信息进行分析识别，结合一段时间内的其他交易特征，判断客户交易的真实性。风控人员在可以进行交易分析的全过程，高度依赖系统数据的准确性，因此风控系统的反洗钱模块更需要拥有海量交易数据的精准分析能力。

3. 传统风控规则体系难以做到及时响应

针对各种交易风险，外部黑产猖獗以及监管机构的合规要求逐渐升级，

传统支付机构风险管理系统难以对风险进行有效及时的应对。

首先，基于传统规则引擎的风险管理系统在处理海量的交易数据、交易规则时，可能出现维护困难的问题，随着风险形势逐渐复杂，几十条甚至几百条交易监控规则可能会互相掣肘、相互作用。如何对海量数据、规则进行管理、上下线、分析将成为亟待解决的问题。

其次，传统的支付机构风险管理系统存在严重的反应滞后问题，通常仅能在 N+1 笔甚至 N+N 笔交易之后，开始介入并加以拦截，此时客户账户资金已被不法分子成功转移。在风险交易发生的第一时间实施拦截，成为智能风控系统更新换代的主要目标。

二　应用框架及实现路径

（一）风险数据融合分析的理论基础

对于从信息源直接的关系入手探讨数据融合的类型，学者们从信息融合的抽象层次来看，可以把融合划分为数据层融合、特征层融合及决策层融合。数据层融合面向同类型不同来源的数据，因此数据间的融合机制通常为竞争型。特征层融合是一种中等水平的融合类型，机制有竞争型、互补型与合作型三种，其介于数据层融合和决策层融合之间。决策层融合被认为是最高水平的融合，在这一级别中，操作对象为规则或知识，可能依靠人们对特征的关系和意思的解释，是一种更符合通识理解的融合形式。本报告所探讨的风险数据融合涉及多重数据来源的整合、重构、决策分析，可以认为其是决策层融合。

近 20 年来，学者们提出了多种多样的信息融合模型，本报告将 UK 情报环模型应用于支付机构风险管理中，探讨交易风控中的数据融合闭环（见图 1）。

UK 情报环将数据处理划分为四个阶段，每个阶段环环相扣，最终形成一个闭环。采集过程是交易前的行为数据、设备参数、外部数据等多来源的数据收集过程；整理过程是风控系统对多维度原始数据的预处理和再计算，实现数据的标准化处理和特征数据的提取；评估过程也被理解为风控系统的核心大脑，通过规则模型引擎实现每笔交易的实时决策，并将决策结果反馈至交易源头，在无法识别交易准确性的情况下通过人工、生物识别等二次验证方式判断交易真实性，同时将最终的交易结果反馈至后台；分发过程涉及交易后的案件、反查处理及数据模型分析反馈。规则模型的优化最终反哺交易数据采集，形成风险管理的情报环。

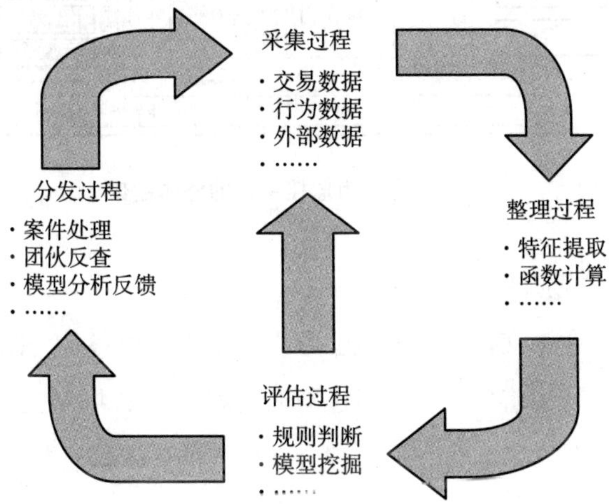

图1 UK 情报环在风险数据融合分析中的应用

（二）数据融合"情报环"应用与交易风控的整体框架

上文中谈到的数据融合分析的 UK 情报环，可以应用于支付机构交易行为监控的整个链路中。风控系统需覆盖交易前、交易中、交易后的全交易流程，对交易的各个环节进行实时监控并反馈跟进。系统根据规则、模型发现异常交易后，根据风险等级进行判断，或对异常交易实时阻断，或对疑问交易人工二次确认，并对最终发生的案件进行调查，反馈优化规则模型。图 2 为交易行为监控平台的整体框架。

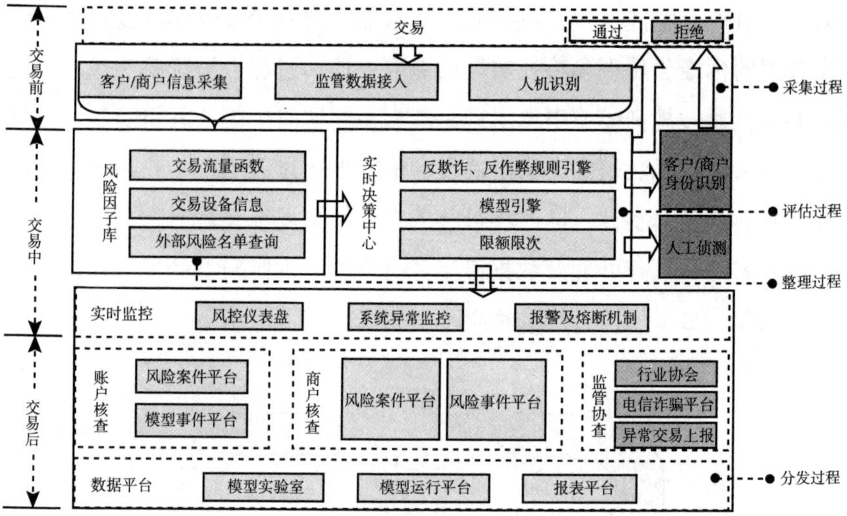

图 2　交易行为监控平台的整体框架

1. 采集——交易前多角度监控

在交易前，金融支付机构的风险管理平台需通过各种手段采集客户、商户的交易信息、行为信息，同时通过与监管机构的数据对接，获取黑名单、违法失信企业或个人名单等数据，综合获取到的各项信息判断支付账户真实性。

2. 整理评估——交易中多方式干预

在交易进行中期，结合内外部获取的海量交易、行为数据，通过大数据计算流量函数、设备信息等风险因子，将大量风险因子信息投喂到实时决策中心。在实时决策中心中，结合模型、规则、限额限次等风控手段对每笔交易进行实时监控，发现风险交易后，运用实时干预 + 人工交易监控的方式完成风险交易的进一步确认，对风险交易直接中止，对可疑交易二次确认，实现实时防范交易风险的目的。

与此同时，交易数据还可通过风控仪表盘、系统异常交易监控等大屏数据实时反馈给风控人员进行辅助判断，使其遇到批量交易问题能够及时熔断，实现交易侦测、二次打扰验证与交易状态畅通的动态平衡。

3. 分发——交易后多渠道调查

在交易后期，针对实际出现客户账户损失或商户交易异常的交易事件展开调查。通过客户、商户的交易反查，调查出其他疑问交易和风险账户、风险商户，并结合案件情况进行分析总结，保证交易监控规则、模型覆盖最新欺诈、洗钱等犯罪行为，通过数据平台分析交易统计数据，实现风险用户和商户的深度挖掘。

（三）实现路径

风险数据融合分析“情报环”的实现离不开数据的采集、策略引擎的计算输出、多种识别方式确认交易真实性以及引入智能分析技术提升风险侦测能力。

1. 搭建实时采集通道，整合内、外部数据

在数据融合“情报环”的采集阶段，需要获取大量内外部数据进行综合风险判断。外部数据包括监管机构提供的各种黑、灰名单，通过第三方数据厂商提供的 IP、手机号等异常名单、运营商数据等。内部数据包括客户交易数据、设备数据、行为数据以及商户数据等。内外部数据结合使用才能为决策引擎及模型构建提供更多关键信息。

2. 搭建实时交易侦测系统，实时侦测风险交易

实时交易侦测系统是数据融合情报环“整理”“评估”的主要组成部分。通过构建强大的交易侦测系统，内外部数据、风险因子库提供决策依据，运用规则、模型作为“风控大脑”对每笔交易进行实时风险判断，根据监测结果输出通过、拒绝或二次验证的反馈，由决策平台输出动码、密码、人脸识别等验证项以对交易真实性进行二次验证，或由风控人员外呼客户进行交易的再次确认。当风险过高时亦可实现交易的直接拒绝。

完善强大的实时交易侦测系统可以提升对海量数据毫秒级的处理效率，高效监控交易链路的正常运作，及时发现风险并进行精准打击。

3. 引入智能分析技术，提升风险侦测能力

引入智能的分析技术是数据融合分析情报环的“分发”环节，该环节

对实际发生的欺诈案件进行深入分析，并将分析结果分发至决策引擎进行反哺。通过强大的大数据计算能力和新型人工智能技术，实现海量交易数据的分析，通过典型案例分析犯罪分子或问题商户的共性，并提炼关键规则信息、模型优化信息反哺交易侦测系统，实现交易风险监控的良性循环。

与此同时，支付机构需同步推进交易数据与监管机构的对接。监管科技的实施，尤其是在建立统一数据平台后，使监管机构可以全局掌握支付行业的全部数据，有助于构建跨机构、全行业的反欺诈模型，指导成员机构进一步做好欺诈风险防范工作，共享成员机构间的风险数据信息，进一步提高数据利用价值。远期来看，在确保信息安全的前提下，监管机构还可以将脱敏后的数据开放使用，在统一数据平台上构建一套风险数据开放平台，进一步提高成员机构间的数据共享价值。

三　典型应用案例

近年来，国内支付领域的高速发展依赖于信息技术不断探索与应用，随着市场的快速拓展、业务品类的不断丰富，支付公司内部系统复杂度也越来越高。平安壹钱包作为一家科技背景浓厚的第三方支付公司，在内外部环境快速迭代过程中，不断运用科技力量贯彻落实监管要求，运用数据融合分析进行交易风险管理，保障客户资金安全，控制商户风险。

（一）壹钱包智能风控系统在反欺诈领域的应用

壹钱包智能风控系统实现了风险交易的实时侦测。在交易前对用户端的运行环境进行风险检测、设备指纹识别及各类行为数据采集；通过大数据模型实时分析欺诈风险概率，并基于风险级别自动决策，通过人脸、指纹等生物识别技术以及手机动态验证码等动态验证方式针对高风险交易和账户直接在线确认身份，避免对正常用户造成干扰，提升用户体验和交易成功率；在交易后自动产生高风险交易事件以供风险监控人员评估，综合关系网络分析实现欺诈团伙的甄别。

1. 多维度内外部交易数据积累

壹钱包智能风控系统突破了传统风险控制中仅通过单一维度进行风险识别的局限。通过持续分析近年来多变的欺诈手法和案件，实现了多重维度的数据匹配，这可以被看作数据层的融合。结合终端设备指纹、手机 SIM 卡、身份证、银行卡及操作环境归属地、手机越狱异常等静态信息，叠加社交网络、人机操作识别、操作及交易行为的频率、金额变化等动态信息，建立起多层次、多维度、多场景的风控模型体系。

内部数据积累

壹钱包业务品类相对复杂，数据存储在不同的业务系统中，为快速整合数据同时保证高效交易处理能力，采取了 OGG 数据库日志同步、WebService、HTTP + JSON、MQ 等技术实现上游系统数据实时收集。利用 Storm 的流式处理技术完成实时消息处理、风控因子实时计算。运用 Redis 内存数据库技术对常用决策数据进行存储及查询，实现海量数据的高效率存储、高并发读写。采用图数据库技术实现海量数据实时关联分析查询。通过以上方式实现交易风险的毫秒级侦测和大交易量下的系统稳定性和高可用性。

外部数据整合

目前市场上各家电商、支付公司分别掌握着各自的风险数据，缺乏行业间信息互通，无法及时识别风险。平安集团已开始牵头汇总旗下各子公司的风险数据，形成集团内共享的风险信息平台，实现集团内信息互联互通、风险联防联控。

2. 多手段身份识别

交易行为监控的过程中同样离不开各种手段识别客户身份，只有这样才能对可疑风险交易进行阻拦、防范。壹钱包智能风控系统除了通过传统的身份证、银行卡号、交易密码等静态方式验证客户身份真实性外，还积极引入了人脸、声纹、指纹等不易被篡改的生物识别方式辅助识别客户真实性。当客户在壹钱包内的操作行为、交易过程出现风险时，决策引擎将根据风险系统侦测到的风险程度适时唤起不同的身份识别组合方式，识别风险交易、行为，防范资金损失。

3. 多场景模型覆盖

为了实现全交易流程监控，壹钱包运用深度挖掘、机器学习等方法建立精准的风控模型和规则策略用以识别风险特征，实现风险的事先预测和实时处置。同时，采用大数据流式计算技术建设实时规则引擎，从交易的完整性、一致性、幂等性等维度进行实时监控，能够及时发现异常情况。这是风险数据融合最核心的大脑。

目前已部署的模型包括账户评分模型、可信行为模型、聚类模型、社会网络模型、星网关联性模型等，可对用户复杂的行为进行有效区分。这些模型通过模型平台统一管理，实现底层存储、变量加工、模型拟合、模型评估、模型上线、自动迭代等功能。同时应用决策树、随机森林等方法不断训练提升模型精度。从效果上看，大数据模型对 IP、设备等容易被篡改的信息的依赖性更低，识别精度更高，更新迭代更加智能。

4. 多渠道事后监控

壹钱包智能风控体系发现的风险交易，一方面产生风险案件由风控人员介入展开深入调查，另一方面也会在风控数据实时监控仪表盘进行监测。

在可视化的风控数据实时监控仪表盘中，通过风险热力图、模型规则运行效率、业务交易量异动分析、系统异常监控等多个维度实时预警风险。除了在监控大屏上预警风险外，还将异常情况通过邮件、短消息等方式实时发送给管理人员，确保第一时间对异常情况进行处理。此外，通过参数设定，可对异常业务进行先行熔断，在确保业务交易正常进行的同时，为风险管理决策提供全面的数据支持。

分布式流式计算平台被应用于壹钱包智能风控系统的反欺诈模块，它拥有高性能实时运算能力和类线性性能扩展能力，日处理能力可达 1 亿笔，交易平均响应时间为 80 毫秒。系统上线以来，应用在互联网商城消费、转账、理财、保险、营销活动等各类业务场景中服务超 1.25 亿个用户，每月对超亿笔交易进行实时判断，保障业务有序开展。

目前，壹钱包欺诈资金损失率控制在千万分之级别，处于全行业最低水平，营销活动水军识别覆盖率超过 90%。在达成风险控制的目标的同时，极大地降低了对正常用户的干扰程度，干扰率控制在十万分之级别。

（二）壹钱包智能风控系统在商户违规经营稽核方面的应用

除了面对 C 端客户的风险交易监控外，壹钱包智能风控系统同样服务于 B 端的商户风险监控。由于商户业务类型多样且复杂，交易风险监控同样存在极大挑战。面对这些挑战，智能风控系统建立的规则引擎和模型体系，能够对商户风险进行全方位覆盖，有效保障商户端风险的侦测稽核。

壹钱包商户主要分为线上商城商户和互联网收单商户，本部分将分别从这两个维度介绍智能风控系统在商户违规经营稽核方面的应用。

1. 线上商城商户风险管理

（1）商品审核环节

壹钱包商圈业务包括自营和入驻两部分。随着商城产品逐渐丰富和多样化，防范黄赌毒及虚假广告成为商户风控的重要一环。过去通过人工方式逐一进行排查需要消耗大量人力，且审核时间偏长，无法满足快速发展的业务需求。壹钱包运用大数据搜索引擎，构建商品风险数据库，采用关键字及图片识别技术对商城所有商家商品进行自动的机器搜索，对匹配到的问题商品及时分析下架，在风险敞口可控的同时解决了时效问题。

应用大数据风控搜索引擎后，商城审核效率提升 1500%，单个商品排查时间由 5 分钟缩短至 20 秒，全站商品排查覆盖率可达到 100%，违禁词的抓取准确率接近 100%。

（2）交易环节

在交易层面，商城入驻商户与黄牛勾结套取平台营销奖励是日常监测中非常值得关注的风险之一。智能风控系统运用 Neo4j 图数据库技术，针对可疑商户、账户、设备号、拓展人员等多维度实时反向查询。在定位到单个风险商户或异常交易的同时，通过反向查询迅速定位与之有关的可疑商户、客户。通过图形直观、迅速定位风险团伙，实时拦截黄牛、水军等风险用户，实现风险团伙秒级搜索并实时批量处置，对勾结商户进行警告、降额、清退等处罚。壹钱包商户风险实时反查平台示意见图 3。

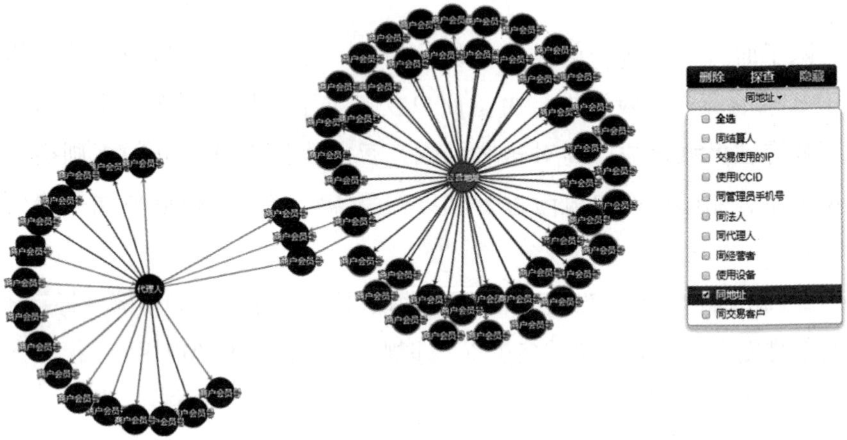

图 3　壹钱包商户风险实时反查平台示意

2. 互联网收单商户风险管理

对于互联网收单业务，难点在于交易的真实性难以判断。壹钱包智能风控系统在准入环节建立“了解你的客户”的信息体系，在交易环节搭建智能规则引擎和模型体系，运用数据融合的原理可以对商户风险进行全方位监测。

（1）规则引擎的应用

规则引擎的特点为及时、高效、准确率高，通过对风险交易进行实时阻断，有效地保障了客户利益。规则引擎主要从以下维度进行管控：

① 大额交易，与商户收单场景不匹配；

② 异常时间段交易；

③ 单卡多笔交易；

④ 整数笔交易；

⑤ 交易异常波动等。

（2）风控模型的应用

规则引擎对已知的、规律明确的风险识别较为精准，针对未知的风险则需通过模型算法进行识别。壹钱包智能模型综合考虑商户的特征、交易特点、交易对手特征等，对商户风险进行评级，同时利用历史数据设定风险阈值，对超过风险阈值的商户及时进行人工复核，根据人工复核的结果信息反馈模型的真实性，不断优化模型。商户评分卡的建立，避免了对击中单一规则的商户进行后续调查，正确率提高了50%，同时节省40%以上的人力。

下文将以风险数据融合决策环节的接口挪用模型为例，对壹钱包风控模型应用进行简要阐述。

接口挪用是银行卡收单的主要风险之一，主要体现在两个方面：一是商户将支付接口应用到非报备场景；二是商户将支付接口外放给第三方非法商户。此类风险一旦未能及时侦测管控，必将造成大量违法交易的产生，不仅会被监管机构问责，亦将对公司的声誉产生负面影响。由于此类风险涉及的信息量少，不具备使用监督模型进行风险控制的条件，我们采用无监督学习的孤立森林（Isolation Forest）检测具有异常交易的商户。

孤立森林是一种高效的异常检测算法，常应用于网络安全中的攻击检测和流量异常分析等。异常通常具备两个特点：第一，只占很小比例；第二，异常数据特征值和正常数据差别很大。

孤立森林的算法如下。

① 随机选择样本的一个特征，如交易金额，并随机选择该特征取值范围中的一个值，如10000，对样本集进行二叉划分。

② 迭代随机选择变量和取值，直到数据集只有一条记录达到了树的限定高度，生成一棵Isolation Tree。

③ 迭代生成多棵Isolation Tree，在生成Isolation Forest预测时，融合多棵树的结果，形成最终预测结果。

使用孤立森林算法无须数据处理，其运行速率高，能够高效及时地对风险商户进行预警。孤独森林示意见图 4。

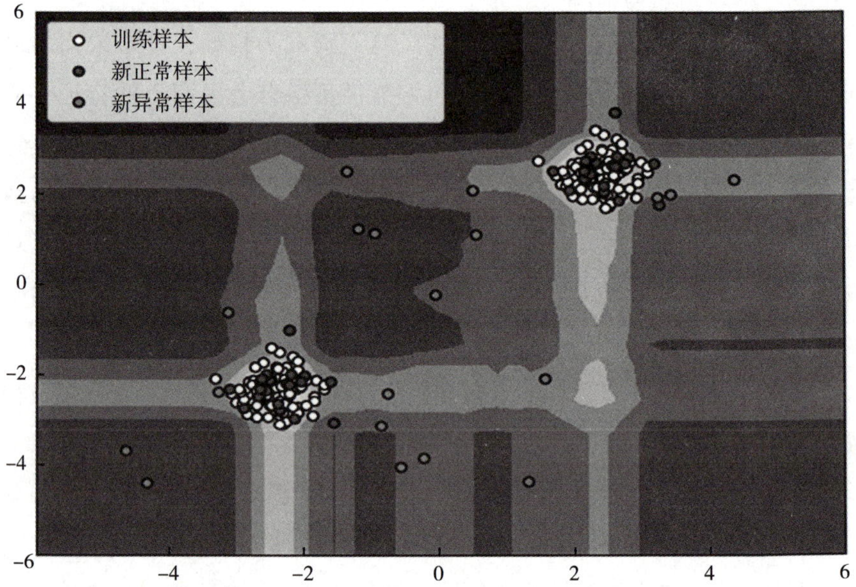

图 4　孤立森林示意

资料来源：https：//scikit - learn. org/stable/auto_ examples/ensemble/plot_ isolation_ forest. html。

此外，壹钱包智能风控系统也在多个场景应用了专家模型的方法。专家模型可以及时根据最新风险特征进行调整，灵活性相对较高。

（三）壹钱包智能风控系统在反洗钱方面的应用

随着第三方支付业务的蓬勃发展，其交易的隐蔽性及复杂性，使越来越多的金融犯罪分子有机可乘。近年来，监管机构对支付机构有效履行反洗钱、反恐怖融资、反逃税（“三反”）义务的监督力度不断加大，壹钱包在反洗钱和反恐怖融资合规工作上的投入力度也越来越大。

1. 全面智能反洗钱模块

壹钱包依托平安集团搭建了全面智能反洗钱管理模块，并将其应用于壹钱包智能风控系统，这是风险数据融合分析在反洗钱方面的一个重要应用场景，包括身份校验实人认证功能、信息校验认证、名单筛查引擎、受益所有人智能穿透识别、洗钱风险智能评估、反洗钱监管动态监测。在此基础上结合集团建立的风险监测门户系统，对模型运营监测、风险监测动态等事项进行全面监控。

（1）信息校验认证工具

通过录入客户身份信息要素，自动返回数据库比对结果，有效校验客户留存的信息是否与各专业公司留存信息一致。

（2）受益所有人智能穿透识别工具

受益所有人智能穿透识别工具通过 AI 技术和大数据技术，深度挖掘企业复杂股权结构，建立受益所有人计算模型，自动进行受益所有人识别。工具支持 Web 版实时查询和标准 API 接口查询，已应用于壹钱包内多个业务场景。

（3）黑名单筛查

智能名单筛查支持黑名单实时扫描、回溯扫描，名单系统解析并落地了多家专业反洗钱数据供应商，包括道琼斯、汤森路透和 Accuity 公司。

（4）模型运营管理看板

对系统可疑交易模型的预警率、有效性分析等指标进行实时监测，有效追踪模型运行有效性。

（5）AI + IRA 智能评估工具

通过设置可视化的智能评估风险看板，自动抓取数据，智能分析，形成智能风险评估报告。

（6）AI + 监管情报分析工具

壹钱包协同平安集团、第三方供应商完成项目数据爬取，设计并完善“反洗钱类监管情报风险热图”的风险看板，及时掌控监管舆情，准确、高效做好相关风险管控。

2. 非法集资模型应用

除了智能的反洗钱系统外，壹钱包也在积极探索大数据模型应用于反洗钱、反恐怖融资工作的可能性，下文将以非法集资模型为例，介绍壹钱包智能风控系统在模型方面的应用成果。

非法集资作为洗钱犯罪的一种形态，不仅涉及范围广，而且危害极大。受害者多数是老人、妇女、下岗工人、离退休人员等，造成的经济损失严重，可能引发群体事件，甚至危害社会稳定。

本着“主动发现，提前预警，打早打小”的防范目标，壹钱包依托自有的交易数据（转账、信用卡还款、话费充值等），利用独立研发的大数据AI计算平台，通过构建复杂关系网络，结合图计算技术、社群划分、文本挖掘等算法，研发出一套非法集资网络侦测模型，通过提取分析客户间的资金交易网络，侦测识别隐藏的非法集资、非法传销群体，在非法行为初步形成网络时实现“主动发现，打早打小”。

模型综合采用无监督学习+监督学习的方法，按照模型训练、模型预测两步走的策略，搭建完整的非法集资网络侦测模型。典型非法集资交易网络示意见图5，疑似非法集资网络示意见图6。

（1）模型训练

实践中，非法集资网络缺乏既定的标记，往往很难批量标记。如果缺少样本标记，则难以构建高效的监督学习模型来侦测识别。壹钱包采用DBSCAN密度聚类算法，从网络图的零出度节点比例、零入度节点比例、度中心性、特征向量中心性、网络深度、PageRank等指标维度建立无监督学习模型，根据社群聚类结果，发现并标记出具备非法集资/非法传销交易网络特征的社群。在此基础上采用Random Forest算法建立监督学习模型，提取网络特征并生成模型文件。

（2）模型预测

模型预测主要基于已生成的模型文件，根据新的交易网具备的网络特征，计算预测该网络属于非法集资或非法传销的概率，同时辅以网络中高危交易的数量及比例。其中，高危交易指交易备注中包含如“股权”“报单”“慈善”“互助”等敏感词语的交易。两者的结合可以显著提高模型的最终准确率。

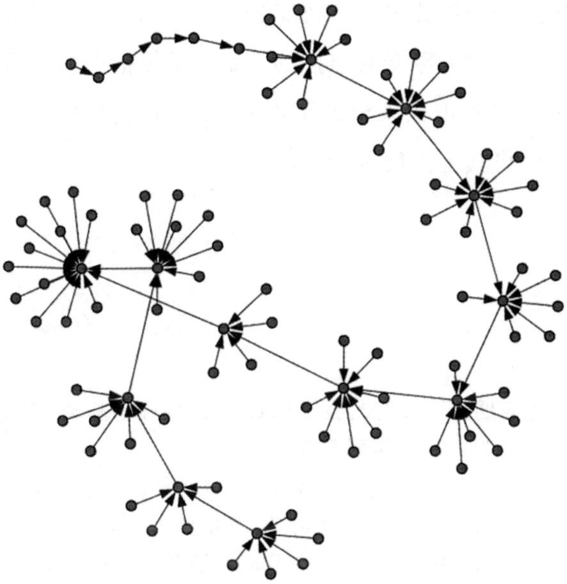

图 5　典型非法集资交易网络示意

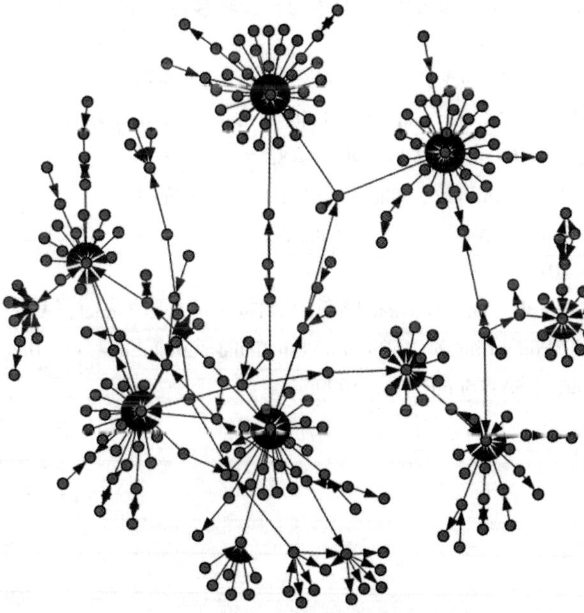

图 6　疑似非法集资网络示意

建立非法集资网络侦测模型，将非法集资网络成员的交易关系集中提炼分析，既能弥补仅针对大额交易监控的不足，又能借助对交易关系的图形化展现，提高反洗钱风险审核人员的工作效率。目前已侦测到“××堂”等多个传销网络并已将其上报反洗钱中心。

参考文献

[1] 尹振涛、范云朋：《监管科技（RegTech）的理论基础、实践应用与发展建议》，《财经法学》2019 年第 3 期。

[2] 于洪、何德牛、王国胤、李劼、谢永芳：《大数据智能决策》，《自动化学报》2019 年 4 月 22 日 10：30：01（网络出版时间）。

[3] 胡建跃、刘浩阳、蔡东庆：《电信诈骗犯罪及打击防范技术研究》，《警察技术》，2016 年第 2 期。

[4] 郭小卉、张盼盼：《第三方支付洗钱风险及防范探析》，《海南金融》2016 年第 10 期。

[5] 童文俊：《论恐怖融资的资金筹集与资金转移》，《区域金融研究》2012 年第 3 期。

[6] Huang Z. R. , Wang P. , Zhang F. , Gao J. X. , Schich M. , “A Mobility Network Approach to Identify and Anticipate Large Crowd Gatherings,” *Transportation Research Part B*：*Methodological*, 2018.

[7] Gravina R. , Alinia P. , Ghasemzadeh H. , Fortino G. , “Multisensor Fusion in Body Sensor Networks：State-of-the-art and Research Challenges,” *Information Fusion*, 2017.

[8] Mark Bedworth, Jane O'Brien Jemity, “The Omnibus Model：A New Model of Data Fusion,” Proceedingsof 1999 Int ernational Conference on Information Fusion, California, USA：Sunnyvale, 1999.

B.12
监管科技在行业风险监测中的应用

行业风险监测课题组*

摘　要： 本报告从理论上分析了监管科技在行业风险监测中的应用背景及解决的痛点，并结合具体案例，探讨了监管科技在行业风险监测中的应用框架及实现路径，即“技术优先：鼓励第三方机构技术支持”、“数据共享：通过监管法规数字化打通行业数据”、“人才保障：建设拥有算法思维的监管人才队伍”及“实现路径——主要技术发展”。

关键词： 证券异常交易账户识别　深圳监管科技系统　大数据金融安全平台　企业贷款风险预警

一　应用背景和解决的痛点

（一）应用背景

近年来，非法金融活动伴随着新兴技术的发展，也同步呈现“花样翻新”、隐蔽性高、扩散性强等特征，成为制约金融行业良性健康发展的“毒瘤”。根据处置非法集资部际联席会议办公室统计，2018 年全国新发非法集资案件 5693 起，同比增长 12.7%；涉案金额 3542 亿元，同比增长 97.2%，

---

* 课题组成员：杜晓宇、巴洁如、郝峻岭，腾讯研究院；孙扬、沈春泽、王耀东，苏宁金融服务有限公司。

非法金融活动涉案金额大、涉众人数多，对经济金融秩序和社会稳定造成重大影响。为此有必要通过新的科技手段对金融行业中的非法活动及相关风险进行有效监测防范，力争早识别、早预警、早发现、早处置，遏制案件高发态势，有效防范金融行业风险。

在金融行业风险监测过程中，传统防控手段存在以下难点。一是部分非法金融活动难以得到及时有效遏制。当前，一些非法金融活动依托互联网传播渠道，打着“金融科技”“金融普惠”“慈善互助”“区块链技术”等旗号，以各类专业词语、高收益为诱饵，利用普通消费者信息不对称，进行非法集资、传销等涉众型违法活动，其往往具有“技术驱动”的鲜明色彩，混业化、跨地域、覆盖广、传播快的特征明显，如果仅仅依靠传统的事中、事后监管方式，则难以及时在苗头阶段遏制相关违法行为，最终造成人民群众较大的财产损失。

二是由金融机构监测非法金融活动，存在“信息孤岛”现象，缺少协同机制。目前，商业银行等金融机构，也逐步推进以信息系统为依托的非法金融活动监测预警系统。但是商业银行在监测非法金融活动时，存在数据获取范围有限的问题，难以对跨行交易全面监控；对于产生风险疑点的账户与资金流水交易频繁的账户不易区分，因此存在高度依赖人工复核等困难；同时，各金融机构间的监测系统与风险模式相对封闭，而非法金融活动资金流转、账户设立往往涉及多家金融机构，单独凭借一家金融机构的监测难以准确定性，对于非法金融活动的监测不能形成有效合力。

三是协调一致的金融监管框架有待进一步完善。互联网背景下的金融业务一般兼具跨区域、混业多元化等特征，部分创新产品和业务模式面临同类业务监管不一致、不同监管部门定性不一致、不同地区监管标准不一致等问题。这在客观上提高了规则适用的不确定性，容易滋生监管套利、地区套利等现象。此外，在对非持牌机构的管理方面，往往“无人认领”，传统的防控方式也存在一定的监管“真空地带”。

（二）监管科技所解决的痛点

基于广义的监管科技概念，监管科技在应用层面上可分为两个维度，即监管层面的应用和市场层面的应用。

在监管层面，传统监管手段和监管流程较为繁复和冗长，在对各类数据进行汇总和分析的过程中，提高监管的颗粒度、精度和频度，往往会使得监管成本进一步提高。监管科技可以借助人工智能、大数据、云计算等新兴技术，将监管政策条文程序化，嵌入业务系统，及时进行监测预警，从而主动识别与控制相关业务风险。利用智能程序算法代替传统人工监管，全时域、高效率地执行审慎监管，进而提高监管机构的监管水平和监管效率。让监管机构能够及时、清晰地掌握金融产品和业务创新、市场操作和交易行为、内部欺诈及相关风险等信息，从而更好地了解金融机构的合规情况。

在市场层面，随着全球金融监管趋严，金融机构一方面需投入更多精力去理解和执行监管新规，合规成本不断增加；另一方面，如果金融机构不能及时、深入地理解监管及合规要求，相关创新产品和服务则可能面临合规风险，从而提高了创新管理的成本。监管科技可以帮助企业进行市场行为监控、客户身份识别和背景调查以及压力测试，满足“反洗钱”（AML）、反恐怖融资（CFT）、“了解你的用户”（KYC）等合规要求，降低人工操作失误带来的操作风险，减少企业遭受处罚的经济风险，提高信息报送流程的智能化、数字化水平，降低监管的人力物力成本。

二　应用框架及实现路径

（一）应用框架

1. 技术优先：鼓励第三方机构技术支持

监管科技本身具有极强的技术依赖性，因此在探讨监管模式选择时，应突出技术优先原则。当前，监管科技的技术选择存在三种路径：一是由监管机构自身独立研发监管科技系统实施监管；二是由监管机构与被监管机构合作研发，被监管机构在进行自我审查的过程中研发监管科技系统，监管机构在实施监督的时候对技术系统进行筛选和优化，提取有效信息；三是将监管科技的系统研发和维护外包给第三方科技公司。当前全球范围内存在许多成熟的第三方监管科技公司，形成了分工明确的完整产业链条，我国在推进监管科技发展中，可以考虑获取第三方机构的技术支持配合监管。

2. 数据共享：通过监管法规数字化打通行业数据

监管科技在技术实现过程中必须依赖信息的充分性。在复杂的金融环境下，一个主体可能从事多项不同的金融活动从而面对不同的金融机构以及监管主体，此时机构与部门间信息互通显得尤为重要。只有尽可能充分地获取一个行为主体的信息，才能更准确地形成用户画像，对其进行金融活动可能产生的风险进行预判和预警。例如：在信息不互通的情况下，一位信用极差的借款者可能充分利用信息不对称从不同的金融机构及类金融机构的借贷平台进行借款，从而导致不良信贷的发生。

金融深化和金融创新使监管法规不断推陈出新，越来越复杂的监管法规使监管人员在面对报送上来的海量数据时已经力不从心。为有效改善这种情况，需要探索应用自然语言理解技术加速将监管法规“转译”为数字化的监管协议，通过监管法规的代码化处理，针对量化指标、操作流程、禁止性条款等进行编程开发，将其封装为可扩展的API等监管工具，并向金融机构开放，打通行业数据，提高信息的可用性。

3. 人才保障：建设拥有算法思维的监管人才队伍

监管科技是将技术与行业专业知识高度结合的技术监管手段。在监管科技实施过程中，需要大量的技术复合型人才，如监管规则的代码化最大的工作量在于将复杂的监管规则描述为可以被机器理解的特征，因此需要法律技术人才，金融交易行为动态监控、风险预警指标设置则需要金融技术人才等，金融监管人员学习和掌握一定的算法知识将大幅度提升监管科技需求研究效率。除金融行业外，监管科技运用于其他行业也需要相关的专业复合型人才。尖端复合型人才的培养与储备，是将来众多监管科技公司竞争的关键核心点，同时也是使监管科技能真正运用到实处的重要保障。

（二）实现路径——主要技术发展

监管科技具有可扩展、敏捷度高、实用性强等特点，有助于更加高效地对数据进行提取、分析和呈现，并从不同角度对数据进行实时计算，自动形成报告，可以满足金融企业对于合规管理的特定需求，应对越来越高的监管要求。监管科技的实现路径离不开以下技术领域的发展和演进。

一是数据聚合与管理技术。金融交易数据定义不一致的问题会对数据共享和监管效率产生影响，数据聚合与管理技术的发展可以进一步完善基于中央数据库的统计监测系统。全新的加密和安全技术有助于确保数据的安全性和完整性，同时可以更有效的方式向相关参与者披露信息。在监管合规和风险防范领域，数据共享和计算引擎是核心功能集成的前提条件。可通过简化合同、账户、风险、财务和交易信息的收集过程，创建高效互通和共享的数据库集群。

二是数据分析与解释技术。通过识别大型数据集中的非线性关系，机器学习特别是神经网络可以帮助建立更为准确的风险模型，并有效测试和改善风险模型，建立更细化、精确的统计分析方法，从而解释定性、非结构化数据的输出内容，比如可疑交易模式、“理解”新的监管规则等。

三是数据映射和可视化技术。将数据映射和集中管理系统进行整合，连接从不同渠道收集的数据，从而对存储在不同位置的等效项目进行匹配。利用数据映射技术可以实现数据细节之间的协调和比对，保持数据的相对一致性，进一步挖掘并增强数据的效用。

四是实时合规和风险管理技术。通过人工智能与大数据技术的结合，及时准确地获取、分析和处理相关风险数据，建立风险预测模型来对风险进行识别和判断，从而进一步提升监管数据分析的及时性和准确性，促进监管流程、监管工具的优化，节约监管调阅检查成本。

根据目前普遍研究方向，监管科技最主要的技术手段在于“智能”算法，“智能”即人类赋予计算机的一项技能。根据统计学，数据之间是存在某种紧密联系的，而面对海量的数据，人脑的分析速度难以和计算机相比。

近十年来计算机硬件系统不断发展，高性能的 CPU、GPU 横空出世，使各种高精度、高密度算法有了施展的空间。因此将智能算法引入监管的流程中去，用极快的运算速度来分析各个案例中隐含的信息，能有效识别各种违规行为。近年来，人工智能技术的快速崛起，底层技术的发展功不可没。在智能监管的流程中，最为关键且具代表性的底层技术包括大数据、高性能数据处理器和云计算。

三　典型应用案例

（一）证监会对“老鼠仓”的监管案例

“老鼠仓”行为一般被界定为“利用未公开信息交易股票”行为，行为人一般是证券公司、基金公司等金融机构的从业人员，利用其通过职务所知悉的法定内幕信息以外的其他未公开的相关信息，从事相关交易活动，转嫁风险或谋取非法利益。通俗地说，基金经理在使用本机构资金交易某只股票之前，先用自有资金建立一个“老鼠仓”买入这只股票，等机构资金将股价抬高之后，卖出“老鼠仓”中的股票获利。“老鼠仓”不仅违背职业诚信原则和职业操守，涉嫌违法犯罪，同时也是严重破坏金融秩序、损害投资者利益的行为。

监测打击“老鼠仓”行为，就是要找到哪些交易账户跟基金账户的交易行为高度相关。这里所谓的高度相关，就是同买同卖，利用基金的建仓来将预先埋伏好的仓位拉升赚钱。在没有利用智能算法的时候，监管的手段主要是通过监控基金经理等相关从业人员（及其亲属）的账号，属于一种指向性强、有针对性的侦查手段。但是随着“老鼠仓”手段的升级，很多账户会选择其他和自己不相关的账户进行违规操作，那么原先那种单一的监控就有了一定的局限性。在大数据技术以及机器学习中无监督学习的帮助下，监管人员可以根据交易数据的特征来自动识别异常账户情况。

在“老鼠仓”案例中，由于要大量购买某些股票以屯仓，主账户和其控制的其余股票账户之间的交易数据具有很强的相关性。在这种情况下，即便子账户不是主账户的直系亲属账户，通过无监督学习的模型研究可以快速将它们找到。具体来说，利用无监督学习中的聚类算法就可以识别数据中的特征。假设有10只股票，主账户在一个时间段内集中买入了第2、3、4号股票，那么如果A股账户中有另外10个账户都在同一时间段内主要购进第2、3、4号股票，那么这10个账户和主账户就在这一段时间内有很强的关联性。利用聚类算法，10只股票相当于10个特征，假设A股中有100个账户，输入的数据就是100个10维数据，那么主账户和这10个子账户的数据在10维空间内的距离一定是最接近的。由此就可以判断出这些账户之间有很强的关联性，需要着重监管。

（二）深圳地方金融监管创新

党的十八届三中全会以来，我国金融管理体制改革全面加速，地方政府防范处置属地金融风险的责任逐步清晰。《国务院关于界定中央和地方金融监管职责和风险处置责任的意见》确立了地方政府对部分金融活动的监管职责，包括加强对民间借贷、新型农村合作金融组织的引导和规范，防范和打击金融欺诈、非法集资等违法违规行为。2017年第五次全国金融工作会议进一步明确，地方政府要在坚持金融管理主要是中央事权的前提下，按照中央统一规则，强化属地风险处置责任。

地方金融监管部门在防范处置非法金融活动风险时，存在缺人力、缺技术的难题。深圳市政府针对新兴金融机构数量多、涉众金融风险较大，地方监管专业人员不足等问题，创新监管手段，探索以大数据、人工智能等先进技术为支撑的深圳市金融风险监测预警平台、深圳金融监管信息系统两个核心监管科技系统，并联合腾讯公司共建“灵鲲”大数据金融安全平台，针对底层大数据、AI算法、业务监管监测、风险可视化构建全方位大数据监管监测平台，有效地解决了算法、算力、数据三大瓶颈，构建了防控地方金融风险的“天罗地网”，有效提升了金融风险精准预警能力。

一是整合深圳市42个单位的近500项行政资源数据、腾讯公司储备的金融黑产数据和金融业务风险数据，以及银行和非银行支付机构非法集资资金账户线索数据，通过数据清洗、建立数据仓库、AI 智能分析、交叉比对等措施，实现对全市各行各业 300 余万户工商企业金融活动的全面监测。

二是针对网络借贷、众筹、交易场所、外汇交易、虚拟币交易等非法金融活动易发领域，运用机器学习技术对具体的金融案情进行风险量化分析，并经过人工设定指标和机器学习生成的指标反复互相校验和优化，建立多维度监测预警模型、非法集资资金账户异动模型等，以风险指数的形式精准提示非法金融活动风险，实现对各类非法金融活动的全面、快速、准确预警。

三是设计了地方新兴金融机构非现场监管体系，利用平台监管报表及评级评价体系对新兴金融机构的经营风险、信用风险、操作风险、管理风险等进行监测和评估，实现对深圳市 20 多万家新兴金融机构的穿透式非现场监管和主动式风险治理。

四是依托平台搭建金融风险发现、预警、处置的智能化、全流程协同体系，将过去部门联动集中在事后处置环节，进一步扩展至事前预警、事中防控、事后处置全流程，实现金融风险“主动防范、联合处置”和“早识别、早预警、早发现、早处置”。

深圳金融监管科技系统上线以来，工作成效显著，非法集资案件数量和规模大幅缩减，新兴金融经营合规性明显增强，非法金融活动势头得到有效遏制，为探索构建现代化的金融监管治理体系，加强我国地方金融治理探索路径、积累经验。此外，秉持“模式可持续、经验可借鉴”的理念，深圳市金融监管科技体系运行以来，不仅在深圳本地的金融风险防控上取得明显成效，而且在跨区域金融监管合作以及服务中央政府方面也取得了一定的经验。“灵鲲”大数据金融安全平台向河北、四川、福建、广西、浙江、上海等多个省份移交风险线索，吸引了来自北京、上海、浙江、山东、四川等 20 多个省份地方政府交流学习，与河北、四川合作开展推广实践，并协助国务院处置非法集资部际联席会议办公室分析多家风险企业，向国家市场监督管理总局预警了高危传销平台 20 多家。

（三）腾讯“灵鲲”大数据金融安全平台

“灵鲲”大数据金融安全平台，是腾讯公司建立的大数据监管科技平台。腾讯公司拥有19年“黑产”对抗的技术沉淀，并通过机器学习和图计算等技术，基于海量的关系链数据建立面向金融“黑产”的AI图谱分析模型。对大数据处理后，形成了多维护度的“黑产”知识图谱，帮助金融机构分析检测业务中的非人交易、非本人交易、骗贷、黑中介等欺诈问题，针对高危平台及时报送预警，配合有关部门对非法金融平台进行“打早”“打小”。“灵鲲”大数据金融安全平台解决方案见图1。

随着金融安全需求和特征的多样化演变，腾讯公司开发了“灵鲲”大数据金融安全开放平台，采用模式识别理论与机器学习方法，搭建基础数据层、特征层、决策层等多层级智能决策模型框架。

第一，基础数据层建模。如黑产分析，基于海量的腾讯关系链数据，依据自然语言学习（NLP）技术与图谱理论，识别标注QQ群、Qzone与社区论坛中散布的金融行业关键文本特征，采用Fast-Unfolding技术挖掘社团，运用Kcore与SLPA技术提取标注黑中介分子，建立面向金融“黑产”的AI图谱分析模型。

第二，特征层。基于腾讯系基础数据特征，建立特征融合模型，基于迁移学习理论，结合XGBoost技术，进行实例与特征的迁移强化学习，解决多场景适配与系统冷启动问题，提升金融安全识别性能。

第三，决策层。定制大数据金融安全模型并输出，构建多层级决策的专家系统模型，同时提供专家服务。

基于上述数据和模型，“灵鲲”大数据金融安全平台构建了独特的AI优势，包括70亿个点和1000多亿条边的全球最大的“黑产”知识图谱、安全大数据团队、灵鲲SaaS服务云计算能力在30毫秒内完成，克服了金融行业在“算法、数据、算力”三个方向上存在的瓶颈。同时，基于金融犯罪样本挖掘金融风险并进行数据化、可视化，建立从监测、分析、模型拟定、欺诈定型的全流程管理，搭建了从数据源管理到风险展示的全方位系统架构。

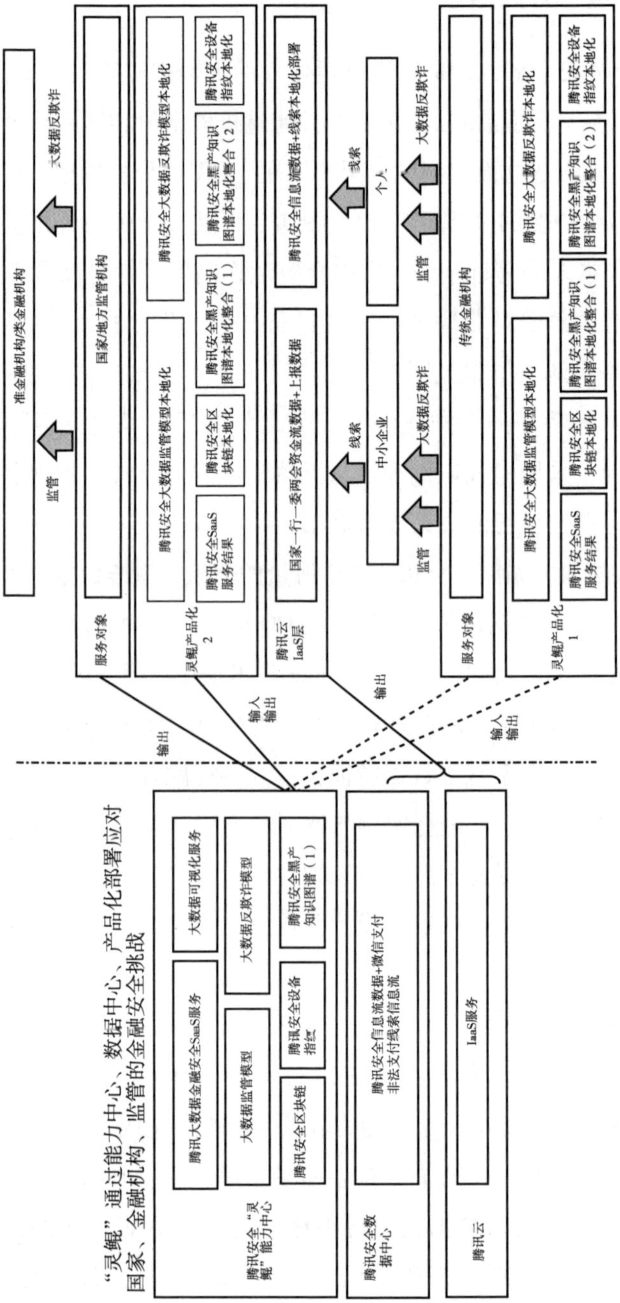

图1 “灵鲲”大数据金融安全平台解决方案

灵鲲系统包括四部分。一是数据源感知。数据源指公开场景的网页信息，网址包括腾讯自有产品生态体系里传播的可疑网址以及腾讯合作伙伴通过接入腾讯网址安全云、经用户同意上报的可疑网址。腾讯社交产品的覆盖以及腾讯网址安全云对80%以上的手机厂商的覆盖，基本能感知互联网99%以上活跃的网页。二是平台识别。首先会在海量网页里抓取内容，通过深度学习以及自然语言处理领域的算法识别金融平台网站和金融平台名称，通过AI算法对金融平台类型进行划分。三是风险指数计算。通过腾讯大数据知识图谱关联，挖掘金融平台多维度相关联的数据，利用继续学习训练的方法，计算平台风险指数。四是产品输出部分。包括互联网金融安全全国态势感知系统、互联网金融平台风险预警系统和灵鲲监管盒子（知识图谱系统、拉通资金流和信息流）。“灵鲲”大数据金融安全平台整体功能架构见图2。

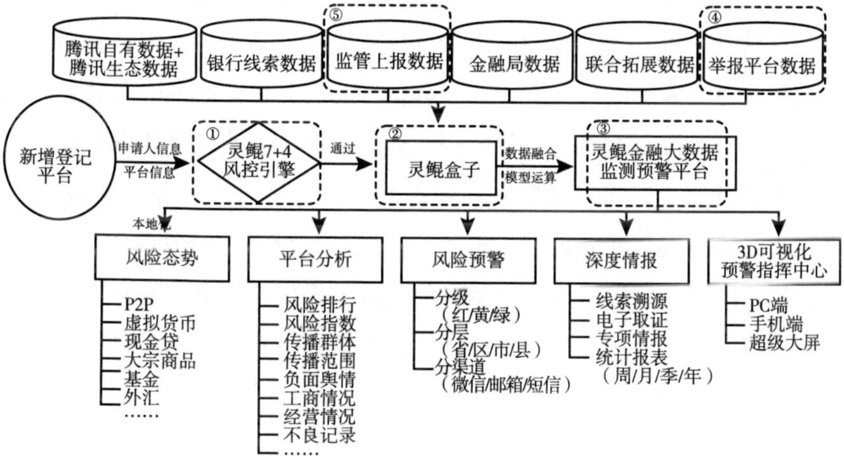

图2 “灵鲲”大数据金融安全平台整体功能架构

目前，“灵鲲”大数据金融安全平台已经覆盖“7+4”智慧审批、本地大数据智能分析引擎、互联网金融全量风险感知预警、消费者举报等模块，并完成了P2P、金融传销、外汇交易、投资理财等22个金融类别的识别与风险指数计算。

一方面，“灵鲲”大数据金融安全平台可对涉众型金融风险进行实时智能动态监测，对于非法集资、金融传销等违法犯罪活动的识别覆盖超过99.99%，可有效监测金融“黑产”及各类以“金融创新”为名行诈骗之实的行为，净化行业环境。另一方面，通过“灵鲲”大数据金融安全平台能力提供金融智能风控服务，进一步促进真正的金融创新，同时为金融机构降低运营风险，已为各类金融机构实现亿级以上的日流水止损，同时止损规模仍在扩大中。

（四）“多普勒”企业贷款风险预警系统

为解决企业数据更新不及时、行业信息难获取的问题，苏宁集团搭建了“多普勒”企业贷款风险预警系统。企业风险预警系统为用户提供完善的企业信息查询、企业风险监控、企业风险预警等服务。其中智能尽调系统为用户提供全方位的企业信息及企业分析报告查询服务，以使客户经理全面便捷查询客户信息，进行线上尽调；舆情分析系统将对采集各大新闻网站及行业论坛信息，对企业舆情信息进行热点分析、关联分析，挖掘隐藏的关联和风险；图谱分析系统是在融合海量的企业数据后构建企业通用知识图谱，挖掘企业关联节点信息，同时根据实际业务场景，提取专题图谱，展现企业风险、股权结构、疑似实际控制人等信息；风险预警系统是在整合智能尽调、舆情分析、图谱分析等多维企业信息的基础上提供企业监控和预警服务，用户关注相应的企业之后，系统根据预设推送规则，对于监控对象出现的风险行为进行自动预警推送，以提醒用户及时采取风险管理措施。“多普勒”企业贷款风险预警系统见图3。

1. 系统设计

系统整体框架是基于 Java 和图数据库开发，使用了成熟的 Spring、Elasticsearch 等框架。

（1）技术特性

自主性：自主研发了企业知识图谱、企业客户资讯、财务数据分析、行业数据分析等功能模块。

先进性：使用机器学习和自然语言处理技术对大数据及文本进行处理，

挖掘海量数据背后的价值，做到高效化和智能化，在行业同类产品中在多个方向具有创新性和领先性。

鲁棒性：在多用户长期使用中，实现长期运行具有稳定性和做到及时反馈。

（2）应用特性

便捷：用户可以根据角色分配相应的使用权限，实时了解或交流企业客户的信息，将原有的分散在各处的信息进行集中处理，为业务查询提供集中化、智能化服务。

快速：用户通过服务界面可以实时在线查询或上传各类信息，保证企业最新动态及时抵达用户。

安全：利用“金融级”安全系数，通过网络加密、防火墙等手段保护信息安全，防止恶意攻击。

（3）系统特性

稳定性：通过系统分层设计，各层全部分布式云化部署，从架构设计上完美保证系统 7×24 小时不间断运行。

先进性：通过业界先进的识别算法，业界流行的分层、分布式、集群化的框架设计理念，实现前后端分离、松耦合、高可用的先进特性。

准确性：人脸识别算法误识率在万分之一以下，通用场景的识别准确率在 99% 以上，性能达到业界领先水平。

2. 系统功能

智能尽调系统：尽职调查主要是指客户经理通过现场调研和其他渠道尽可能地获取、核实、分析研究有关借款方及有关信贷业务、担保方面的情况，揭示和评估信贷业务可能存在的风险并提出应对措施，为贷款决策提供依据。智能尽调系统汇集工商信息、司法信息、财务信息、舆情信息、垂直行业信息、宏观经济信息、关联企业信息等全方位的信息，并针对不同主题和侧重点提供多样化的企业分析报告，可协助客户经理全面便捷地进行线上尽调，查询企业真实信息，节约人力成本。该系统具有以下功能。

（1）企业信息查询：包括工商基本信息、工商变更信息、司法风险信息、经营风险信息、财务信息等企业信息查询。

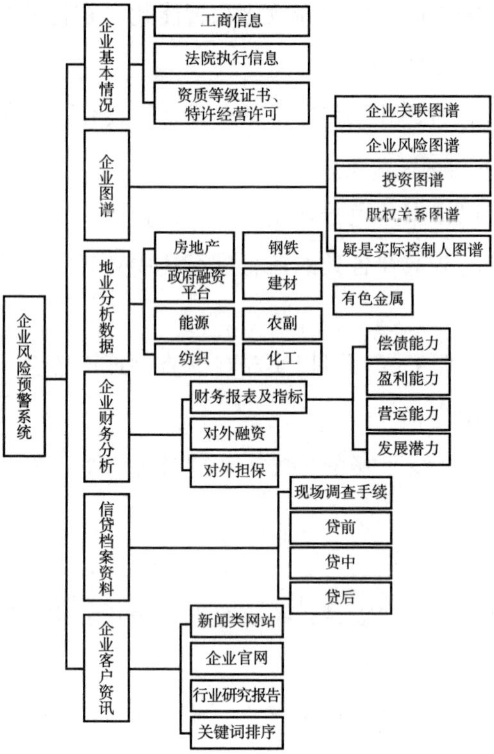

图3 “多普勒”企业贷款风险预警系统

（2）关联企业查询：包括企业对外投资、法人对外投资、法人在外任职、企业股权出质、动产质押等关联企业展示。

（3）行业信息查询：在行业方面，在信贷实务中主要关注行业政策和产品价格等，因而用户可对宏观经济信息查询及垂直行业信息（包括大宗商品行业信息、房地产行业信息等）进行查询。

（4）企业分析报告：针对不同侧重点分为企业司法风险分析报告、股权穿透报告、行业分析报告、企业全景分析报告等。

图谱分析系统：在信贷实务中，秉持“一个债务人原则”，即将关联客户整体作为一个债务人进行管理，看其整体债务负担与财务能力是否匹配。其中难点是如何厘清企业的隐性关联方，可运用“五关联”法，即从投资关联、人事关联、融资关联、购销关联和担保关联入手。图谱分析系统融合多维度的数据源，挖掘企业与人、企业与企业之间的关联关系，从而对整体风险进行把控，同时依据具体业务场景，建立专题图谱，如疑似实际控制人图谱、股权结构图谱等。

舆情分析系统：当前任何爆点舆论都是第一时间在网络上爆发，网络舆情的监控对业务及时发现风险，并且采取相应的应对措施有极其重要的意义。舆情分析系统的建立，有利于我们及时了解各类金融政策动向，也有利于对贷款企业进行评估和舆论监控，及时发现风险行为。舆情分析系统对新闻网站、企业官网、行业论坛等海量的舆论信息进行采集和挖掘，通过实体识别、主题提取、热点分析、关联分析等形式挖掘其中隐藏信息并生成舆情分析报告，协助风险决策。舆情分析系统示意见图4。

图4　舆情分析系统示意

风险预警系统：风险预警系统汇集智能尽调、图谱分析、舆情分析的全部企业数据与风险指标，对添加关注的企业进行动态信息监控，当企业出现风险行为时及时进行预警，同时对风险控制台、用户个性化配置风险预警规则以进行智能预警。风险预警机制见图5。该模块具有以下功能。

（1）企业风险监控舱：包括企业信息动态监控功能及监控大屏功能，企业信息动态监控主要针对企业数据与风险指标进行监控；针对变化和波动，通过监控大屏对用户整体监控情况进行统计和分析。

（2）企业风险知识库：企业风险知识库收集客户经理及风险人员线下

了解到的企业信息，包括信贷业务各个阶段形成的档案资料、企业财报及企业风险信息，以便于对风险进行全方位的采集和监控。

（3）企业风险控制台：企业风险控制台设置变量中心和规则中心，可对预警变量及规则根据业务实际场景进行个性化配置，以实现风险的智能化预警。同时设置风险沙盘，对风险预警后的处置情况进行跟踪反馈，建立风险闭环。

截至目前，智能尽调已应用于苏宁集团内部，并与多家城商行达成合作意向，结合苏宁体系产业链数据和金融场景数据，从多个维度真实反映企业全貌。以精准的数据为基础，充分揭示目标企业的经营风险、合规风险、集团风险、行业风险、财务风险、担保风险等，深度挖掘潜在风险，为信贷审批提供依据。同时，风控人员可灵活配置风险规则，依靠强大的预警规则引擎，实现对 100 个以上指标的实时监控，并可及时收到企业的风险信号预警推送，提前处置潜在风险。

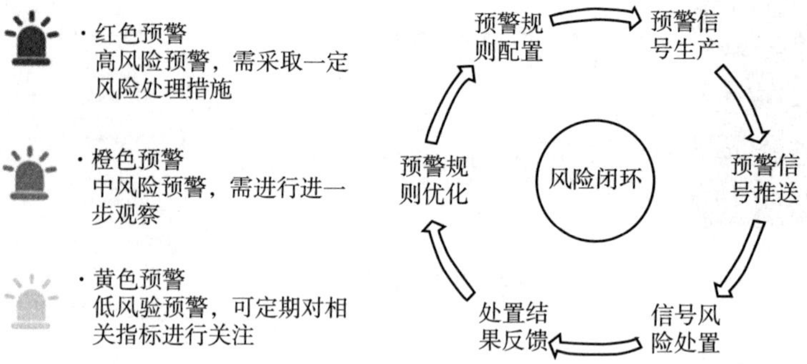

图 5　风险预警机制

B.13
监管科技在法律法规跟踪中的应用

法律法规跟踪课题组 *

摘　要：　近年来，金融创新产品日益增多，风险不断增加，因此，金融监管日趋严格，相关法律法规密集出台。金融机构和有关企业要贯彻和落实好大量的监管法律法规。由于仅仅依靠传统的人工合规检查已经远远不够，运用新兴的监管科技，比如大数据、机器学习、自然语言处理、知识图谱等进行法律法规的跟踪及分析，可以有效提升合规能力、保障合规质量。

关键词：　法律法规　自然语言处理　知识图谱　机器学习

监管科技应用的基本模式是以数字化方式实现金融机构与监管机构的互联互通①，包括：金融机构从监管机构获取数字化的监管要求并准确转化为内部约束，确保机构与业务实时合规；金融机构实时向监管机构传输数据，动态形成各种合规报告，提高准确度。前者即本报告所讲的监管科技在法律法规跟踪中的应用。

一　应用背景及解决的痛点

（一）金融监管要求日益严格复杂

2008 年国际金融危机爆发后，各国监管机构和国际金融监管组织在防

---

*　课题组成员：杨东、刘炼箴，中国人民大学；诸寅嘉、王延斌、李志辉、胡怡文、万晓芳、胡明荣、徐巍越、何亮飞、胡凭智、陈旭、郭爱娟、梁蓓蓓，平安壹钱包电子商务有限公司。

①　杨东：《监管科技：金融科技的监管挑战与维度建构》，《中国社会科学》2018 年第 5 期。

范系统性风险、维护金融稳定、保护金融消费者权益等方面，相继出台了大量新的监管规则，并频繁修订现有规则，使金融监管要求体系日益严格而复杂。

我国金融监管规则具有以下特点。

1. 制定主体多元、数量庞杂

我国目前的金融法体系主要包括全国人大及其常委会制定的法律，国务院制定的行政法规，央行、银保监会、证监会等国务院部门制定的部门规章，最高人民法院和最高人民检察院制定的司法解释，地方人大及其常委会制定的地方性法规，地方人民政府制定的地方政府规章等。此外，各种政策文件、行业自律组织文件等也会对特定范围的金融机构产生监管影响。

2. 更新、修订频繁

随着金融市场国际化程度的日益加深，各国金融监管机构在金融创新中均面临严峻挑战，对金融改革提出了要求。在金融自由化的背景下，我国金融行业快速扩张，出现了综合经营的趋势，但原有的分业监管难以跟上金融创新的脚步，导致监管套利日趋频繁，给金融体系埋下风险隐患。我国“十三五”规划纲要指出，“加快金融体制改革”“深化金融监管体制改革”。相对于经过20多年改革、发展而形成的适应中国特色社会主义市场经济需求的金融体系，我国初步形成于20世纪90年代中期的现行金融法律体系已经明显滞后，因此有必要对其进行全面、系统的修订。① 2016年以来，我国金融监管机构针对金融机构行为的监管政策频出，原“一行三会”每周五发布重磅监管政策几乎成为一个规律，各种会议、文件、通知和窗口指导更是层出不穷。而且新的监管要求往往更加严格，对于数据的准确性、完整性、真实性、及时性等要求更高。另外，对金融机构的合规理解能力提出了更高要求。

---

① 刘少军：《我国开发性金融机构立法的基本问题研究》，《金融监管研究》2018年第6期，第52~65页。

（二）金融违法违规行为处罚力度加大

解决金融领域特别是资本市场违法违规成本过低问题是习近平总书记明确指出的。近些年来，中国人民银行、银保监会（原银监会和保监会）、证监会、国家外汇管理局等金融监管机构不断加大对金融违法违规行为的处罚力度。据悉，证监会在 2015 年、2016 年、2017 年做出的行政处罚决定分别为 177 件、218 件和 224 件，罚没款数额分别达到了 11.03 亿元、42.83 亿元和 74.79 亿元，而仅 2018 年上半年证监会行政处罚决定的数量以及罚没款金额已经接近 2017 年全年的水平。相比于往年，目前证监会的监管态度更趋严厉，具体表现为受罚人数增多、罚款金额增加、查处时间变短、顶格处罚情况激增。目前《证券法》修订已成为 2019 年全国人大的重点立法任务，多位代表委员建议要进一步加强市场监管，加大打击资本市场违法违规行为的力度，提高违法违规成本。

（三）金融机构的合规成本不断上升

为满足严苛而复杂的监管要求，传统应用专业合规人员的成本不断上升。对于小型金融机构而言，仅仅满足合规人员的最低数量要求就是一项不小的挑战；[①] 而大型金融机构虽然拥有健全的合规部门与完备的信息系统，但海量复杂的监管规则也使仅依靠人工监管等传统手段已无法保证全面合规。在金融创新的大背景下，如果金融机构无法及时、准确地了解监管要求，则一方面可能导致自身的产品与服务落后于市场创新，进而错过机遇，削弱竞争力；另一方面也可能盲目推出新型金融产品与服务而被勒令规范整治，增加了创新管理成本。此外，各国监管规则的差异与变动也增加了金融机构跨境业务成本。通过人工智能和大数据技术可以对海量法律法规实现自然语言处理，帮助金融机构智能跟踪法律法规，改变传统的人工合规方式，降低合规成本，提高合规效率。

---

① 傅强：《监管科技理论与实践发展研究》，《金融监管研究》2018 年第 11 期，第 36～53 页。

二 应用框架及实现路径

(一)应用框架

监管科技在法律法规跟踪中的应用框架是对监管规则进行数字化解读，并将其嵌入金融机构与各类业务中，同时根据监管规则的变化保持更新。此外，还可以将所有与监管相关的资料，包括对数据、文件、图像、音视频等都进行数字化处理，并以数字格式存储。基于监管科技的法律法规跟踪工具的最基本形式通常是以用户体验良好的方式提供监管要求目录，实时更新并及时提醒即将发生的变化和新的执法行动，用以提醒企业复核相关监管和合规业务。

人工智能技术是法律法规跟踪需要用到的典型监管科技。通过高效获取并处理最新的监管法律法规以及案例，人工智能技术能够发挥合规风险提示的作用。在跨境业务场景中，通过分析比较不同国家和地区监管要求之间的联系和区别，能够在全局计算的基础上进行风险评估，为跨境金融业务保驾护航。法律法规跟踪领域的供应商也开始使用机器学习和自然语言处理技术，来阅读和解释新的和现有的法律法规要求，然后向客户提供差距分析，以帮助识别企业合规方案中的潜在缺陷。这些工具旨在帮助跟踪相关监管规则变化，确定并实现对其合规方案的整体流程更新，至少实现半自动化，否则这是一个非常耗时且需要大量人力的工作。

具体而言，应用于法律法规跟踪领域的人工智能技术如下。

自然语言处理（Natural Language Processing，NLP）与机器学习（Machine Learning，ML）：自然语言处理技术可以根据语境对监管规则进行机器翻译、语义理解等操作；机器学习技术能够从作为观测数据的法律法规出发分析寻找其内在规律，对未来数据或无法观测的数据进行预测。监管要求通常以文本形式呈现，不可避免地存在理解成本较大、语义含糊等问题。如上所述，监管科技旨在实现金融机构与监管机构之间的数字化互联互通。

为此，首先需运用 NLP 等技术将监管要求文本转译为数字化协议，并整合不同行业与地域的数字化监管要求，利用技术手段及时探知监管要求中存在的问题与发生的变化，从而构建实时、动态的数字化监管要求数据库。在实现监管要求数字化的基础上，可进一步将其编译为程序代码，从关键操作流程、量化指标、禁止条款等方面进行编程开发，将其封装为具有可扩展性的监管 API 等监管工具，实现机器可读、可执行、可对接。[①]

人机交互（Human-Machine Interaction，HMI）：人机交互技术使合规人员与计算机之间的信息交换更加便捷，有利于对法律法规跟踪进行及时的反馈，监测其准确程度。许多新兴监管科技工具提供了直观、用户友好的界面以及先进的图形和交互工具。这些工具让那些非技术背景的终端用户（如合规的监管人员）可以享有这些先进技术所带来的好处。许多监管科技工具的终端用户界面提供了复杂分析的综合可视化和直观的工具，以便用户推断不同场景。这些特性使受培训人员使用这些工具变得简单，并简化了合规分析。

知识图谱（Knowledge Graph，KG）：知识图谱是以可视化的图谱形象地将复杂的知识领域通过数据挖掘、信息处理、知识计量和图形绘制而显示出来的一种技术。[②] 人工智能技术需要根据不同的场景需求，从不计其数的法律大数据中提取共性规则并进行数据标注，供机器深度学习，以形成类似于人类的提取信息能力与逻辑分析能力。因此，监管要求的类型化及法律知识图谱的构建，是人工智能合规应用的先决性问题。具体应用路径是借助 NLP 等技术将案件事实、适用法律等涉案事项分解为不同层级的要素，最基础层级的要素即为分词，并由法律专家分层级、分阶段标注，从而形成以要素标注的法律知识图谱大数据，为机器学习提供体系化的素材。[③]

人工智能技术在法律法规跟踪领域具体可以实现以下几方面功能：（1）法

① 李伟：《监管科技应用路径研究》，《清华金融评论》2018 年第 3 期，第 20～22 页。

② 秦长江、侯汉清：《知识图谱——信息管理与知识管理的新领域》，《大学图书馆学报》2009 年第 1 期，第 30～37 页。

③ 高翔：《人工智能民事司法应用的法律知识图谱构建——以要件事实型民事裁判论为基础》，《法制与社会发展》2018 年第 6 期，第 66～80 页。

律法规与案例检索（Law and Case Research）；（2）文件审阅（Document Review）；（3）案件预测（Case Prediction）；（4）咨询服务（Advisory Service）。以咨询服务为例，当金融机构遇到法律问题时，可以通过人工智能咨询平台进行咨询，平台根据具体案情结合相关法律法规及案例给出相关法律建议。人工智能咨询平台获取案情的方式包括对话式与搜索式。对话式能够比较全面、准确地了解咨询者对相关问题的描述，但需要庞大的知识图谱作为支撑，其能够覆盖到的案件类型范围和影响因素会受到限制；搜索式能直接理解自然语言，但在口语和法律语言的转换过程中可能还是会出现理解偏差，其对自然语言中关键词的依赖比较强。人工智能咨询平台能够根据问题，给出具体解析和相关建议，并释明涉及的法律条文及类似案例。[①]

随着人工智能文本处理能力的增强，法律文件处理的智能化和自动化水平还将持续提升。监管科技的核心功能是在金融机构等被监管机构与监管机构之间建立可执行的监管协议与合规性评估机制。[②] 基于数字化协议驱动双方在机构层面、业务层面、操作层面上展开信息共享、技术交流及监管合作。人工智能技术在法律法规跟踪领域的应用见图 1。

目前国际上监管科技的发展趋势是向监管科技的更高阶段——智能监管（Intelligent Regulation，IR）发展，利用“监管智能”实现“智能监管”。监管科技有着“技术属性”加“监管属性”，其本质是技术促进监管，关键在于要取得技术突破。除了人工智能技术外，区块链技术在技术驱动型监管模式中也具有广阔的应用前景。技术提供者可以辅助监管所涉各方主体将监管要求与合规机制内嵌于区块链系统中，通过代码实现法律法规的执行。借助实时透明的共享机制，监管者能够及时识别风险与问题并做出响应。[③] 需

① 《亿欧智库：2018 人工智能助力法律服务研究报告（附下载）》，199IT 网站，http：//www. 199it. com/archives/706322. html。

② 张家林：《监管科技（RegTech）发展及应用研究——以智能投顾监管为例》，《金融监管研究》2018 年第 6 期，第 80 ~ 97 页。

③ Carla L. Reyes，“Moving beyond Bitcoin to an Endogenous Theory of Decentralized Ledger Technology Regulation：An Initial Proposal，” *Villanova Law Review*，Vol. 61，No. 1，2016，p. 195.

要明确的是，引入区块链等技术手段进行监管，既不是让金融机构利用区块链等技术创建规则来进行自律监管，也不是让法律全面监管技术基础设施，它是一种将技术内嵌于监管流程中发挥辅助性作用的金融监管方式。①

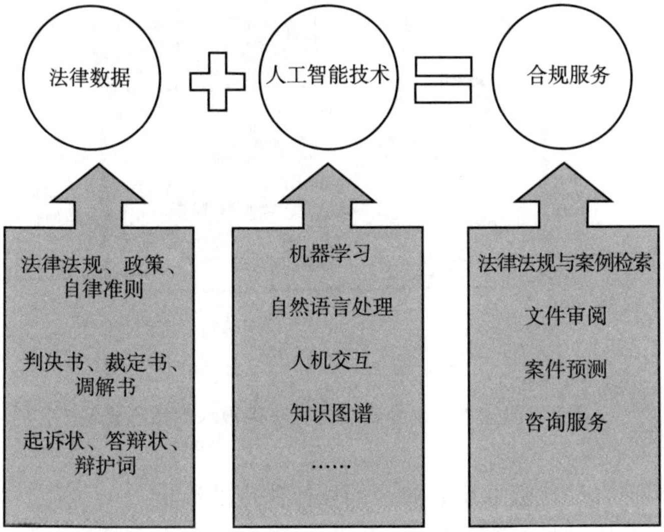

图 1　人工智能技术在法律法规跟踪领域的应用

（二）实现路径

在具体实现路径上，风控管理平台需关注现行法律法规、未来增补修订法律法规以及业务与法律法规的关联关系，结合法律法规跟踪应用场景的落地方案，切实形成金融机构彻底贯彻和落实好大量的监管法律法规的支撑体系。图 2 简要概括了风控管理平台在实现法律法规跟踪时需要构建的核心模块。

（1）构建批量导入监管条文的接口

为保障现行监管条文全量纳入跟踪体系，需要构建批量导入监管条文的接口。在平台初始化时，应将现行有效的监管条文一并导入并将其作为平台的内容基础。

① 杨东：《区块链如何推动金融科技监管的变革》，《人民论坛 · 学术前沿》2018 年第 12 期。

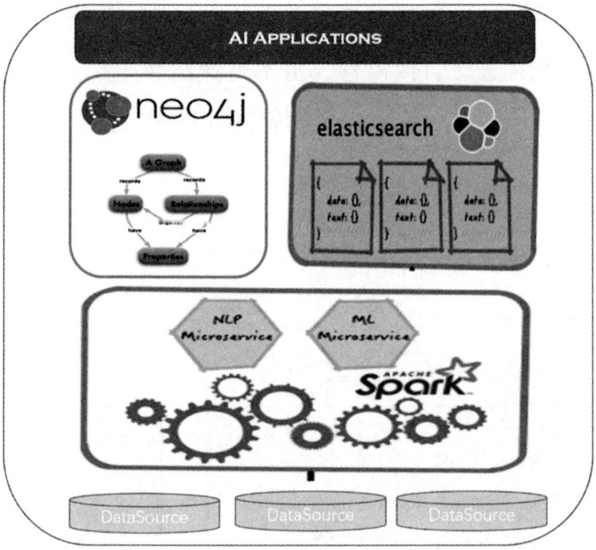

图 2　风控管理平台实现法律法规跟踪的核心模块

（2）构建自动化获取增补修订的法律法规的通道

长期以来，法律法规都存在不断增补修订的情况。为第一时间跟进监管条文的信息，应当打通获取最新监管条文的通道。可以通过爬虫（Spider）技术自动获取来自监管机构的官方发布渠道，公司相关专用邮箱的政策、内容。当信息新增或变更时，需在平台进行必要的推送以通知相关风控合规人员。

（3）引入自然语言处理及知识图谱技术，快速解读法律法规

引入自然语言处理技术，确保法律法规的快速解读。自然语言处理技术可以对法律法规条文进行分词（Tokenize）、词性分析（Parts of Speech tagging，POS）、命名实体识别（Named Entity Recognition，NER）、指代消解（Anaphora Resolution）以及语法依存（Syntactic Parsing）、句法依存（Dependence Parsing）以识别句子的主体和核心语义。使用自然语言处理技术提取的信息结果，再利用编辑距离、cosine 相似度计算、TFIDF 等方法评估属性相似度，结合机器学习的聚类、聚合方法计算实体相似度等知识融合（Knowledge Fusion）的方法共同完成知识合并。于是，在进行简单的知识加

工后，可以完成知识图谱的搭建。知识图谱的内容可以使用图数据库 Neo4j 进行存储。导入相关的业务信息，使用自然语言处理技术提取相关的业务实施主体、实施范围、运营政策，可以进一步进行知识融合，完成业务与法律法规相关关系图谱的构建。

（4）引入大数据及人工智能技术，促使案件判别智能化

引入大数据、人工智能技术，把历史案例作为样本进行学习，构建多级分层的机器学习、深度学习模型，比如 XGBoost、LSTM 模型，以支持后续相关案件的智能判别及分类。

三　典型应用案例

Watson 是 IBM 的人工智能和认知计算平台，具有理解、推理、学习、交互四大能力，能够通过自然语言理解技术分析数据，推理假设，并能够自我学习反馈，与人交互。2017 年 6 月，鹏睿金融集团（Promontory Financial Group，以下简称鹏睿）被 IBM 收购，成为其全资子公司，其主要业务是风险管理和合规，并且初期已经训练 Watson 掌握 60000 条监管条文。

IBM Watson Regulatory Compliance 是 IBM 于 2017 年推出的一个旨在确保监管合规的解决方案，可用于从非结构化信息中提取知识，为金融服务业创造重要价值。面对不断变化的监管制度，IBM Watson Regulatory Compliance 使用认知计算来帮助合规专家简化必要的潜在义务和控制措施的识别流程，并对这些控制措施的具体实施过程进行通盘管理。①

IBM Watson Regulatory Compliance 提供了全面的法规存储库。这个存储库是法规内容的单一来源，通过将它与全面的控制框架相结合，用户便能够凸显与其组织相关的义务，并将各项义务与公司的控制措施逐一对应。

IBM Watson Regulatory Compliance 通过不断地摄取新创建的监管信息以及在实际应用中的互动来学习知识。通过 IBM Watson Regulatory Compliance，

① 《合规的未来展望——认知计算如何重塑银行业》，IBM，2017。

了解监管制度对企业有何影响不再是一项牵涉大量不同电子表格、数据库和文档的零碎工作。相反，监管合规将成为一个由一致的方法驱动的简化而高效的流程，并嵌入企业的治理、风险管理与合规（GRC）框架中。IBM Watson Regulatory Compliance 能够帮助该框架跨越多个辖区、领域和监管机构，主动评估和管理监管风险。借助 IBM 的先进技术，IBM Watson Regulatory Compliance 可自动提供简化的企业级视图，帮助企业确定监管控制范围，确定补救措施，并厘清未来监管变更计划的主次。

当监管文件被上传到 IBM Watson Regulatory Compliance 之后，它会使用 Watson 认知技术提供潜在义务列表和置信度分数。合规分析师随后便可快速接受或拒绝将具体义务作为相关监管需求，从而避免耗费数小时研读数千页文档并手动找出需要履行的义务。义务列表一经制作完成，便可与良好的实践控制框架建立链接。在确定了法规与控制措施之间的关联性之后，开展评估活动，制作一系列高级报告来支持各种用户群。

作为认知引擎，IBM Watson Regulatory Compliance 可接受监管合规训练，从而通过机器学习逐步完善。例如，监管文档的审核工作一旦完成，IBM Watson Regulatory Compliance 便会存储这些响应，并据此构建知识集。随着上传的监管文档不断增加，IBM Watson Regulatory Compliance 可以参考先前的响应，通过将新上传的文档与以往类似文档中的回复进行比较，改进义务识别工作。IBM Watson Regulatory Compliance 可帮助金融服务机构明确监管合规所需的控制措施，并根据监管需求评估现有的内部控制范围，这有助于企业降低合规成本并提高运营效率。IBM Watson Regulatory Compliance 支持对监管义务进行通盘管理。企业由此可创建相关监管需求存储库，将其与内部 GRC 框架对应起来，评估其对业务的影响，并创建切实可行的任务。

总之，IBM Watson Regulatory Compliance 使用 Watson 认知技术，可以帮助企业简化法规理解和解释相关工作，从而实现经济而又富有成效的变革目标。

数据治理篇

Data Management

B.14
监管科技中的数据共享问题探讨

清华大学五道口金融学院课题组*

摘　要： 本报告首先对监管科技中的数据共享概念进行了界定；其次对花旗银行和BBVA银行这两家开放式银行计划的典型代表进行了案例分析；最后详细分析了目前我国监管科技中数据共享存在的问题，并提出了相应的监管建议，如共建监管数据平台、建立基础数据库、扶持企业参与数据共享的基金项目等。

关键词： 监管科技　数据共享　开放银行

* 课题组成员：廖理、张建棣、张伟强、贺裴菲、张跃星、张琳蔚、曹然，清华大学五道口金融学院。

一 监管科技中的数据共享概念界定

“数据孤岛”是指在大数据时代，金融监管机构和金融机构都面临数据共享和融合困境，双方都缺乏公开数据的动力而形成的数据割裂、不能互通的问题。随着大数据产业的发展，政府、企业和其他主体掌握着大量的数据资源，然而由于缺乏数据共享交换协同机制、缺乏数据共享激励机制，“数据孤岛”现象逐渐显现。数据孤岛问题会妨碍数据归集与大数据运算，影响数字经济发挥放大、叠加、倍增效应，最终妨碍全社会生产效率的提升。发展数字经济，打通“数据孤岛”刻不容缓。数据分析在很多实际场景中无法用孤立的数据源进行，数据的打通和融合是科技发展过程中的一个必然趋势。尤其金融领域的“数据孤岛”问题，是我国发展数字金融经济的一大障碍。对于数据资源来说，只有在更加开放的平台上得到综合分析和应用，才能提升感知、分析和预测的能力。另外，只有打通信息壁垒、实现数据互通，数据资源才能惠民利民，真正服务于经济社会发展。

监管科技中的数据共享，是指在监管科技发展和建设过程中，金融体系中的数据资源应当以合法合理的方式，实现互联互通、融合发展并探索开放，迄今为止，数据共享的具体探索包括共享目的、共享范围、共享方式等。数据共享概念由两部分组成：企业数据共享与政府数据共享。企业数据共享与政府数据共享的目的截然不同，共享形式也存在差异。监管科技企业中的数据共享主体包括金融机构之间、金融机构与科技企业之间、科技企业之间三种共享形式，其本质是企业数据的共享。除此以外，政府数据开放与政府数据共享在概念上也存在差异。

（一）企业数据共享

企业数据共享是一种商业行为。它是不同供应链、不同企业跨行业的数据交换，目的是满足企业商业发展的需要。目前，全球数字经济发展已进入高速增长阶段。企业向数据驱动型转变的态势已经逐步显现。如果企业对于数据共享认识不足、重视不够，就可能会影响对于其产品的更新与完善，错失数字经济时代的重要机遇。

目前，根据欧盟企业数据共享研究报告，企业数据共享主体可分为五类：以数据换数据的企业、以数据盈利的企业、为数据平台提供数据的企业、支持数据分享平台的技术型企业，以及少数主动分享数据的大型企业。企业数据共享不是一时之需，其产生根源在于数字经济的发展将在企业领域带来重大变革。具体到企业自身，它们将可能在数据领域发生巨大变化。

2014 年，我国颁布了《企业信息公示暂行条例》，并在 2016 年国务院办公厅颁布的《政府部门涉企信息统一归集公示工作实施方案》中，明确规定了企业信息公示与企业信息在政府部门之间共享的目标。我国企业数据共享目前的法律结构是：通过促进企业数据公示提供企业数据资源，加强企业数据在各部门间的共享以完善诚信体系，具体到企业之间的数据共享可以通过合同完成。本报告认为，企业之间进行的数据共享要特别注意善用《民法总则》中的平等、有偿等基本民事原则。

（二）政府数据共享

我国各级政府部门手中掌握着大量的数据。目前，我国政府机构、国有企业、其他企事业单位等在各层级、地区、领域之间仍存在“信息孤岛”的现象。这种现象制约了数据共享，不仅给数据应用带来诸多不便，也造成了不小的浪费。

数字经济时代，政府需要加大弹性管理力度，提供实时服务，才能更好地服务于社会。政府数据共享侧重于各部门之间的数据共享与交换，目标是增强政府的社会公信力，提升行政效率，实现弹性社会管理。我国处于数据经济快速发展阶段，相关部门也在政府数据共享方面开展了大量工作。根据《政务信息资源共享管理暂行办法》第十一条至第十四条的规定，“国家发展改革委负责组织推动国家共享平台及全国共享平台体系建设。各地市级以上地方人民政府要明确政务信息资源共享主管部门，负责组织本级共享平台建设”，“使用部门应根据履行职责需要使用共享信息”，“按照‘谁主管，谁提供，谁负责’的原则，提供部门应及时维护和更新信息，保障数据的完整性、准确性、时效性和可用性，确保所提供的共享信息与本部门所掌握信息的一致性”，“按照‘谁经手，谁使用，谁管理，谁负责’的原则，使用部门应根据履行职责需要依法依规使用共享信息，并加强共享信息使用全过程管理”。

（三）政府数据开放

与政府数据共享不同，根据《促进大数据发展行动纲要》，“在依法加强安全保障和隐私保护的前提下，稳步推动公共数据资源开放。推动建立政府部门和事业单位等公共机构数据资源清单，按照‘增量先行’的方式，加强对政府部门数据的国家统筹管理，加快建设国家政府数据统一开放平台。制定公共机构数据开放计划，落实数据开放和维护责任，推进公共机构数据资源统一汇聚和集中向社会开放，提升政府数据开放共享标准化程度，优先推动信用、交通、医疗、卫生、就业、社保、地理、文化、教育、科技、资源、农业、环境、安监、金融、质量、统计、气象、海洋、企业登记监管等民生保障服务相关领域的政府数据集向社会开放。建立政府和社会互动的大数据采集形成机制，制定政府数据共享开放目录。通过政务数据公开共享，引导企业、行业协会、科研机构、社会组织等主动采集并开放数据”。本报告认为政府数据开放有如下特点和重要机制。

数据原则上依法开放，完整的“开放数据”应当具有三个特性。一是可获取性和可访问性，主要指数据应当能够被完整获取，其所花费也不应该超过合理的重置成本，最好的数据获取方式是提供可以从网络下载的数据。二是数据可再利用和再发布。数据应当使用允许再利用和再发布的许可协议。三是数据开放具有普遍参与性，指每个人都有权力使用、再利用、再发布数据，且不允许有限制个人或者团体使用数据的许可协议。

在我国，近几年政府数据开放已经有大量实践，包括国务院通过大数据等战略推动政府数据开放与共享、国办通过出台《科学数据管理办法》规范科学数据开放与共享等。《促进大数据发展行动纲要》指出，我国政府数据公开的一般做法如下。①大力推动政府部门数据共享。②稳步推动公共数据资源开放。③统筹规划大数据基础设施建设。④支持宏观调控科学化。⑤推动政府治理精准化。⑥推进商事服务便捷化。⑦促进安全保障高效化。⑧加快民生服务普惠化。

我国《科学数据管理办法》对于科学数据的共享程序值得参考。首先将科学数据采集整理后形成数据库；然后对科学数据进行分级分类，明确科学数据的各项条件与级别；之后将目录和数据及时接入国家数据共享交换平台开放共享；并根据需求，对科学数据进行分析挖掘，开展增值服务。对于政府决策、公共安全等特殊条件下的需求，法人单位应当无偿提供；确需收费的，应制定合理的收费标准，向社会公布并接受其监督。

在数字经济高速发展的今天，实现数据共享已迫在眉睫。我国政府数据共享与开放正在迅速适应国际发展速度，企业数据共享也正处于初步发展阶段，向数据化转型已成为很多企业的未来趋势。金融科技行业和监管机构，可以通过数据开放获得更全面的数据，提高数据分析效果；金融机构和监管机构可以通过主动公开数据，提高行业透明度，完善金融机构治理。其中，金融科技领域数据共享的典型应用开放式银行值得我们进行探讨与研究。

二 典型应用案例

开放式银行（Open Banking）是指银行开放式金融服务平台，银行使用应用程序编程接口开放共享其数据，使开发人员能够进一步整合生态，搭建应用场景程序和服务。开放式银行主要包括三个方面：第一，使用开放API，使第三方开发人员能够运用银行数据构建应用程序和服务；第二，从开放数据到私人数据，为账户持有人提供更高的财务透明度选择；第三，使用开源技术实现上述目标。

目前，开放银行的业务模式大致可归纳为三种类型，分别是：标准开放型、定制合作型和创新业务型。标准开放型是指银行将客户基础数据查询、支付、信贷等基础功能模块，以标准化方式向第三方机构开放。定制合作型是指银行根据第三方合作机构的特定场景需求，打造定制化的解决方案。创新业务型是指新型数字银行与金融科技企业合作构建全新的金融产品与服务。

开放银行的概念起源于国外，最早可追溯到2004年PayPal推出的PayPal API，这被视为开放银行发展的开端。2014年6月，开放数据研究所（Open Data Institute，ODI）等机构发布的一项课题研究报告显示，API和开放数据有助于提高中小企业生产率和消费者福利水平，并增强银行竞争力，对银行、用户和第三方机构都有利。

开放银行首先在英国通过监管部门“自上而下”推动。英国从2013年开始就制定了开放银行的金融数据共享政策，2015年，英国财政部联合ODI成立开放银行工作组（Open Banking Working Group，OBWG）并正式发布了《开放银行标准》（Open Banking Standard，OBS），推动了银行创新浪潮，在全球范围内产生重要影响，美国、西班牙、新加坡等国家纷纷加快开发银行发展步伐。以美国花旗银行、西班牙对外银行（Banco Bilbao Vizcaya Argentaria，以下简称BBVA银行）、新加坡星展银行等为代表的大型银行均通过构建自有开放API平台，实现共享数据访问和跨企业协作。而中小型银行受到资金、技术、风险承受能力等条件限制，难以自建开放银行平台，其主要通过使用第三方API平台对外开放标准化产品。

我国开放银行的实践相对于国际同行业来说起步较晚，2018年是我国开放式银行发展的元年，国内各大银行竞相入局开放银行业务，探索金融科技时代创新业务的核心模式。2018年7月，浦发银行率先推出“API Bank”无界开放银行，紧接着，工商银行、建设银行、招商银行、微众银行、众邦银行等陆续提出开放银行的战略。

开放银行代表着金融数据共享，可以打破大型金融巨头对数据的垄断。开放银行对于银行业和第三方开发者来说意义重大，一方面，银行业通过数据共享可以输出产品和服务，创造出新的价值；另一方面，第三方开发者可以利用开放平台开发创新应用，为市场提供更多的科技服务。开放银行实现了银行与企业之间的合作与共赢，或将引领银行业变革的新阶段。以下通过花旗银行和 BBVA 银行两个典型代表介绍开放式银行进行企业数据共享的成功案例。

（一）花旗银行：率先拥抱金融数据共享的跨国银行

花旗银行作为一家拥有百年历史的国际性大银行，是积极拥抱金融数据共享的典型代表。花旗银行虽然是一家传统金融机构，但一直在积极拥抱并布局金融科技，努力进行数字化转型。花旗银行早在 2009 年就设立了金融科技实验室，之后又先后成立了金融科技部门、孵化器、风险投资基金，构建了一个完整的金融科技创新生态系统。花旗银行希望通过实施这些举措来领导金融科技的变革。

同时，花旗银行也在开放 API 和推动开放银行上不断发力。2016 年 11 月，花旗银行推出全球 API 开发者中心，授权开发者调用包括账户管理、账户授权、机构汇款、点对点支付、信用卡等 8 个类别在内的 API。开发者借助花旗银行开放的 API，能够更快地构建创新的客户解决方案，还能使用其底层海量的金融数据。

（二）BBVA 银行：运用资本运作进行开放转型的典范

BBVA 银行是利用资本运作进行数字化转型升级的代表。BBVA 银行是一家拥有 160 多年历史，主要在西班牙和拉美地区开展业务的区域性大银行。2013 年，BBVA 银行投资 1 亿美元设立旗下企业风险投资部门 BBVA Ventures，并开始通过该投资基金不断投资移动银行、移动支付、大数据、P2P、比特币等多领域的创业项目。

BBVA 银行进行转型的方式并不仅限于并购，它的目的是将自己打造为一家 Bank-as-a-Platform（BaaP，银行即平台）的平台型银行。2017 年 5 月，BBVA 银行正式向客户开放 API，成为全球首家以商业化运作方式开放 API 的银行，实现了向 BaaP 的成功转型。目前，BBVA 银行已经向用户开放了包括支付、贷款、账户、企业客群数据、零售客群数据等在内的 12 类 API，任何用户都可以付费调用其 API。

从国际性大银行花旗银行到区域性银行 BBVA 银行利用开放银行共享数据的成功，预示着数据共享是未来国际经济社会的趋势，传统银行更应加快转型步伐，跟上数据共享发展的新浪潮。

开放银行计划能有效促进银行与第三方机构之间的数据共享，促进金融产品的创新和银行业之间的良性竞争。但也应看到，我国开放银行的发展尚处于起步阶段，在标准化建设、配套法律法规和金融数据共享技术等方面还需要进一步推动和发展。在政府数据开放共享方面，我国一直在积极推动。2019 年，国务院公布了修订之后的《政府信息公开条例》，进一步扩大并提高了政府部门信息公开的范围和深度。具体到金融监管机构之间的数据共享和合作问题，政府也在逐步推进。2017 年 11 月，党中央、国务院批准成立了金融稳定发展委员会，其重要职能之一就是加强金融基础设施的统筹监管和互联互通，推进一行两会之间金融统计数据和信息的共享。

三　我国监管科技中数据共享存在的问题及监管建议

（一）我国目前监管科技中数据共享存在的问题

从政府数据共享与开放、企业数据共享的角度分别看，我国数据共享仍然存在一些问题。首先对比国内外情况，我国的政策实际上处于快速追赶其他国家数据共享发展程度的阶段，问题的关键在于执行。我国政府数据共享与开放仍存在一些亟待解决的问题。

1. 对数据的再利用问题强调不够

例如，数据再利用是在《国务院办公厅关于印发政务信息系统整合共享实施方案的通知》中提出的，社会认知度差；《科学数据管理办法》作为国办规范性文件，虽然设有专章规定数据共享与利用，但其主要是规范知识产权问题。数据共享不是为了共享而共享，数据共享的目的就是数据能够被综合使用，以满足全社会生产效率提升的要求。数据的再利用才是数据共享活动的明确目标。

2. 公共平台不健全，共享渠道不顺畅，平台分布不均衡

目前地方政府数据开放平台较多，但数据并没有统一，平台分布也不平衡。沿海经济发达地区平台较多，中西部地区平台分布较少。虽然目前各地政府对于部分公共数据进行了披露，但是数据开放平台的规模平均偏小，数据质量也存在问题。

3. 对数据的开放格式关注可以进一步增强

境外政府数据强调提供“机器可读”、可格式化等要求，这些技术手段可以大大改善报送数据的质量。一些国家的政府网站还提供数据工具包，这些都有利于死数据变成活跃数据，增加数据的效用。

此外，企业数据共享也存在重大的技术和法律障碍。企业数据共享较常见的障碍如下。

（1）技术障碍和相关成本问题。目前，我国数据共享相关基础设施建设仍不完善，例如缺乏互操作性、安全性，以及相关管理成本、基础设施成本高昂等问题。

（2）法律障碍被认为是数据共享的重要障碍。涉及的问题主要包括数据权属的不确定性、形成数据的合法界限等。此外，在数据共享的趋势下，企业也普遍担心难以满足数据保护法的相关要求。

（3）从数据供应商那里获取数据遭受到的歧视，以及获取数据昂贵的成本，是中小机构与企业参与数据共享的重大障碍。与大型企业不同，中小企业在获取数据方面面对的歧视更多，获取数据的成本更加高昂。中小企业获取数据难也是我国数据共享领域发展的重点难题。

数据共享发展的根源在于数字经济的发展将在经济社会领域带来重大变革。企业不应将数据主体的个人信息在采集一次以后就视为其自己的财产，然后直接转售而用于其他商业目的。针对这种企业共享数据的现有规范尚比较模糊，急需加快《个人信息保护法》的制定工作，明确操作边界。

上述问题在监管科技领域都有体现。并且，由于金融业是高度信息化产业，在监管科技未来的布局中妥善解决这些问题，对金融科技和监管科技的发展尤为重要。

（二）我国未来监管科技中数据共享的监管建议

虽然我国数据共享领域存在一些问题，但是我国数据共享发展空间巨大，改进机会更多。针对我国数据共享领域暂存问题，本报告有以下几点监管建议。

（1）针对数据再利用问题，欧盟于2018年4月修正了主旨为数据开放与再利用的PSI（Public Sector Information）指令，意在打破欧盟间数据壁垒，促进欧盟建立共同数据空间，开放欧盟公共数据，创造更高的经济社会价值。PSI指令可为我国政府数据共享与再利用起到一定的示范作用。同时，我国应支持数据互操作性和标准的开发。当企业遭遇数据共享和再利用的技术障碍，例如缺乏标准化、互操作性以及固有成本高昂等问题时，需要监管机构进一步开发数据互操作性和标准。同时，监管机构需要让企业（包括中小企业）参与标准化流程，让企业发出声音，确保它们的需求得到考虑。无论是政府数据共享与开放还是企业数据共享，数据再利用都存在很强的社会与经济价值，我国监管机构应更加重视这一问题，尽快出台相关办法。

（2）考虑由中国人民银行牵头，共建监管共享数据平台，并建立基础数据库。这样可以实现各类数据资源的整合，以更好地服务于各项日常监管工作，全面提升金融监管和监管合规的智能化水平。平台的建设应兼顾安全性和可扩展性，在安全的技术体系下实现信息数据的采集和使用、新技术的运用。由国务院金融稳定发展委员会协调各监管机构。此外，基础数据库的建立，也是我国数据共享发展中极为重要的一环。建立基础数据库需要对库内数据建立统一制式，并进行数据审查、复核，最终形成用户可查的共享目录，使数据共享更加高效、直接。同时，相关监管层面的基础设施建设也要进行配套、发展与完善。要建立与数据共享平台、数据库匹配的风险防范机制，实现全流程监管。各类基础设施的完善有助于实现数据共享监管工作的全面化、自动化、科技化。

（3）我国监管机构应鼓励企业等主体，参与有关数据共享课题的讨论，进行数据共享建设的技术升级与创新。监管机构应帮助企业了解与分享国际与国内的最佳实践案例，并提供技术指导。这类活动可以展示出企业之间数据共享和再利用的业务模式，分析案例的创新模式与技术，并提供相关法律背景介绍与指导。这些案例可以帮助对数据共享感兴趣的企业了解如何启动数据共享活动，如何安全有效地共享数据，并为这些企业提供宝贵的实践经验，以扶持它们进行数据共享领域的技术创新。

（4）针对企业数据共享的法律障碍问题，要落实监督机制并评估法规的实施情况。我国目前暂时出台的各项办法在应用时缺乏明确性和认知度。监管机构需要对法律和政策举措进行密切跟踪并进行评估，以确保其适用于数据共享的目的。监管机构应该从数据共享和再利用的角度监督法规的实施情况，以确认存在的偏差或灰色地带。同时，监管机构应继续与企业和相关主体进行沟通，了解它们遵守法律行为时进行数据共享的障碍。

（5）扶持企业参与数据共享的基金项目。数据共享需要资金持续投入，以建立并推进安全的、用户友好的技术解决方案，实现数据交换。市场上的大型企业更有实力为实施或改进技术方案提供资金，而小型或微型企业可能难以应对此类投资。鉴于这类可能出现的问题，监管机构可鼓励企业以建立协作平台等方式，互相交换数据。此外，还要支持各类数据初创企业创建技术解决方案，使数据共享得到进一步发展。同时，欧盟 CDPR 中数据可移植权的确立，对于数据从大型企业向中小企业的输送也会产生很大帮助，并为中小企业的商业发展提供强有力的扶持。这也是我国发展数据共享可参考的宝贵经验。

我国目前尚处于数字经济社会发展初期阶段，数据共享这一概念仍需进行推广、普及，需要进一步发展数据共享的概念，提升数据共享的意识。尽管多年来许多公司之间一直在共享数据，但“数据共享”仍是相当新颖的概念，且并未为大众所知。此外，这个术语在各种政策文件中不同的称呼与表达也可能产生不确定性，存在产生歧义的可能性。这也为数据共享的发展造成了障碍。我国监管机构应以政策为工具，以实践为导向，帮助企业认识到数据共享和再利用的巨大价值。

西方的金融数据共享发展经验，对我国数据共享发展有非常大的帮助。

外国银行积极迎接数据共享的意识，各类初创公司与数据化公司多样的合作方式，以及数据共享中的技术创新和世界各国对于数据共享的监管与规范办法，都值得我们借鉴和学习。

参考文献

[1] Europe Commission, Study on Data Sharing between Companies in Europe, 2016.

[2] 曾刚、李重阳:《我国开放银行的实践与挑战》,《21 世纪经济报道》2019 年 5 月 30 日。

[3] 周科:《开放银行理念的缘由、实施和挑战》,《清华金融评论》2018 年第 6 期。

[4] 蔡凯龙:《金融数据共享系列二:不开放的银行,未来岌岌可危》,未央网,https://www.weiyangx.com/266966.html。

[5] 何大勇、孙中东、陈本强、刘冰冰、谭彦:《开放银行重构整体价值链》,《中国保险报》2019 年 6 月 11 日。

B.15 监管科技中的数据保护问题探讨

清华大学五道口金融学院课题组*

摘　要： 本报告对比阐述了欧、美、中当前数据保护的法律进程；分析了个人有哪些数据权利，金融企业和机构有哪些数据保护义务；总结了监管科技中数据保护存在的问题，如企业在运用合规科技时缺少数据保护机制，监管科技中使用的新技术存在复杂性和不透明性等；最后对我国应如何应对数据保护问题给出了监管建议：应加快《个人信息保护法》的制定出台，加强数据保护监管机构的建设，提高数据算法透明度，深化数据跨境流动国际司法合作。

关键词： 监管科技　数据保护　个人数据主体权利　GDPR　数据跨境流动

一　监管科技中的数据保护概述和界定

（一）监管科技介绍

根据中国人民银行金融研究所对监管科技的定义，按照应用主体可将监管科技分为“合规”和“监管”两个方面，即狭义的监管科技（SupTech）

---

* 课题组成员：廖理、张建棣、张伟强、贺裴菲、张跃星、张琳蔚、曹然，清华大学五道口金融学院。

和合规科技（CompTech）。前者是监管部门使用科技手段优化监管模式，提高监管效率，是监管科技在监管端的应用；后者是企业或金融机构运用新兴科技降低合规成本，使其更好地符合监管部门规定，是合规端应用。

（二）数据保护法律介绍

1. 欧洲

欧洲逐步建立起以人权为基本理念的数据权利观念和数据保护法，其最重要的特点是认为数据保护属于人权，核心含义是数据主体对数据有控制的权利，简而言之，数据活动如收集、传输、加工、处理、删除都要以数据主体可控为判断标准。

2016 年 4 月，欧洲议会投票通过欧盟《通用数据保护条例》（General Data Protection Regulation，GDPR），取代欧盟 1995 年推出的处理内部个人数据的《数据保护指令（95/46/EC）》（Data Protection Directive），2018 年 5 月 25 日生效的 GDPR 对于欧洲乃至世界数据保护立法正在发挥较大的影响力。在 GDPR 项下，较重要的两个当事方是数据主体和数据控制者，分别是权利主体和义务主体。

英国于 2017 年 8 月由数字、文化媒体和体育部发布了《新数据保护法案》（New Data Protection Act，DPA），取代实施了近 20 年的《1998 年数据保护法》，对个人数据、在线服务商、监管机构等方面进行了明确规定，关于同意规则、个人数据获取权、可携权和被遗忘权也更严格。

2. 美国

美国的个人数据保护采取的是分部门模式，这种模式应该基于美国的联邦层面、州层面以及分部门协作来理解。

在联邦立法层面，1914 年的美国联邦贸易委员会（FTC）法案授权 FTC 作为执行各项反托拉斯法律的行政机构，其中“在商业过程中或影响商业的不公平或欺骗性行为或做法”的规定适用于商业活动中的数据保护。1974 年《隐私权法》构建了美国在金融、医疗等领域不同的隐私权保护方案。2017 年 10 月，美国消费者金融保护局（CFPB）在《消费者保护原则：

消费者授权金融数据共享和整合原则》报告中专门对金融业个人信息保护制定了合规性操作指南，也规范了银行、保险公司等获得牌照的实体机构在金融消费者数据保护方面的义务。2018 年 12 月，美国民主党参议院提出的《数据保护法案》（Data Care Act of 2018），旨在保护在线用户信息，并惩罚未适当保护此类数据的大型科技公司、网站和其他在线提供商，被视为更广泛地推动联邦隐私立法，将由联邦贸易委员会定义和执行。

另外，在州立法层面，加州和华盛顿州也颁布了自己的州隐私立法。在 GDPR 实施一个月后，《加州消费者隐私权法案》（CCPA of 2018）颁布并将于 2020 年生效，规定消费者对企业收集个人信息拥有更多控制权，也对企业披露义务和收集的信息类别划定红线，规定了法定损害赔偿金，被认为是美国州层面最严格的隐私立法。2019 年 3 月，华盛顿州通过《华盛顿隐私法》（Washington Privacy Act），细化了数据控制者行使权利的场景和规范要求。

3. 中国

我国一直在不断推进网络信息安全和数据保护体系的建设，全国人大常委会先后通过《关于维护互联网安全的决定》和《关于加强网络信息保护的决定》。我国相关法律条款虽然多，但较为分散，缺少统一标准。2013 年《征信业管理条例》对数据采集、数据使用和加工制定了规则。2016 年 11 月《网络安全法》在法律层面构建了网络空间个人信息保护较为完整的法律制度，确认了数据主体的同意、知情、修正、删除等权利。同年 12 月，《中国人民银行金融消费者权益保护实施办法》规范了金融机构建立个人金融信息保护机制。2018 年 8 月《电子商务法》在《网络安全法》基础上进一步对个人信息保护规则细化，要求经营者明示用户查询、更正、删除信息以及注销。

在个人信息保护专门领域的立法中，2017 年，全国人大代表提交了《个人信息保护法（草案）》。2018 年 5 月，个人信息安全领域的推荐性国家标准《信息安全技术个人信息安全规范》实施，明确了个人信息收集、保存、使用、共享的合规要求，为网络运营者制定隐私政策和完善内控提供了具体指引。同月，中国银保监会发布《银行业金融机构数据治理指引》，将上述个人信息安全相关的国家标准纳入银行金融机构数据治理的合规体系中。2018 年 9 月，十三届全国人大常委会五年立法规划显示，《个人信息保护法》《数据安全法》已被列入第一类立法项目。2019 年 5 月，《国家互联网信息办公室关于〈数据安全管理办法（征求意见稿）〉公开征求意见的通知》发布，指导个人信息和重要数据安全保护工作。

（三）监管科技中数据保护问题探讨

在监管科技活动里，金融机构采用包含新的系统软件基础设施、市场技术准入和低延迟工具，以及实时市场数据传送等技术开发，来应对合规要求和风险分析，同时监管机构也大都积极运用监管科技，助力监管政策落实和合规管理。但在监管科技发展的同时，金融风险、网络风险和数据隐私保护也引起了监管部门的警惕。

银行保险金融机构底层技术软件不断涌现，网站、App 和金融服务机构应该如何利用网络介质开展包括收集、传输、处理加工、授权使用和删除在内的数据活动，以及数据隐私安全如何保护和监督，是值得探讨的问题。

二　个人数据保护权利

各国及国际组织对于个人数据保护权利这一问题的探讨，大体上会涉及下列问题：数据是否同意才采集、数据使用和加工是否要严格按照目的、数据错误是否要修正、数据主体是否有知情权、数据侵权是否要救济等。

（一）数据主体权利

目前提供数据保护新制度影响最大的是欧盟于 2018 年 5 月生效的 GDPR。该条例丰富了数据主体权利，提出新的数据主体的数据可携权，即数据主体可以要求企业向其指定企业提供可机读的数据副本；完善了删除个人数据的权利（删除权，或称“被遗忘权”），允许数据主体要求删除个人数据及副本、链接等，并且在某些情况下要求其他控制者也遵守该请求；增加了针对数据侧写（Profiling）的保护，即对任何形式的个人数据自动处理并用来对预测数据主体行为的活动进行限制，最典型的就是我们手机上的那些基于大数据和算法的精准营销。GDPR 个人数据主体的权利见表 1。

表 1　GDPR 个人数据主体的权利

权利名称	权利内容	权利限制
访问权	GDPR 第 15 条规定,用户有权要求企业告知其个人数据是否正在被处理;有权获取其个人数据以及相关信息。若该请求以电子形式提出,则也应以电子形式将数据提供给个人	控制者不能基于提供该服务而收费,除非数据主体的请求明显过量,超过负担。当提供个人数据侵害他人权利或者自由时,企业可以拒绝提供
修改权	GDPR 第 16 条规定,用户有权要求企业及时更正修改不准确的个人数据,有权要求将不完整的个人数据补充完整	—
删除权(被遗忘权)	GDPR 第 17 条规定,在某些情形下,数据主体有权要求企业及时删除其个人数据:(1)数据对于收集目的来说不再必要;(2)用户撤回同意,也没有其他正当理由支持继续处理该数据;(3)用户反对对其个人数据处理,也没有其他正当理由支持继续处理数据,或者由于营销目的遭到了用户反对;(4)非法处理个人数据;(5)遵守企业在欧盟成员所在国法律义务,必须删除该数据;(6)经监护人同意而处理的儿童个人数据。对公开的个人数据适用,企业也应当采取合理措施,删除个人数据的链接、复制件等	被遗忘权不是绝对的,需要符合比例原则并与新闻自由、表达自由、商业自由等进行平衡。GDPR 还规定了五个例外:(1)保护表达和信息自由;(2)履行法律义务;(3)关涉公共健康等公共利益;(4)基于档案、统计、历史和科学研究等目的;(5)其他正当理由和抗辩
限制处理权	GDPR 第 18 条规定,在特定情形下,当数据主体提出投诉时(如数据准确性),不要求删除该数据,但可限制数据控制者停止对该数据继续处理	企业可以以保护他人权利、公共利益等正当理由进行抗辩
数据可携权	GDPR 第 20 条规定,用户能以有序、常用、机器可读的方式获取其个人数据,并且有权将这些数据转移到另一个企业。原始收集、存储这些数据的企业不得干扰用户转移。在技术可行的情况下,用户有权要求原始收集、存储其个人数据的企业将这些数据转移到其他企业	数据可携权不得不利地损害他人的权利和自由

续表

权利名称	权利内容	权利限制
异议权	GDPR 第 21 条规定,用户始终有权在任何时间反对处理其个人数据;一旦用户提出异议,企业就应当停止处理其个人数据。第 22 条规定,只有当完全基于自动化处理在对用户画像决策时,对用户产生法律效果或者其他类似重大影响,用户才有权反对。不适用于以下三种情形:(1)对于用户与企业之间签订、履行合同是必要的;(2)欧盟或者成员国的法律允许;(3)基于用户明确同意	企业可以提出正当理由进行抗辩

资料来源：高富平主编《个人数据保护和利用国际规则：源流与趋势》，法律出版社，2016，所附译文及清华大学五道口金融学院整理的相关内容。

美国《加州消费者隐私权法案》与 GDPR 相比，对于个人权利的规定不同之处有：前者更偏重“属人原则”；有更宽泛的定义，即不仅采集有关个人信息，还包括家庭信息；规定个人有权选择退出数据活动；明确禁止企业歧视行使权利的消费者；未规定更正权。相似之处是都规定了访问权和删除权。

加州消费者将获得新的权利，其中包括数据访问权，即有权要求收集信息的企业向消费者披露企业收集的个人信息的类别和具体要素、收集来源与目的，以及与之共享信息的第三方，数据删除权，即要求商家删除收集的消费者个人信息的权利，选择退出数据活动的权利。

（二）个人数据类别

个人数据可以细分为两类：一类是可以识别某个人的数据，即标识类数据，例如个人姓名、身份证号码、手机号、指纹、移动设备号、地址数据、虹膜等；另一类是关于某个人的数据，例如个人的身体特征、家庭情况、财务状况、行为规则等。这两类数据经过多维度匹配和挖掘，可以直接了解一个人的人格，因此这两类数据是个人数据保护的基本对象。例如，GDPR 规定的个人数据是“与一个身份已经被识别或者身份可识别的自然人相关的任何数据”；2012 年，美国联邦贸易委员会发布的《在快速变革的时代的消费者隐私保护：对企业和政策制定者的建议》报告认为其所规范的个人数据，是所有商业机构收集的、可以合理关联到一个具体的消费者、计算机和其他设备的数据；美国 CFPB 于 2017 年发布的《消费者保护原则：消费者授权金融数据共享和整合原则》报告中认为个人信息包括金融机构内部自有个人数据和金融机构使用外部第三方个人数据。我国《征信业管理条例》也采取了上述方法。简而言之，数据保护法，保护的是对个人人格的识别与处理。

三　企业数据保护义务

（一）数据保护义务主体范畴界定

数据控制者（Data Controller）是欧盟《数据保护指令（95/46/EC）》和 GDPR 项下最重要的义务主体，不仅可以全面控制个人数据信息的处理，而且可以独立地、共同地或与另一个数据控制者共同确定数据处理的目的和方式。此外，GDPR 还引入了数据处理者（Data Processor）的概念。数据处理者是根据数据控制者的授权，代表数据控制者处理个人数据，对数据主体没有控制权。如果数据处理者越权处理数据，那么其可能被视为共同数据控制者。数据处理者可在数据控制者授权的情况下，将一些数据处理活动进行分包。当数据控制者使用数据处理者时，应谨慎挑选数据处理者，同时，必须建立书面联系以确保数据处理者仅根据其指示行事。

在责任承担方面，数据控制者和数据处理者分别承担不同的责任。具体来说，数据控制者依法承担最终责任，数据处理者作为处理数据的主体承担直接责任，并依据其与数据控制者所达成的合同，针对相同数据处理承担连带责任。

综上所述，根据 GDPR，数据保护的义务主体是数据控制者和数据处理者。义务主体按照主体性质分为政府、企业、非法人组织等，其中，企业的相关利益较为引人关注，因为企业作为数据控制者和数据处理者，可以依法在不经数据主体同意的情况下为自身利益进行数据处理活动。但必须有一个前提条件，就是在数据处理时，要衡量该相关利益和维护个人数据保护的权利与自由之间的优先级。衡量相关利益的原则几乎贯穿 GDPR 的始终。政府、非法人组织等主体依法处理数据，以及将处理数据用于统计和科学研究不在此范围内，其需要遵循其他法律，本报告仅探讨企业作为义务主体的数据保护义务。

（二）数据保护义务

数据控制者和数据处理者作为数据保护的义务主体，必须履行特定的数据保护义务。GDPR 规定数据控制者和数据处理者必须采取必要的、适当的技术和组织措施，以实现数据处理程序的合法性，确保数据主体的权利与自由得到有效保障。欧盟是全球个人数据保护的重要参照系，关于企业应履行的数据保护义务，欧盟的 GDPR 对相关的规定最为全面，表 2 详细介绍了数据控制者和数据处理者应履行的义务。

表 2　数据控制者和数据处理者应履行的义务

义务名称	义务内容
系统保护和默认保护的义务	GDPR 第 25 条规定，系统保护义务是指数据控制者在设计新型处理技术、产品和服务的过程中，以及在正式适用前述方式处理数据的过程中，都必须考虑数据保护问题，并且评估其可能带来的风险，从而确保其处理活动符合 GDPR 的规定，能够保障数据主体的权利和自由；默认保护义务是指数据控制者在收集和使用个人数据时需要贯彻最小化和目的性等原则，并确保数据主体的有限访问状态
对数据处理活动进行记录并存档	GDPR 第 30 条规定，雇员不少于 250 人，所进行的数据处理对数据主体的权利和自由带来影响，对于长期或专门从事数据处理活动以及处理特殊类别数据或刑事犯罪相关数据的企业，数据控制者和数据处理者必须记录其数据处理活动并持续存档
与监管机构合作和配合的义务	GDPR 第 31 条规定，企业应当在履行法定义务的过程中，与监管机构进行合作，积极配合监管机构的调查

续表

义务名称	义务内容
保障数据处理安全的义务	GDPR 第 32 条规定，数据控制者和数据处理者应采取必要的、适当的技术和组织措施，包括加密处理、假名化等，以保障数据主体的个人数据安全
数据泄露报告义务	GDPR 第 33 条和第 34 条规定，所有数据控制者和数据处理者在发生数据泄露事故时应在 72 小时内及时通报给监管机构，并在必要情况下告知受影响的数据主体
内部建立数据保护影响评估机制和事先咨询义务	GDPR 第 35 条规定，数据保护影响评估机制是一个针对高风险数据处理行为的特别机制，指当数据处理活动的性质、范围、目的可能会对数据主体的权利和自由带来高风险之时，数据控制者需要评估影响情况。如果数据控制者没能力减少该风险，则必须在数据处理前向监管机构事先咨询
设立数据保护官(DPO)	GDPR 第 37 条规定，存在法院以外的公共机构或机关主导数据处理活动、对数据主体进行大规模系统化监控、涉及医疗和犯罪等特殊敏感数据的情形时，数据控制者和数据处理者必须在其内部设立数据保护官。DPO 具有一定的法定职责，数据控制者和数据处理者必须提供 DPO 履职时必要的一些资源
跨国数据转移时保证合规的义务	GDPR 第 5 章规定，数据控制者只有在满足特定的条件时才能向第三方国家或者国际组织转移个人数据信息，或再次将数据信息转移至另一个第三方国家或者国际组织，以保证跨境个人数据流通的合规性。特定的条件具体包括达到"充分保护水平"、采取公司约束规则等保障措施、属于数据主体明确同意等特殊情形、满足非重复进行等最后条件。这些特定条件是阶梯式的，在前一个条件不满足时才适用下一个条件

资料来源：高富平主编《个人数据保护和利用国际规则：源流与趋势》，法律出版社，2016，所附译文及清华大学五道口金融学院整理的相关内容。

GDPR 对于数据控制者和处理者数据保护义务的规定，适用于包括金融机构在内的所有类型的企业，并没有单独对金融数据领域做出规定。金融数据在 GDPR 中虽然不属于敏感数据的范围，但是其自身除了具有数据的一般特性之外，还具有综合性、广泛性、连续性、真实性、可靠性等特殊性，因此，其对数据处理活动要求更高更严。欧盟于 2016 年 1 月 12 日开始实施的《支付服务法令Ⅱ》（PSD Ⅱ）中包含了一项针对金融数据的具体规定，即欧盟成员国应允许支付系统及支付服务提供商在必要的情况下处理个人数据信息，以确保支付欺诈的识别、防范和调查；支付服务提供商只有在用户明确同意的情况下，才能访问、处理、保留提供支付服务必要的个人数据信息。

2017 年 10 月，美国消费者金融保护局在《消费者保护原则：消费者授权金融数据共享和整合原则》报告中对于根据银行法、保险法、金融服务法获得牌照的实体机构进行了规范，这些机构在金融消费者数据保护方面的义务包括必须设立首席信息安全官、必须对非公开信息加密处理、必须将第三方服务提供商的安全政策纳入安全风险评估等。此外，CFPB 还专门针对金融业个人信息保护制定了合规性操作指南，其中，个人信息包括金融机构内部自有个人数据和金融机构使用外部第三方个人数据，以保证在相关信息保护法律法规尚不健全的条件下，金融机构和第三方数据服务商的合规运营。

2018 年美国《加州消费者隐私权法案》也对企业信息披露义务和收集处理做出规范并划定红线，具体要求包括：企业必须披露其收集的信息、所收集信息的使用目的和共享这些信息的第三方机构名称；企业应在互联网主页上提供清晰明显的“不得出售个人信息”的内容；企业不允许歧视那些行使访问权、删除权或停止出售权的消费者；对于允许收集个人信息的消费者，企业可提供“财务激励计划”。与 GDPR 类似，该法案对企业的违规行为也设定了严重处罚措施，加州政府有权对违法企业进行处罚，最高将被处以 7500 美元的损害赔偿金。

四　我国监管科技中数据保护存在的问题及监管建议

（一）目前我国监管科技中数据保护存在的问题

1. 我国个人数据保护相关立法有待完善

在数字经济时代，大部分互联网企业（包括金融科技企业）无偿收集了大量的个人数据，这些数据因为权属不清，被企业进行不当挖掘和交易，容易导致个人信息泄露、账号密码被盗、网络诈骗等事件频繁发生，威胁着个人的隐私和财产安全。在国家法律层面，我国一直在不断推进个人信息保护法律体系的建设，先后制定并实施了《征信业管理条例》《网络安全法》

《电子商务法》等法律法规，对于个人数据保护规则和企业数据采集做出了一些具体性规范，但相对于欧美等发达经济体的数据保护立法体系，仍缺少个人信息保护专业领域的系统性立法，同时，银行保险业等金融机构使用个人信息数据的规范细则还有待完善健全。《个人信息保护法》《数据安全法》已被列入十三届全国人大常委会立法项目。

2. 企业在运用合规科技时缺少数据保护机制

金融科技活动以数据为本，金融交易大都建立在数据的基础上。大数据分析是监管科技和合规科技中经常使用的技术手段，分析的对象是金融消费者在互联网上留下的个人数据信息。这一方面赋予了个人数据信息的价值性，另一方面也增加了个人数据泄露的风险。在金融科技行业，个人数据的泄露不仅关乎着个人信息的安全问题，还牵扯个人的资金安全问题，稍有不慎就可能给金融消费者带来巨大的损失。在金融行业强监管的监管环境下，《银行业金融机构数据治理指引》对银行业金融机构的数据合规做了专门规定，但监管机构并没有强制要求第三方数据服务商和监管科技公司，在使用合规科技时建立相应的数据保护机制。

3. 监管科技中使用的新技术存在复杂性和不透明性

在监管科技领域中，大数据、人工智能和机器学习等新兴科技正在成为金融企业的技术手段，并且被应用在公共和私营领域的许多组织中。这些新兴技术的数据和算法具有复杂性和不透明性等特点。机器学习中涉及大量的数据，它们来自每个连续层通过分类输出的非线性神经网络数据，这样庞大的网络处理数据的复杂性创建了一个“黑匣子”效果。大数据分析（例如侧写带来的营销）可能对个人具有侵入影响。企业需要考虑使用有关个人数据的大数据应用程序，以符合人们的合理期望。收集的数据可能来自不同的提供组织。物联网（IoT）、大数据技术的发展，意味着人们有意识地提供他们的个人资料。在很多情况下，数据分析已自动生成而不是有意识地由个人提供，例如通过在线跟踪活动。这些都可能对数据保护产生影响。

4. 针对跨境数据流动问题在国际社会尚未形成共识和通用规则

在数字经济和经济全球化发展的时代，不可避免地会出现个人数据的跨境流动。在大数据时代，数据是一国重要的资产，跨境数据流动涉及各国争抢经济利益的问题。目前，各个国家都在基于各自的历史背景，积极制定跨境数据流动规则，然而各个国家制定的规则的差异很可能会导致国家之间的贸易壁垒。同时也要看到，欧美日在跨境数据保护问题上正在逐步趋同和融合。例如，美国发布的《澄清境外数据合法使用法案》（即 CLOUD 法案）在严格限制数据跨境流动的同时，与欧盟、日本达成了数据共享的协议；欧盟和日本也已经于 2018 年 7 月约定双方数据保护系统视为“同等有效”。但是，总体来说，对于跨境数据流动问题，目前在国际上尚未达成统一共识并制定通用规则。

（二）对于我国监管科技中数据保护的监管建议

1. 加快《个人信息保护法》和配套立法的出台

在个人信息保护法律体系的建设方面，我国近年来陆续出台了一系列法律法规，明确要求企业收集的信息必须与其所提供的服务相关，需要得到被收集者同意，但是作为个人信息保护法律体系重要组成部分的《个人信息保护法》尚未出台，目前已进入立法程序。2018 年 9 月，全国人大公布了十三届全国人大常委会五年立法的规划，其中包含《数据安全法》和《个人信息保护法》。在新兴科技不断应用于银行财务与合规风控的背景下，为更好地保护个人信息并明确监管科技中对相关数据处理活动方的执法监管机制，应加快我国《个人信息保护法》和配套立法的出台进程。

2. 加强数据保护监管机构的建设

在个人数据保护问题上，除了数据主体、数据控制者和数据处理者的参与外，也少不了数据监管机构的保障。为了保障 GDPR 的有效执行，欧盟成立了数据保护委员会（EDPB），进一步完善了欧盟的数据监管机构体系。我国也应在立法上对数据保护问题进行规范之外，加强数据保护监管机构的建设，建立专门的个人数据保护监管部门。同时监管机构应进一步立法，制定具体制度来体现个人数据保护的基本原则。例如，监管机构可明确要求监管科技企业特别是第三方数据服务商，建立相应的数据保护机制和内部数据保护监督程序；同时可借鉴 GDPR 中数据保护官制度的做法，明确规定监管科技领域的数据控制者和数据处理者应设置 DPO 制度，设立专门的数据保护岗位和人员，同时对于不合规的企业给予相应的处罚。

3. 提高数据算法透明度

针对监管科技领域使用的大数据、人工智能和机器学习等新技术存在复杂性和不透明性，我国应制定具体制度提高数据算法领域透明度管理水平。一方面，可适当引入算法审计制度。算法审计目前具有一定的可行性，例如 2016 年国际数据挖掘大会论文，证明算法审计技术能够有效识别影响算法决策的离散因素，美国目前已经有咨询公司专门为客户提供算法审计服务。另一方面，可以通过设立企业和行业层面的道德委员会，利用道德方法帮助加强数据保护原则，设立道德委员会，通过审查大数据项目并评估大数据分析带来的复杂问题，帮助提高机器学习等算法开发的透明度。

4. 深化数据跨境流动国际司法合作

当前，数字经济已经成为一国经济发展的核心推动力，数字贸易在全球范围内发展迅速，大量数据信息在各个国家间频繁跨境流动，这涉及法律管辖权和数据隐私保护问题。在国际范围内，对于美国、欧盟、日本等在建立数据的区域保护机制，我国应积极参与制定跨境数据流动规则，与其他各国在一致性方面努力探讨合作机制，深化双边或多边司法合作，共同构建网络空间命运共同体，以应对数据统一保护和执行的挑战，加快全球数据治理现代化进程。

参考文献

［1］孙国峰主编《监管科技研究与实践》，中国金融出版社，2019。

［2］个人信息保护课题组：《个人信息保护国际比较研究》，中国金融出版社，2017。

[3] 高富平：《个人数据保护和利用国际规则：源流与趋势》，法律出版社，2016。
[4] 加州消费者隐私权法案（California Consumer Privacy Act of 2018），2018。
[5] Consumer Protection Principles：Consumer-Authorized Financial Data Sharing and Aggregation，2017.
[6] Data Protection Act 2018 ，2018.
[7] Information Commissioner's Office（ICO），Big Data，Artificial Intelligence，Machine Learning and Data Protection，2017.
[8] 欧洲数据保护委员会（EDPB）：《关于 GDPR 实施和各国监管机构作用和手段的报告》，2019。
[9]《欧盟 GDPR 合规指引》，中国信息通信研究院，2019。
[10]《迷雾中的新航向——2018 年数据保护政策年度观察》，腾讯网，https：//new. qq. com/omn/20181229/20181229A13RF3. html。
[11] 许多奇：《个人数据跨境流动规制的国际格局及中国应对》，《法学论坛》2018 年第 3 期。
[12] 肖冬梅、成思雯：《欧盟数据保护官制度研究》，《图书情报工作》2019 年第 2 期。

B.16
监管科技中的数据标准问题探讨

杨 东　刘炼箴*

摘　要： 监管科技的数据标准化，是大数据时代金融数据标准化的一个部分。本报告通过分析建立监管科技中数据标准的必要性与建立数据标准存在的问题，提出了建立我国监管科技数据标准的总体框架，并对建立监管科技数据标准的未来情况进行了展望。

关键词： 监管科技　数据标准　信息共享

一　建立数据标准的必要性

数据对于数字经济时代意义极为重大，数据的整合和再加工已成为数字经济时代不可或缺的一环。从这一点上看，如果说工业革命后社会利用资本运作创造出新的价值，信息革命后社会就必将利用数据创造新的价值。那么，数据的收集、汇总、统合在一定程度上就类似于资本的集中，而数据的采集、利用、储存和交易等一系列的法律行为均会发生变化。① 数据在新时代越来越重要，以至于对原有的社会制度、商业模式造成冲击。在商业实践中，无论是政府、银行还是公司都开始倾向于给数据确权定价，以使其在现代数字经济发展大潮下更好地发挥作用。然而法律体系的建设不可能一蹴而

---

*　杨东、刘炼箴，中国人民大学。

①　参见杨东《“共票”：区块链治理新维度》，《东方法学》2019 年第 3 期，第 56 ~ 63 页。

就，尤其是涉及数据这一被比作新时代生产资料的重要概念，更不可能在一朝一夕内完成。新的法律客体、新的法律主体的产生，就如同公司制度与资本制度的形成一样。[①] 从目前我国的法律架构来看，数据在本身性质、产生权属、收集权属、相应的权利内涵、监管手段与救济等诸多方面依然存在制度不完善的问题，这导致我国出现诸多法律问题，也使部分公民面临道德上的风险，在一定程度上抑制我国的数字经济产业与金融行业的现代化发展速率。

金融行业的数据标准问题，是数字经济时代建立数字标准中极为重要的一环。在移动互联时代，金融数据来源更加丰富、种类更加多样、应用场景和领域更加多元，甚至金融机构的核心竞争力不可避免地包含了对数据收集、储存、利用的能力。然而数据诸多性质的不明确，以及严酷的市场竞争环境，导致数据虽然愈加繁多，但是企业甚至政府部门出于自身的利益考量，往往选择自行管理数据、储存数据，产生人为的“数据孤岛”。而数据标准化问题与企业的利益存在相悖之处，企业往往侧重于开发、利用数据而非完成数据标准化这一“基础建设”。当前我国金融行业的数据标准建设就存在这一问题，部门间的差异、分支机构间体系的不同，可能导致数据的收集、统计、整合按照各自的模式实施，最后得到的数据标准不一，需要花费额外的成本加以统一。与此同时，数据本身的概念、类别体系也没有行业标准，统计模式与统计口径在各个公司之间甚至公司内部不同部门之间也没有成熟的类标准模式，这导致了相对低的可比较性、可计算性和可评价性。这一现状对不同业务之间的数据流动影响极大，提高了数据在不同业务部门之间的流通难度，对于监管科技的大规模展开应用，起到了较强的阻碍作用。

大规模展开应用监管科技，建立兼具实用性、可操作性与宏观性的数据标准必不可少，甚至可以说，没有数据标准化带来的业务流程互联互通与数

---

① 杨东：《区块链如何推动金融科技监管的变革》，《人民论坛·学术前沿》2018 年第 12 期，第 51～60 页。

据的全面共享，监管科技就很难发挥作用。通过应用人工智能、大数据、API等尖端科技，打造新型的金融监管平台和工具，尽可能地在架构上运用数字化的处理模式，以智能合约、人工智能的稳定性取代人员审查自带的不确定性。在这种模式下，通过提供更精准、明确的金融监管信息，可以有效地整治行业内长期存在的金融乱象，为金融风险的识别和化解打下坚实的基础。

监管科技的基本理念，是监管部门端能从金融机构端实时、准确地获取数据与报告，而以最快速度给予金融机构多种维度的反馈。当一种数字化的连接形式被建立后，传统模式所消耗的大量时间成本、人力成本与沟通成本都大幅降低了。传统监管模式，在前几年的金融危机下暴露出了诸多不足，而新兴金融科技发展恰好为解决这些不足提供了可能。在监管者层面，监管者可以通过监管科技的运用，从被动监管转变为主动监管，通过数据的共享，形成一个有机的交互系统。但是监管部门面对诸多金融机构，与复杂繁多的数据类型，不可能针对每个金融机构或者每种数据种类，单独建立数据的分析模式，必须通过建立一个数据标准，规范各金融机构提供的数据，以数据的标准化作为前提，才能实现各个金融机构数据的统一利用。

监管科技的数据标准化，是大数据时代金融数据标准化的一个部分。金融数据标准化通过规范金融数据的定义、载体、收集方式、利用方式、安全保护模式，建立一个行业内部的通用标准，让监管部门在与各个金融机构进行数据交换与利用时流通顺畅。通过建立金融数据的行业统一标准，可以在保障数据质量合规、存储合格的基础上，推动行业内外的数据流通以及数据共享。这不仅可以大幅度提高科技驱动型监管的效率，也成为探索、挖掘、实现数据内在价值的前提。没有标准化的数据，金融监管的数字化将举步维艰。

二　建立数据标准存在的问题

建立统一的数据标准的问题，首先是在宏观层面内部数据统筹标准化的问题。当下中国金融行业内，银行以及其他金融机构之间组织性质不同，规模大小也不一致，制定一个数据标准必须切实考虑中小机构的利益。同时，基于传统双峰监管理论设置的不同监管机构，各自监管侧重点不同，往往导致政策性文件的出发点不一致，要统合这些金融监管机构的侧重点并从宏观层面制定数据标准，也是比较困难的。

其次是行业内部的数据开放标准也很难确定。当前部分金融机构的交流其实有助于彼此的发展，通过共享数据的模式，可以切实提高双方的数据分析精确度。同样地，不同监管部门之间如果能针对所监管的不同金融机构，共享一些比较基础的数据，就能大幅度提高监管的效率。行业内部的数据共享需要制定标准，跨行业之间的数据共享对于数据标准化的需求就更加迫切。然而由于可以共享的数据标准不明确，无论是金融机构还是监管部门，都以风险防控为优先，对于数据共享始终保持严谨态度。

最后对于外部数据制定统一的标准也非常必要。从银行和其他金融机构的实践来看，行业内部都希望依托外部数据资源，主要是消费者相关数据，来促进金融机构本身的相关业务发展和大数据的推广应用。但是由于法律法规尚未加以规定，相关政策也不明确，金融机构需要自行探索“合法性边界”，这导致金融机构因存在顾虑而不敢展开实践探索。再加上行业内的企业，现有的技术能力和安全规范两方面标准都不统一，结构性差异很大。对于从外部收集来的数据能否使用，使用之后是否有风险，数据是否能保持稳定提供，其安全水平是否满足金融行业监管要求，现在都需要及时出台相关的法律规范加以规制。同时，法律法规也应当对外部数据使用的标准予以确定。金融机构获得了外部数据后，在行业内部可以使用到什么程度，可以挖掘多深的蕴含信息，可以使用到多少底层的数据，关系到一系列消费者的保护问题，而金融机构，尤其是大型的、具有社会责任感的企业面对这一问题理应更加谨慎。

同时也需要制定金融数据共享的标准。银行或者金融机构作为数据的输入方或者输出方，大数据的业务需要合作，其他的相关机构或者金融机构之间合作都涉及数据的流通问题，在跨行业之间的数据流通层更是缺乏比较细致的标准规范进行指引。具体来说就是哪些数据应当开放，哪些数据可以开放，哪些数据未经授权不能开放，只有解决了这些问题，金融数据共享的标准才能明确。在金融数据共享标准不明确的当下，数据垄断也成为热点问题之一。企业基于不明确的标准拒绝开放数据，或者利用自身掌握大量数据的优势操纵市场价格等问题，也是当今学术研究的热点。

除此之外，特别值得强调的还有消费者数据的隐私保护标准。例如欧盟在《通用数据保护条例》（GDPR）中就对消费者隐私保护做出了严格规定，美国也基于《多德-弗兰克华尔街改革与消费者保护法案》（简称《多德-弗兰克法案》）中的部分条款，对于消费者的数据信息权益加以保护。我国虽然已经对金融消费者保护做出了诸多规定，但是面对数字时代消费者数据保护的新要求，也应出台可操作性更强的法律法规。哪些数据属于消费者隐私数据，哪些是可以有条件共享的数据，可共享数据有哪些机构，在哪些场景之下可以用，在数据使用过程当中所遵循的基本的原则，对个人信息脱敏的基本要求，以及对于用户权限保护的基本准则和法律合同条款的基本规范，目前都缺乏比较明确的法规指示。

三　中国监管科技数据标准建立现状

从基础架构上，证监会已经着手推动中国监管科技建立符合国情的数据标准。证监会于2017年开始强化科技监管方面的工作，确定了利用科技手段加强监管、推动金融科技创新的总体方针。一方面加快相关法规和政策性文件的研究，引导金融科技创新良性发展，保障资本市场发展方向稳中向好的总体基调；另一方面正式把监管科技作为监管手段之一，尝试从新的维度改变调整监管模式，提高监管水平。在2018年，证监会将监管科技作为年度信息化建设的重点工作之一。2018年8月底，证监会出台了关键性文件《中国证监会监管科技总体建设方案》（简称《方案》），在其中明确了监管科技的各个发展阶段性要求。其中监管科技1.0要完成4类21项任务，这之中就包括提出长期着力于提升监管工作的标准化程度。

根据《方案》，监管科技领域的数据标准问题被认定是中国发展监管科技的基础问题，应在国家层面推动制定相应标准，并且在之后随着监管科技的高速发展不断完善。

同时，建立监管科技的数据标准体系，也是金融数据标准化的重要领域之一。如前文分析，没有金融数据的支持，监管科技无法正常工作，因此金融数据标准化的推动也能为今后监管科技的发展给予支持。在 2018 年下半年，全国金融标准化技术委员会主任委员范一飞指出，我国金融标准化事业经过近 30 年的发展，在探索中起步，现已进入全面推进阶段，金融标准体系初步建立；金融标准化在促进我国金融业健康发展、支撑实体经济、改善人民生活中发挥了积极作用。①

四　建立数据标准的未来展望

监管科技的标准构建是其发展的基石，对整个金融行业整合资源、优化监管模式、提高监管效率尤其重要，我国已经着手从宏观层面构建监管科技的统一数据标准，但是这一标准的建设依然需要时间与不断地修改完善。在构建标准时，可以参考国际上已经存在的标准构建经验，从而建立符合中国国情又立足世界前沿的监管科技数据标准体系。

建立数据标准，最重要的就是注重系统性与具体性的统一，标准既要放眼长远、宏观构建，又必须完善各个细节，防止执行起来在实际应用上出现各类问题。

系统性，就是制定数据标准体系时要从宏观层面着手，遵循国务院等发布的相关文件的引领要求，构建一个大的监管科技领域数据库，推动行业的基础设施建设，实现信息互通、共享。标准化在一定程度上联通了“数据孤岛”，将其变为规划有序的网格系统。数据标准系统应当具备清晰、协调、实时、动态、互补等特点，在设计理念上要符合国家战略需求。每一个

---

① 《全国金融标准化技术委员会 2018 年工作会议暨第四届委员会第二次全体会议在京召开》，新浪网，http：//finance. sina. com. cn/roll/2018 -09 -06/doc - ihitesuz2511146. shtml。

具体标准，必须都在数据标准系统之下符合其基本理念，虽然具体实施细则有所差异，但都应当围绕标准系统的总体目标与规划模式。对于每个具体标准设定相应的位阶，保障位阶低的契合高位阶的原则和理念，避免分歧太大而造成系统失调。系统内部标准的种类也应当保持一定比例，针对不同目标设定的标准之间数量应当大致相当，不能出现标准制定过多侧重于一个维度的现象。

具体性，就是制定数据标准时必须契合监管科技与金融行业应用的具体需求，既要有涉及数据相关电子信息技术的标准，也应当为在服务中或者产品使用中产生的必要数据设定标准。与此同时，在管理、维护、储存、分析、利用这些数据过程中也应当制定标准。这些数据标准最主要的表现是对内部控制、风险管理、信用管理等过程中沉淀下来的数据进行标准化。①

在此基础上，我国应当积极对接世界范围之内金融数据标准化的大趋势。金融数据的标准化工作是国际金融基础设施建设的重要内容，其对于维护全球金融稳定具有重大意义。② 现阶段是我国积极参与这一进程，并根据中国国情参与标准化制定工作的重要时间节点。从长远角度看，积极响应国际金融数据标准工作，对提升我国在国际金融体系中的话语权和影响力，促进国际金融体系建设，契合中国金融市场数十年的发展特色来说至关重要。

---

① 《协同推进监管科技与金融数据标准化》，《金融时报》2018 年 10 月 15 日。

② 刘晓鑫：《全球最新金融数据标准化借鉴》，《中国金融》2018 年第 24 期，第 96 ~ 97 页。

国际视野篇

Global Insights

B.17
监管科技市场投融资情况

杜艳　赵博*

摘　要： 监管科技产业正处在风口，旺盛的市场需求驱动更多的企业致力于监管科技产品的研发，也在吸引着资金的持续流入。本报告分析了监管科技市场投融资总体情况和结构，并通过中外市场的对比，提出随着监管对合规的要求水平提升，我国监管和合规科技的需求正在凸显，发展潜力很大。

关键词： 监管科技　投融资规模　中外市场比较

在数字经济时代，科技浪潮正席卷整个金融行业。金融的基本功能是跨

---

* 杜艳、赵博，亚太未来研究院。

空间和时间分配经济资源。科技没有改变金融的本质。但是，科技可以显著提升金融的可得性，让商品交换更充分，让人们有更多的选择，从而提高整个社会的福利水平。

监管机构为保护创新，同时保护消费者和金融系统的稳定，也需要主动变革并应用创新科技手段跟上这股数字化浪潮。监管基础设施与合规基础设施都面临急迫的升级需求。因此，监管科技产业正处在风口，旺盛的市场需求驱动更多的企业致力于监管科技产品的研发，也在吸引着资金的持续流入。

一 监管和合规科技市场投融资总体状况

根据中国人民银行金融研究所定义，监管科技（RegTech）可分为合规科技（CompTech）和狭义的监管科技（SupTech）两个方面，合规科技是指市场参与者用来更有效地遵循监管规制和合规技术要求的技术，而监管科技（SupTech）则是指监管当局对科技创新的运用。可以看到，合规科技和监管科技存在同构性。一方面是指“金融机构 + 科技”与“监管机构 + 科技”模式构成上的同构；另一方面是指合规科技和监管科技在应用场景上的同构，同一批技术服务提供商基于相同的底层技术和行业理解推出合规科技和监管科技应用。因此，监管科技（RegTech）领域投融资规模基本可以等同于监管和合规科技总投融资规模。

如图 1 所示，2018 年全球监管和合规科技投融资金额达到 44.845 亿美元。监管和合规科技投融资金额在 2015 年与 2016 年的增长率均低于 10%。然而，从 2017 年开始，监管和合规科技投融资金额爆发式增长。2017 年监管和合规科技投融资金额增长率为 62%，到 2018 年这一数字增加到 140%。

2014～2018 年，全球监管和合规科技投融资次数逐年稳定增加，并一直保持在 120 笔以上。到 2018 年监管和合规科技投融资次数达到 164 笔，相比 2017 年增长 1.86%。从 2016 年开始，全球监管和合规科技投融资次数的增长率一直处于较低水平，不到 5%。

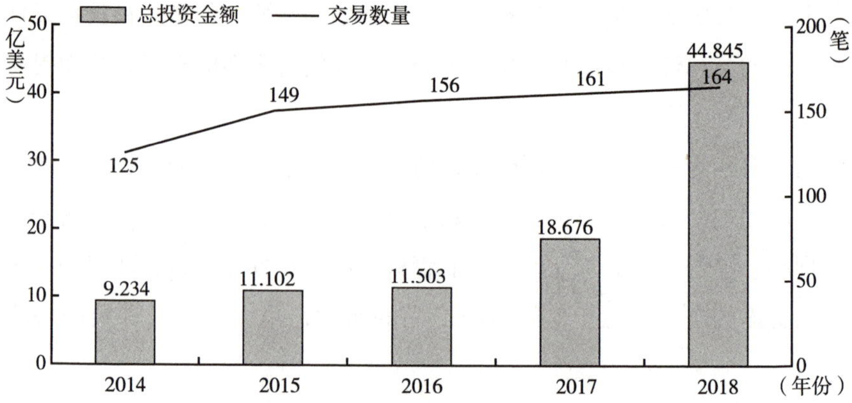

图1 2014~2018年全球监管和合规科技投融资规模

资料来源：FinTech Global, More Than $9.5bn Has Been Invested in RegTech Companies Globally over the Last Five Years, https://fintech.global/more-than-9-5bn-has-been-invested-in-regtech-companies-globally-over-the-last-five-years/, 2019-02-20/2019-06-10。

相比2017年，2018年全球监管和合规科技市场投融资次数增长缓慢。后期交易数量增长，推高了单笔投融资的平均交易金额。例如2018年，美国客户背景调查解决方案提供商Checkr获得了1亿美元的C轮融资。同期，美国机器身份保护解决方案提供商VENAFI也获得了1亿美元的融资。

目前，全球监管和合规科技市场还处于初级阶段。投资笔数相对较少，投资规模相对较小。随着监管机构和金融机构的监管和合规科技应用需求日益凸显，监管和合规科技企业的逐渐成熟，未来全球监管和合规科技市场投融资规模将快速上升。

二 监管和合规科技投融资结构分析

（一）法律法规对全球监管和合规科技投融资的影响

当前，全球都处于防控金融风险的重要时期，MiFID Ⅱ、《支付服务指令Ⅱ》（PSD Ⅱ）、《通用数据保护条例》（GDPR）等制度相继出台，监管要求快速升级。金融机构现有合规措施正面临失效的风险。此外，在监管趋严的情况下，金融监管巨额违规罚单层出不穷，金融机构合规成本快速上升。金融机构现有的合规措施已经无法满足监管需求，需要利用合规科技应对日益复杂且快速更新的监管要求，降低合规成本。

依据监管领域对监管和合规科技企业进行投融资规模分析后发现，对金融机构冲击越大的监管领域，监管和合规科技企业获得的投融资规模越大。2014～2018年，在强监管领域，提供"了解你的客户"（KYC）和"反洗钱"（AML）解决方案的企业获得了超过一半的市场投资，占总投资的62.5%，达到近60亿美元。2014～2018年，监管和合规科技企业获得了超过95亿美元的投资。其中，提供KYC解决方案的企业获得了34.5%的投资。提供AML解决方案的企业获得28.0%的投资。GDPR以13.1%的投融资占比排第三名（见图2）。

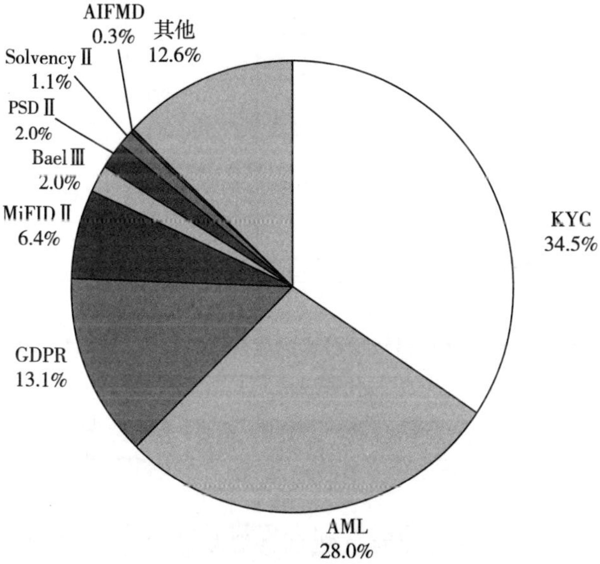

图2　法律法规对全球监管和合规科技投融资的影响（2014～2018年）

资料来源：FinTech Global, More Than $9.5bn Has Been Invested in RegTech Companies Globally over the Last Five Years, https://fintech.global/more-than-9-5bn-has-been-invested-in-regtech-companies-globally-over-the-last-five-years/, 2019-02-20/2019-06-10。

（二）全球监管和合规科技投融资数量按区域和国家分布

全球监管和合规科技市场投融资活动正在从北美地区逐渐向世界其他地区延伸。北美地区投融资笔数份额已经从2014年的67.2%逐渐下降到2018年的51.2%。同期，欧洲的投融资笔数份额从25.6%增加到34.8%。而其他地区的份额从2014年的7.2%增加到2018年的14.0%（见图3）。在2016年之前，“其他地区”类别基本指代的是亚洲和澳大利亚。但是从2016年开始，全球都在关注监管和合规科技产业，并扩大在监管和合规科技领域的投融资规模，南美洲等地区也获得了监管和合规科技投资。

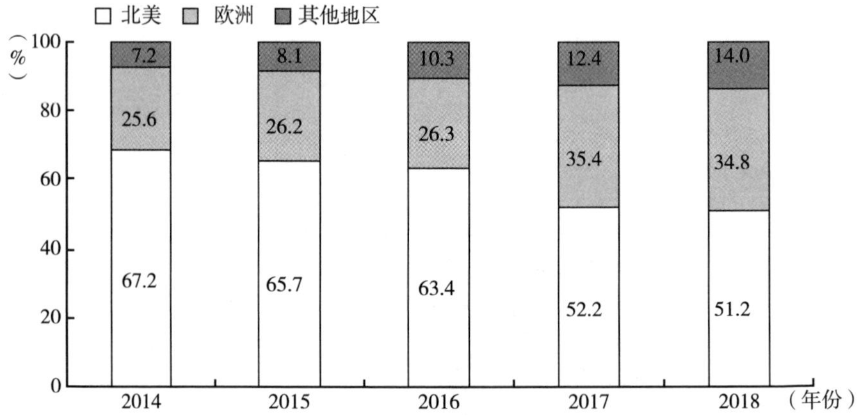

图3　全球监管和合规科技投融资数量按区域分布（2014～2018年）

资料来源：FinTech Global，Strong Q1 Funding Activity Pushes RegTech Investment Globally to Nearly ＄11bn since 2014，https：//fintech. global/strong - q1 - funding - activity - pushes - regtech - investment - globally - to - nearly - 11bn - since - 2014/，2019 - 05 - 01/2019 - 06 - 10。

自2014年以来，美国的监管和合规科技企业的投融资笔数超过了全球其他监管和合规科技企业投融资笔数的总和。2014年至2018年第三季度美国监管和合规科技企业共获得了469笔投资，占同期全球投融资交易笔数的58.6%。英国排在第二名，共获得119笔投资，此数字近似为美国投融资笔数的四分之一。以色列、加拿大、爱尔兰监管和合规科技企业的投融资笔数都在20笔以上，这也在侧面凸显了这些国家作为监管和合规科技创新中心的地位。投融资笔数排名前八的国家中，除了来自亚洲的以色列和来自大洋洲的澳大利亚外，其他都是来自北美洲和欧洲的国家（见图4）。

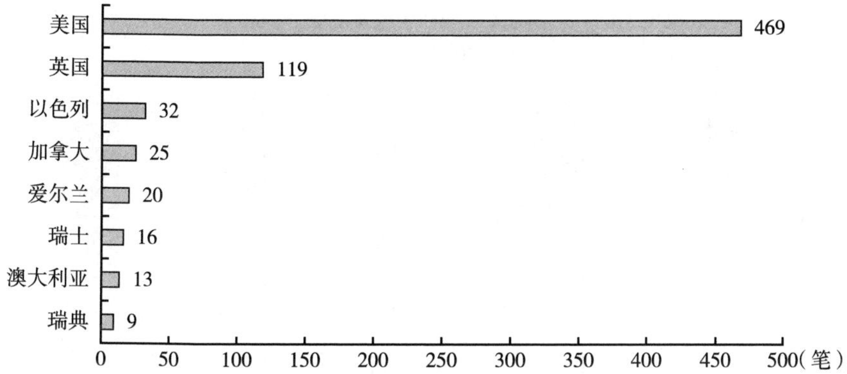

图4　全球监管和合规科技投融资数量按国家分布（2014年至2018年第三季度）

资料来源：FinTech Global, Capital Invested in Global RegTech Companies Has Increased More Than Nine-fold over the Past Six Years, https://fintech.global/capital-invested-in-global-regtech-companies-has-increased-more-than-nine-fold-over-the-past-six-years/，2018-11-28/2019-06-10。

（三）全球监管和合规科技投融资按交易规模分布

自2014年起，全球监管和合规科技投融资规模逐年提高，投融资环境正持续走向成熟。少于100万美元的投融资交易比例从2014年的40.5%下降到2017年的12.3%，而2018年第一季度没有少于100万美元的投融资交易。同期，1000万~2500万美元的投融资交易比例从2014年的11.9%增加到2018年第一季度的32.1%（见图5）。由于监管和合规科技的投资者参与了更多的后期交易，因此规模超过1000万美元的大宗交易比例，已从2014年的21.5%大幅增长至2018年第一季度的57.1%。

单笔投融资金额的快速增长，代表监管和合规科技企业估值快速上升。随着时间的推移，监管和合规科技企业会获得更成熟的技术和产品、更多的客户和市场份额。因此，在未来，监管和合规科技企业的单笔投融资金额还会持续上升。

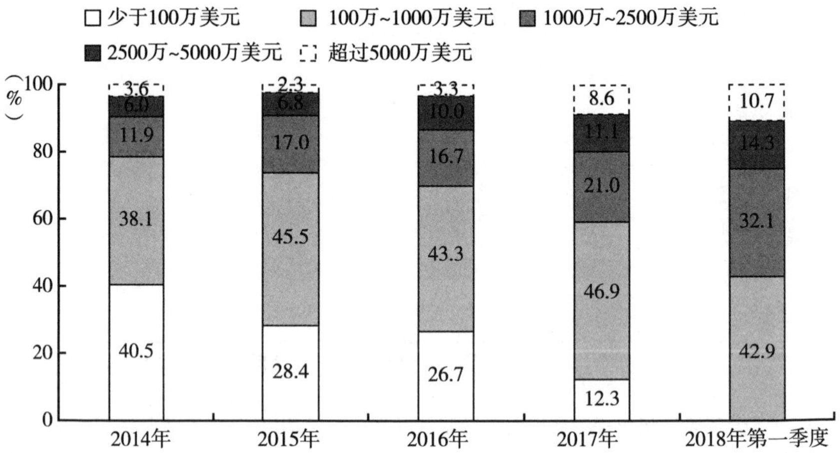

图5　全球监管和合规科技投融资按交易规模分布（2014 年至 2018 年第一季度）

资料来源：FinTech Global，Investors Have Poured over ＄200m into Companies Addressing GDPR since June 2017，https：//fintech. global/investors – have – poured – over – 200m – into – companies – addressing – gdpr – since – june – 2017/，2018 – 05 – 30/2019 – 06 – 10。

（四）全球监管和合规科技投融资按业务领域分布

全球监管和合规科技投融资业务领域主要分为信息安全、合规管理、风险管理、身份验证和交易监控五个领域。2018 年第一季度，全球监管和合规科技投融资主要流向了合规管理、信息安全和身份验证三个领域。其中，合规管理投融资占比排第一（46. 6%），排名第二的是信息安全（16. 8%），紧随其后的是身份验证（14. 5%）（见图 6）。

合规管理领域的投融资份额变化较大。份额从 2014 年的 36. 0% 下降到 2017 年的 16. 9%。然而，到 2018 年，这个趋势可能会发生改变，2018 年第一季度 46. 6% 的资金流向了合规管理领域。

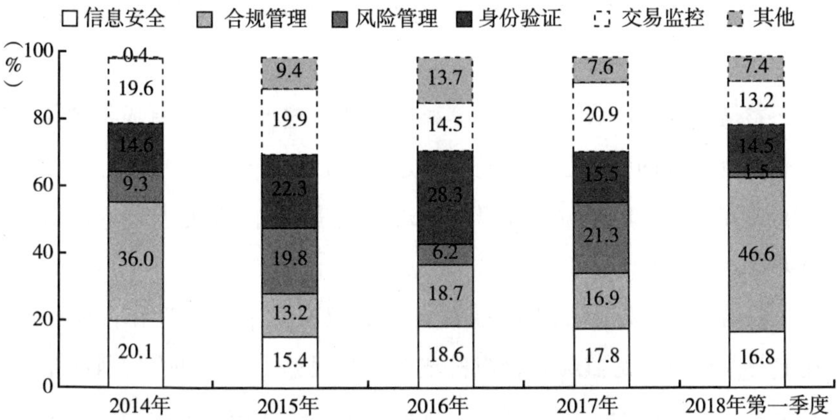

图6　全球监管和合规科技投融资按业务领域分布（2014 年至 2018 年第一季度）

资料来源：FinTech Global，Investors Have Poured over ＄200m into Companies Addressing GDPR since June 2017，https：//fintech. global/investors – have – poured – over – 200m – into – companies – addressing – gdpr – since – june – 2017/，2018 – 05 – 30/2019 – 06 – 10。

三　监管和合规科技投融资的中外市场比较

（一）中国监管和合规科技投融资市场分析

在中国，监管和合规科技产业的发展还处于萌芽阶段，较少有专门的监管和合规科技企业。监管和合规科技服务主要由以下三类企业提供。

第一类是金融企业成立的金融科技子公司。首先，这类企业的产品相对成熟，主要集中在银行和保险等领域，其合规产品与解决方案已经经过自身业务系统的验证。其次，这些企业通常拥有充足的资源。技术团队直接由金融企业的技术人员为骨架组成，最主要的客户就是母公司。最后，由于母公司就是金融企业，其短期内并不缺乏资本支持。

第二类是金融科技企业。这类企业通常由大型科技企业组建，本身就拥有较为深厚的技术储备、技术研发能力和技术输出能力。此外，这类企业也普遍深度应用金融科技来经营支付和小额贷款等新型业态的金融业务，因此其普遍拥有应用监管和合规科技抵御金融科技风险的经验。它们通过将自身应用成熟的部分监管和合规科技进行包装和产品化，对外输出监管科技产品。

第三类是云计算、大数据等新型科技企业。这类企业拥有成熟的新一代底层技术和金融机构服务经验。它们通过将项目服务经验标准化，形成相对通用的解决方案。一般来说，监管和合规科技是其输出底层技术时附带的一个应用场景。

在一般情况下，以上三类企业对自身的定位并不是监管和合规科技企业，其主营业务也不是监管和合规科技产品和服务。监管和合规科技是这三类企业众多产品线中的一种。因此，在统计时，这些企业的投融资通常不会计入监管和合规科技投融资市场规模中。另外，从初创企业看，目前中国并没有专注监管和合规科技的独角兽企业凸显出来。因此，中国的监管和合规科技投融资市场还处于酝酿阶段，需要进行深度开发。

总体来看，在供给侧，中国已经有一些科技类公司探索提供监管和合规科技产品。在需求侧，随着监管对合规的要求水平提升，中国监管和合规科技的需求正在凸显。因此，在投融资领域，中国虽然正处于酝酿阶段，但是市场潜力巨大。

2019 年，中国监管和合规科技市场可能进入新发展阶段。首先，地方政府正在推动监管和合规科技市场发展。中关村管委会、北京市金融工作局和北京市科学技术委员会经市政府同意，联合发布《北京市促进金融科技发展规划（2018 年 -2022 年）》。规划指出“加强监管科技在风险防范和处置方面的应用与落地，助力各级金融监管部门，有效防控金融风险。重点推进监管科技在监管资料数字化、预测编码、模式分析与机器智能、大数据分析等方面的应用，系统构建基于大数据技术和云计算技术为核心的数字化监管体系，实现即时、动态监管和全方位监管。支持金融科技企业运用自身技术优势，加强与监管部门和金融机构的合作，共同建设监管科技的创新与实验机制。推动监管科技的体系化、机制化、应用化发展，全面服务于监管部门、市场主体、终端用户的多重需求”。其次，在 2019 年 1 月，国务院正式批复了《全面推进北京市服务业扩大开放综合试点工作方案》，此方案明确可以在西城区，在依法合规的前提下，探索监管沙盒机制。通过监管沙箱，监管和合规科技初创企业可以更有效地展示产品和技术能力，在放大镜下接受监管机构、客户和投融资机构的检验。这将有效促进中国监管和合规科技投融资市场的发展。

（二）全球监管和合规科技投融资市场分析

从投融资金额看，全球监管和合规科技投融资市场还处于初级阶段。2018 年，全球监管和合规科技市场的总投融资交易金额还不到 50 亿美元，拆分到各国，投融资交易金额还会急剧压缩。

从投资阶段看，全球监管和合规科技后期或大金额的投融资比例逐渐增加。已经有较多合规企业单轮融资就超过 1 亿美元。同时，投融资金额在 1000 万 ~2500 万美元和投融资金额在 2500 万 ~5000 万美元的占比正在逐年上升。但是从投资笔数看，全球监管和合规科技每年的投融资笔数增长缓慢。总体上，全球得到投融资机构看好的监管和合规科技企业还比较有限，投融资市场活力有待进一步激发。

从地域上看，各国监管和合规科技投融资市场活力差异极大。美国和英国的监管和合规科技投融资市场活力已经得到激发，正在进入快速发展期。如图 4 所示，2014 年至 2018 年第三季度，美国吸引了 469 笔投融资，英国也获得了 119 笔投融资，且单笔交易金额正在逐年上升。以色列、加拿大和澳大利亚等国家位于第二梯队，监管和合规科技投融资市场正处在萌芽阶段。2014 年至 2018 年第三季度，仅有少数监管和合规科技企业获得了投资机构的青睐。排名第三的国家（以色列）累计获得的投融资仅为 32 笔，排名第八的国家（瑞典）累计获得的投融资为 9 笔，已经降到 10 笔以内。剩下的地区为第三梯队，该梯队的监管和合规科技投融资市场还处在酝酿阶段，真实发生的投融资交易极少。

对比来看，中国合规要求水平相较于其他一些严格监管国家要低，监管和合规科技市场的需求并不显著。这是中国该市场发展缓慢的核心原因。但是，这种状况将随着监管环境的变化而改变。

参考文献

[1] FinTech Global, More Than $9.5bn Has Been Invested in RegTech Companies Globally over the Last Five Years, https://fintech.global/more-than-9-5bn-has-been-invested-in-regtech-companies-globally-over-the-las t-five-years/, 2019-02-20/2019-06-10.

[2] FinTech Global, Strong Q1 Funding Activity Pushes RegTech Investment Globally to Nearly $11bn since 2014, https://fintech.global/strong-q1-fundin g-activity-pushes-regtech-investment-globally-to-nearly-11bn-sinc e-2014/, 2019-05-01/2019-06-10.

[3] FinTech Global, Capital Invested in Global RegTech Companies Has Increased More Than Nine-fold over the Past Six Years, https://fintech.global/capital-investe d-in-global-regtech-companies-has-increased-more-than-nine-fol d-o ver-the-past-six-years/, 2018-11-28/2019-06-10.

[4] FinTech Global, Investors Have Poured over $200m into Companies Addressing GDPR since June 2017, https://fintech.global/investors-have-poure d-over-200m-into-companies-addressing-gdpr-since-june-2017/, 201 8-05-30/2019-06-10.

[5]《解读:〈北京市促进金融科技发展规划(2018年-2022年)〉的通知》,北京市科学技术委员会网站,http://kw.beijing.gov.cn/art/2018/11/13/art_ 17 1_ 2844.html,2018-11-13/2019-06-10。

B.18
全球监管科技发展态势分析

张夏明　张彧通　何海锋*

摘　要： 在过去的几年中，金融企业已经意识到了监管科技的需求和巨大机遇，监管科技方案提供商正积极研发相关技术和软件，以提高金融监管合规的效率并降低成本。本报告就全球主要国家监管科技的发展现状、模式、特点、趋势进行了分析，同时提出虽然我国监管科技起步相对较晚，但是，我国监管科技的发展积极性高，应用需求范围非常广阔。

关键词： 全球监管科技　主流技术　合规发展

一　全球监管科技发展的总体情况

（一）监管科技主流技术发展

监管科技的核心技术主要包括云计算、大数据、人工智能、区块链和API五大领域。云计算为监管科技提供廉价的计算和存储资源，通过数据集中汇聚提供大规模的数据资源，提升监管工具的共享程度。经过十余年的发展，云计算技术已经被广泛运用于各个行业，并深入生活，云计算的政策监管也随时发生变化。对云计算隐私、安全、合规性等的监管也会进一步加强。目前主要金融监管机构都在建设金融云，通过云端数据的连接和共享，

* 张夏明、张彧通、何海锋，京东数字科技控股有限公司。

打通监管端和企业端之间的数据鸿沟。监管数据和金融数据上云，可以有效节省数据存储的空间，降低数据库搭建的成本。同时数据实时在线可访问，实现了数据的同时空流转。此外，公有云和私有云也可以满足不同监管机构的监管需求以及金融机构的合规需求，SaaS、IaaS、PaaS 也为云服务平台的搭建提供产业全生命流程的服务。

在 ABCD 的主流技术中，大数据作为监管科技的主流技术之一，涵盖了数据收集、数据加工、数据分析、建模和预测等一系列流程。合规科技产业运用大数据分析技术和新的信用评级模型，可以对小企业乃至个人消费者的信用进行更为精准的评估。利用大数据抓取生活场景的非结构化数据，包括一些传统征信体系收集不到的信息，记录并挖掘企业上下游信用状况、财务状况、商品流、工商登记等多维度、立体化信息，构建新一代征信、授信与信用风险综合评估定价系统，有效缓解单个小微企业信用信息不透明的难题，提升风险管控能力。

人工智能监管的优势在于，一是解决监管者的激励约束问题，通过人工智能提升监管的智能化水平；二是具有更高水平的全局优化计算能力。人工智能的核心就是算力、算法和数据。在大数据的基础上，AI 可以运用无监督学习和监督学习等方法，对风险数据和企业的信用和经营状况进行分析预测，在机器学习的基础上结合运用网络通信技术，发现和公示企业软件漏洞和经营不合规等情况。随着自然语言处理、图像识别、API 应用接口的有序开放，RegTech 可以有效规范金融机构的监管数据报送工作，加大非现场检查力度，降低监管与合规成本。另外，RegTech 可以助力监管规则的数字化、形式化转化，通过语义分析、智能合约等嵌套应用，推动监管规则的统一的理解和执行，在 AI 的促进下，未来或许可以实现监管规则的自动化监测与执行。

由于区块链具有去中心化、匿名化、不可篡改、可信任、透明度高等特点，通过区块链技术给金融监管赋能，可以打造技术驱动型和数据驱动型监管科技，优化监管科技构架和运行逻辑。区块链保证获取的基础信息的真实性和效率，保证业务合规性，同时提高业务办理的效率。API 有助于监管政策及合规准则的有效落实，提高监管的规范性，以最小扰动的方式进行监管。

（二）应用场景分化

就监管科技在全球市场的发展态势来看，亚太地区在监管科技发展上具有巨大的潜力，预计将比其他地区拥有更高的增长率。增长的原因主要是中国香港、新加坡和印度等金融中心和新兴国家的存在。有监管科技需求的企业可以分为大企业和中小企业。2018 年，大企业占据相当大的监管科技市场份额。然而，此后，中小企业增长率将高于大企业。由于中小企业的云迁移比大企业更容易，这推动了中小企业采用 SaaS 的快速增长。

监管科技解决方案具体包括合规管理、监管报告、身份管理和风险管理。其中，合规管理解决方案可能会成为市场重点。随着监管政策的变化，尤其是 GDPR 的颁布，传统的合规工具被发现应对失败。而监管科技将成为全球各地金融服务组织应对 GDPR 的一剂良方。由于严格的金融交易和数据保护的监管要求，欧盟采用的监管科技相对来说最为高级。该报告还包含了对十余家有代表性的监管科技方案供应商的深度分析，包括其公司概况、产品、市场竞争力。这些机构正采用人工智能、自动化等技术进行准确的文档验证，快速地对数据进行洞察，减少风险漏洞。

二　主要国家/地区监管科技发展现状、模式、特点、趋势分析

在发展监管科技的代表性国家中，美国、英国、澳大利亚、新加坡等各具特色。美国的监管科技创新能力突出，更为侧重于研究和跟踪科技底层技术架构，并着重强调趋势前沿追踪。英国侧重于“监管沙盒”的实践应用，鼓励并大力指引金融科技公司在监管科技领域创新，侧重建设“创新中心”和“监管沙盒”。澳大利亚大力发展和推动监管科技应用实验，监管部门、独立的创新中心及监管科技创业公司联合组建行业协会，培育监管科技，开展监管科技应用实验。新加坡成立了专业组织推动监管科技应用合作，金融监管局成立 FinTech 与创新组织（FTIG）来负责金融科技的政策、发展和监管。

（一）美国

美国尚未像英国 FCA、新加坡 MAS 和澳大利亚 ASIC 一样提出正式的“监管沙盒”的实施和运行框架，但也在金融监管理念中提出了“监管沙盒”和类似“监管沙盒”的创新监管理念和做法。美国货币监理署（OCC）作为银行业监管的重要机构，率先在银行业和与银行业相关的合作领域提出了“负责任创新”的总体框架，作为指导、纳入和贯穿 OCC 创新监管的理念。2015 年 8 月，OCC 货币审计长托马斯·柯里宣布了一项倡议，旨在制定一个全面的框架，以推动 OCC 识别和理解金融服务业趋势和创新，以及提高金融服务消费者不断适应变化的需求的能力。“负责任的创新”（Responsible Innovation）意为“使用新的或改进的金融产品、服务和流程来满足消费者、企业和社区不断变化的需求，其方式与健全的风险管理相一致，并与银行的整体业务战略相一致”。OCC 提供了八个指导原则，分别为：①支持负责任的创新；②培养与负责任的创新相适应的内部文化；③充分利用机构经验和专业知识；④鼓励负责任的创新，提供公平获得金融服务和公平对待消费者的机会；⑤通过有效的风险管理健全安全和运行框架；⑥鼓励各类规模的银行将负责任的创新纳入其战略规划；⑦通过正式外联促进持续对话；⑧与其他监管机构合作。

在此框架范围内，OCC 成立了创新办公室（Office for Innovation），目标是充当金融创新相关问题的中央信息交换中心，旨在成为一个“非监管论坛”，可以让人们更容易地获得坦率的监管建议。创新办公室为其成员提供了一个与知识丰富的监管者互动，并及时收到反馈的独特的和理想的机会。此外，就 FinTech 公司向 OCC 监管的机构提供供应商服务而言，创新办公室可以提供一个论坛，让行业参与者在论坛中充分讨论并审查适当的第三方供应商。

美国主要金融监管机构都密切关注监管科技，并在实施监管科技的过程中，有意推进监管科技执法与管理的法治化。在执法层面，主要金融监管机构争相制定监管科技方面的措施，意图抢占在监管科技的规范性和先进性方面的话语权，整体表现出多部门执法与管理的态势。SEC、OCC、CFTC、CFPB 等相关金融机构都采取措施促进监管科技的规范治理。就 SEC 而言，SEC 通过举办监管科技数据峰会，研究 XBRL 标准和执行联邦法规，促进监管科技发展；OCC 成立了创新办公室，以作为金融创新相关问题的中央信息交换中心，旨在成为一个“非监管论坛”，以“柔性执法”的方式让人们更容易获得坦率的监管建议；CFPB 积极创新监管方式，在筹备推出“监管沙盒”的同时，也致力于从关注监管科技中消费者隐私和数据的规范；FINRA（美国金融业监管局）发布了证券领域监管科技应用报告，针对 RegTech 在 KYC、投资者适当性以及反洗钱合规方面进行整合，涉及生物识别、区块链、数据聚合以及机器学习等。

在 CFPB 提出“监管沙盒”的建议和构想后，OCC 还提出了“安全港”（Safe Harbor）、“项目催化剂”（Project Catalyst）模式，为 FinTech 创新者和银行提供安全的交流互动环境，让企业和创业者及时咨询 OCC 关于监管政策和运行指南的问题，并向 OCC 和相关部门提供真实客观的反馈。如果没有“监管沙盒”和“安全港”的制度设计，则其与创新办公室的互动可能会让金融科技公司面临意外公开披露独特商业模式、放弃某些合法权利或承认意外违规的风险。OCC 认为，“沙盒”对创新的潜在好处超过了监管风险，其他金融监管机构也表示接受这一概念。但是如果没有完整的“监管沙盒”，那么其也建议与创新办公室互动的实体建立某种形式的“安全港”，以作为鼓励诚实和有意义互动的最有效方式。目前 OCC 并没有寻求一个“沙盒”来免除参与者对消费者欺诈或其他犯罪行为的执法行动。相反，它寻求一种监管科技，在满足监管要求方面提高灵活性，并为非故意的违反监管要求的创新活动提供“安全港”。

美国还在中小企业融资领域尝试了“Smart Box”的创新，OCC 与企业机会协会（AEO）合作发起倡议，成立“Smart Box”的小微企业贷款披露工具来实现通用和标准化，Smart Box 将向一家小企业展示包含标准化披露和解释的图表，其中包括各种美元总成本指标和月份。Smart Box 在整个夏天开放90天的全国参与期，为最终披露提供信息，并帮助小企业确定其贷款选项。

美国监管科技执法与管理表现出的特点是：①各部门都在实行监管科技并且探索运用监管科技执法，部门之间的沟通联系较为紧密，部际之间通常合作共同执法和制定标准；②各监管部门进行监管科技执法与管理的法律依据相统一，治理措施衔接较好；③重视金融消费者的数据和隐私保护。

（二）英国

英国FCA作为金融监管的引领者，在监管科技标准方面走在世界前沿。在监管科技的细分领域，FCA联合PRA以及英格兰银行进行了一系列探索，积累并引导制定了大量的行业标准、国际标准，其牵头制定的监管框架也被各国纷纷效仿。首先，在建立全球金融创新网络方面，FCA于2018～2019年推动“全球沙盒”设想落地成为“全球金融创新网络”，并逐渐吸纳了29个国家或国际组织参与，推动各国/地区金融监管的跨境合作，同时进一步推动监管科技的国际化合作执法与管理。在GFIN框架范围内，FCA吸引了中国证监会、中国香港金融监管局、新加坡金融监管局、澳大利亚金融管理局等订立双边或多边的监管科技战略合作文件。

其次，在英国监管科技数字化报告的报送方面，数字化报告的标准化探索主要集中在四个方面。一是效率和合作，利用替代性的数据收集、报告工具来报告监管数据，同时可以通过共享解决方案来提高合规要求的可扩展性和灵活性，以降低行业负担和监管成本。二是RegTech促进资源整合、标准设立和监管/合规认同，通过引入自然语言学习和数据点模型技术将监管文本转化成为机器可读的编程语言，能够有效缩小监管者和立法机关的意图与实际实施情况之间的差距，运用API技术实现监管者和被监管者系统的交互和协同一致。三是预测、学习和监管，监管机构通过大数据分析对结构化和非结构化数据组成的“数据潮”进行解析，对交易、行为和通信实施“非侵入式”监管，利用建模、可视化、机器学习和认知技术来评估系统风险和重构传统监管模型（算法）。四是利用区块链和分布式技术

（DLT）、MITOC/ISDA、RegHome、ITRAC 等确定机器可读、可翻译的规则标准。在整个系统的迭代和重构中，监管科技的标准从规则监管逐步过渡到原则监管，未来则逐步向基于洞察力的监管（提前预测和隔代布局）迈进。

（三）澳大利亚

澳大利亚于2017 年在 ASIC 下成立了监管科技协会，并加快监管科技相关领域的标准化进程。监管科技协会定期举行联络会议、创业者交流会等活动，吸纳了包括 ASIC（证券投资委员会）、APRA（审慎监管局）、FinTech 和 RegTech 创业公司、孵化器、专业考察团、投资者和顾问等，协同推进监管科技法治化建设。在标准建设方面，澳大利亚尤其大力推动区块链标准的建设，2018 年初发布区块链标准路线图，同时也在探索例如第三方监管科技初创企业的准入标准，设置适当的豁免条件。在行业自律合规和标准化方面共探共享，走在世界前列。

从 ASIC 成立创新中心以来，举办了一系列 FinTech 和 RegTech 会议和活动。在监管科技的讨论中，ASIC 注意引导行业、学者和相关从业人员从监管报告和履行监管义务两方面着手，探索 ASIC 在 RegTech 规范化中发挥的作用，收集市场对 ASIC 的反馈以及 RegTech 发展的道路。在角色定位中，ASIC 将自己定位为连接者和促进者，广泛与业界科技公司、金融机构、高校、自律组织以及其他主权国家监管机构、国际组织进行合作。在监管引导、行业协同的大环境下，2015 年 3 月至 2018 年 10 月，ASIC 的创新中心共与 335 个企业实体合作，其中 296 个企业获得非正式援助，ASIC 与 67 家监管科技企业举行会议，颁发了 65 张 AFS 和信贷许可牌照，对 16 家实体进行了许可证调整，沙盒测试通过了 6 家实体。未来，ASIC 还将进一步探索如何平衡监管者与技术用户的作用，全面提升监管科技透明度，并探索能够促进 RegTech“合规”的方法，坚守技术中立的原则，加大行业投入力度，研究对标优秀国际案例，从在与相关 RegTech 部门以及行业的合作中学习。

（四）新加坡

新加坡金融监管局（MAS）作为金融科技、监管科技领域中市场的媒介，发挥联络、对接的作用。MAS本着开放合作的态度以及打造成为智慧金融中心的目标，从2016年起开始联合新加坡银行协会等组织举办金融科技节，在金融科技节上开设“监管科技黑客马拉松”专题活动，鼓励提出创新的RegTech产品和解决办法。2017年参加金融科技节的学术机构、金融机构、其他政府机构、服务和软件提供商、初创企业、从业人员以及投资者等达到了5万人。在近两年的金融科技节中，监管科技都作为重要的议题被纳入，通过探讨监管科技的风险、技术可行性，从全球挑选20家成熟企业（包括从事监管科技的初创企业），为金融服务行业征求的现实问题提供创新的解决方案，并通过资金、人才和政策等支持参与者将解决方案从概念转变为模型。在推动监管科技解决方案从概念走向现实的过程中，探索监管科技合规的实现路径，包括在数据收集、分析、传输过程中运用RegTech和SupTech，以及把握好监管、市场、技术之间的关系。

在新加坡2016年11月发布的Fintech Regulatory Sandbox Guidelines中，新加坡MAS的目标是发展一个智能金融中心，技术被广泛用于提高价值、提高效率、更好地管理风险、创造新机会和改善新加坡人的生活。MAS认为将新加坡转变为智能金融中心的关键驱动力是提供一个有利于创新使用技术的监管环境。由此引入“监管沙盒”制度，来鼓励更多的金融试验控制风险和失败的后果，并保持金融系统的整体安全和稳健。监管沙盒的范围和测试对象包括金融机构和金融科技公司，未来也会慢慢扩展到开放银行、数字规则翻译、数据合规报送等方面。另外，MAS针对监管沙盒提出的合规范围包括两个维度，即MAS准备考虑在“沙盒”期间放松法律和法规要求的示例，以及MAS打算维护那些要求。MAS对测试主体维持的要求有：客户信息保密；合适的标准，尤其是诚实和正直的标准；通过中间人或第三方处理客户的金钱或资产（客户资金和资产的第三方存管）；反洗钱和打击资助恐怖主义的行为。MAS提出可以适度放宽条件的标准有：资产维持要求；

董事会构成；现金余额；信用评级；财务稳健性；资金偿付能力和资本充足率；技术风险管理指南和外包指南；执照费；管理经验；最低流动资产等。

在消费者利益的保护方面，MAS 也注重运用监管科技保障消费者的利益，促进金融更加普惠化。

（五）国际组织

1. 经济合作与发展组织（OECD）

经济合作与发展组织也在密切关注监管科技，2018 年 9 月，经合组织举办全球首个区块链政策论坛。该论坛的组织者计划重点探究区块链技术在政府活动、公共倡议和监管方面的应用。此外，论坛同时讨论该技术对全球经济的潜在影响，以及其隐私性、网络安全性等，旨在促进该技术的绿色可持续增长，并帮助指导监管和执法方面的实践。

2018 年 10 月 10 日，OECD 发布《2018 年 OECD 监管政策展望》报告。在 2017 年广泛 OECD 监管指标调查分析基础上，该报告强调良好的法律法规的重要性，突出了经合组织各成员良好的监管实践，并以批评视角指出其可改善的内容。譬如，该报告指出没有系统的方法可评估法律法规在实践中的目标实现程度。有的法律法规可能已过时，给企业和监管者带来不必要的成本，并可能给公民带来风险，各国却未能系统收集证据，监控执行情况，并对结果进行评估。同时，该报告强调，技术变革的速度非常快，经济体间的相互关联前所未有，使政府监管什么、怎么监管都变得更不确定、更复杂。这就需要公共部门变得越来越灵活，有能力借助技术变革带来的诸多机会更好地制定规则，以适应新的实际情况。

2. 国际金融协会（IIF）

国际金融协会对监管科技的定义是“监管科技是一套能够应对监管合规挑战的技术解决方案”，旨在缓解危机后出现的金融监管与合规创新之间愈加突出的矛盾。金融危机后，全球银行业监管普遍收紧，银行被要求提高准备金率并加强风险监管，目前的抗风险能力已经有所加强。尽管《巴塞尔协议四》正在修订，并且对商业银行资产负债配置比例进一步提高。但金融创新和技术创新引发的系统性缓释风险依旧不断积累，“黑天鹅”“灰犀牛”现象有逐年上升的态势。面对金融技术的提升和突破，各国都颁布了一套较为严格的监管政策，以应对潜在的风险。为此，不少金融科技公司不得不提高运营成本。基于此背景，RegTech 被视为一种“以科技应对监管”的颠覆性创新。RegTech 的最大优势在于可解决多重监管问题，并在全球范围内引起关注。国际金融协会则认为，监管科技是更加有效和高效地满足监管与合规要求而使用的新技术。IIF 同时称，支持全球的银行机构进行“深远的”监管科技改革，包括提高资本要求水平等。IIF 还表示，控制金融机构的规模并不能防范金融系统风险，没有任何公司是“大而不能倒”的。

3. 国际证监会组织（IOSCO）

国际证监会组织从 2017 年起就关注监管科技在证券监管与合规领域的应用，并且颁布了监管科技在证券业的应用框架。

2017 年，IOSCO 召集了包括中国证监会在内的监管方，商讨全球资本市场运作。现在有 112 个 IOSCO 的会员签署了《谅解备忘录》。其在跨境监管执法方面会进行协调，“一个辖区希望另一个辖区的监管部门可以提供一些信息和文件，如果出现违规行为，则可以将这些信息进行有效的共享”。

2017 年 2 月，IOSCO 发布的《金融科技研究报告》中指出，金融科技参与者的涌现将影响监管者的监管范围，监管者在实施监管时将面临投资者保护、监管公平性、市场稳定性等诸多挑战。

2018 年，IOSCO 建立了一个 ICO 咨询网络，以讨论有关 ICO 的经验和其他相关事项，并正在制定支持框架，以帮助成员考虑如何解决国内的或跨境的 ICO 问题。IOSCO 还在讨论围绕加密资产的其他问题，例如围绕加密资产平台的监管问题。

同时，IOSCO 也在消费者和数据保护领域、众筹和云计算在证券的应用领域出台相关文件，多维度跟踪研究金融科技在发展中对金融体系的影响和监管应对等问题，积极思考如何完善监管规则，改进监管方式①，提出创新监管模式。

4. 国际货币基金组织（IMF）

2017 年 4 月，IMF 成立金融科技顾问小组，主要职能是向 IMF 官员提供咨询，及时关注金融科技和监管科技领域的发展动态，研究金融科技发展对金融及监管领域带来的影响，更好运用科技为金融监管服务。

IMF 认为加密货币行业会减少对合法货币的需求，并预测全球监管将是“无法避免的”。因此，IMF 呼吁全球合作监管加密货币，其发言人表示，有必要针对加密货币问题加强各国监管机构之间的国际讨论与合作。IMF 总裁表示，诸如数字货币之类的金融科技正在“撼动”银行体系，必须被监管以保持稳定。同时，加密货币等创新产品正对老牌金融企业产生明显影响，金融行业的这种变化必须伴随着监管。2019 年，包括国际货币基金组织和世界银行在内的 24 个金融机构和其他 11 个国际组织齐聚纽约，讨论加密监管的全球标准。全体会议讨论了标准制定机构正在采取的不同举措，以应对加密资产的风险。

5. 巴塞尔银行监管委员会

其成立金融科技工作组，主要关注金融科技对银行经营模式、市场地位和银行业系统性风险的影响，以及对银行监管提出的挑战。相关调查显示，多数国家认为金融科技将对现有银行体系产生影响，但同时认为，无论是科技企业开展银行业务，还是商业银行与科技企业进行合作，均应符合现行的银行监管法律法规。此外，大多数国家均较关注为银行提供第三方技术服务的科技企业（非持牌机构），重点分析这些机构在银行体系中的角色和地位，以及可能对银行产生的外部风险。下一阶段金融科技工作组将重点对网上银行、网络支付、网络借贷、分布式账户、云计算等领域开展案例研究，

① IOCSO Research Report on Financial Technologies, February 2017, https://www.iosco.org/library/pubdocs/pdf/IOSCOPD554.pdf.

并从创新业务的合规问题、业务模式风险、操作风险、监管机制建设等方面进行评估①。

（六）其他

1. 日本

日本政府高度重视金融科技的发展，在德国之后也承认了数字货币的合法地位，将其作为法定的电子财产加以保护，出台法律保护持有比特币的消费者的相关权益。

为了更好地推进金融科技和数字货币领域的发展，日本对其金融监管机构——金融服务管理局（FSA）进行了全面改革。为使该组织能够更好地解决和应对金融部门的新问题和挑战，FSA 对各个相关部门进行了调整。新成立的战略发展和管理局将替代原有的监察局，负责财务战略政策制定，处理涉及数字市场、金融科技和洗钱的问题。此外，该局将负责金融机构的行政和监察。政策和市场局接替规划和协调局，其任务是制定应对金融科技行业快速增长的法律框架。

近年来，融合 IT 技术的金融服务"金融科技"不断升级，并且拓展了多个应用场景。其中，特别将运用于防止违规和金融管制的技术称为"监管科技"，日本证监会正在考虑引进使用 AI 的市场监督系统。据《环球科技》报道，日本监视委 2018 年度为引进 AI 和"监管科技"的计入调查费为 1.15 亿日元。通过机器学习，AI 将日本金融厅内的罚款缴纳建议，以及调查机构的刑事指控等作为案例。日本证监会希望通过这样的方式来替代人类职员发挥相关作用，在违规行为发生时马上做出反应。

2. 韩国

韩国于 2018 年底颁布的《金融创新支援特别法》是韩国版金融科技"监管沙盒"法案。该法案创设了"创新金融服务"等适用"监管沙盒"

---

① John (Iannis) Mourmouras, "Fin-Regtech: Regulatory Challenges with Emphasis on Europe," February 28, 2019, https://www.bis.org/review/r190318m.pdf.

制度的核心法律术语，确立了创新金融服务指定申请、审查制度、指定为创新金融服务后的“特权”、指定代理人制度、快速确认规章制度、完善的金融消费者保护制度，以及将财政预算支援创新金融服务发展法定化等，它们是该法的核心制度。

但韩国市场、媒体和学术界中，不断出现呼吁放松管制的声音。韩国国内的金融监管类似于基于法规的预监管。其特点是禁止出现法律规定明确允许之外的任何行为。韩国金融学院高级研究员认为，这种制度在适应金融科技的发展方面存在局限性，原因是韩国法律体系并没有积极应对金融科技的发展，例如针对比特币或区块链，没有制定后期监管的框架。

随后，2019 年 1 月 16 日，韩国金融服务委员会（FSC）表示，将放松监管，支持并推动国内金融科技行业的发展，为金融科技发展进行立法以及分配给相关企业财政费用。新立法中有一个试验条款规定，将给予创新性金融科技公司试点授权，为其创造宽松的监管环境。该规定名为《金融创新特别法案》，于 4 月 1 日正式生效。1 月 17 日起，韩国《关于设立及运营专业互联网银行的特例法》试行，放开网络银行准入，允许大型科技公司开设业务种类完备的网络银行。

FSC 同时于 2019 年 4 月推出金融“监管沙盒”，“监管沙盒”中的金融科技公司可通过一段时间的监管豁免来测试其创新业务。FSC 将提供 40 亿韩元（约合 360 万美元）支持这一“监管沙盒”计划。

由于金融科技领域的高速发展和韩国现有的监管存在脱节，“沙盒”监管也进入了韩国监管部门的视线。“沙盒”制度下，FSC 将可以更好地了解市场存在的高风险性和复杂性，尽量降低不确定的风险并制定更加合理的监管政策。

3. 阿布扎比

阿布扎比国际金融中心推出该地区第一个监管实验室和最活跃的金融科技“沙盒”。这项针对金融科技参与者量身定制的监管体系旨在促进阿联酋金融服务市场内新兴市场参与者和现有金融机构的创新。考虑到金融科技参与者的独特商业模式、风险、所需要的个性化的测试边界和监管要求，监管实验室允许参与者在安全的环境中开发和测试其金融科技命题，并尽量避免给参与者带来不适当的监管负担。

阿布扎比国际金融中心金融监管实验室是一个专门定制的监管框架，为金融科技参与者开发和测试创新的金融科技解决方案提供了一个可控的环境。金融监管实验室通过创建一个规范的环境，来控制特定测试的特定风险及影响，其设计目的是让金融科技创新能够在不受制于传统金融服务公司的监管要求的情况下进行测试。金融监管实验室的保障措施将允许金融科技参与者在一个风险适当且成本效益高的环境中，探索和开发金融科技解决方案。

阿布扎比“监管沙盒”的实验对象为所有活跃在金融科技领域的参与者，包括初创企业以及已经成立的受监管的公司。“沙盒”准入条件为：①参与者必须能够演示一种创新的技术解决方案；②这种方案处于开发阶段，准备进行测试；③解决方案应有助于阿联酋金融业的发展，具体表现为，一是促进增长、提高效率或竞争，二是促进风险管理和带来更好的监管结果，三是改善消费者的选择。此外，FSRA（金融服务监管局）会评估每个金融科技申请者的商业模式所构成的风险，并根据具体情况个性化定制一套适当的监管规则。监管实验期限最长 2 年（这个阶段所需的时间取决于各种因素，如产品的性质、目标客户、产品带来的风险等），此后，金融科技参与者的状态将变为阿布扎比国际金融中心内部的全面授权的金融服务状态，未准备好发行金融创新产品的参与者将退出金融监管实验室。

阿布扎比金融科技监管实验室（监管沙盒）自 2016 年建立以来，欢迎全球各地的金融科技初创企业或金融机构来参与实验。到目前为止已经进行了三轮测试活动，第一轮从 2016 年 5 月开始，参与金融科技沙盒的有 5 家本土和国际公司，其中阿联酋有两家公司（Now Money 和 Titanium Escrow）、印度有两家公司（Capitaworld 和 Rubique）、美国有一家公司（Finalytix）；第二轮实验从 2017 年 10 月开始，来自中国香港、印度、英国、加拿大、黎巴嫩、新加坡、意大利、毛里求斯、沙特阿拉伯等国家和地区的 11 个金融科技公司进入沙盒实验室；第三轮沙盒实验于 2018 年 5

月10日关闭申请，第三轮实验聚焦中小企业，增加中小企业获得金融服务的机会。

4. 都柏林

爱尔兰致力于将都柏林打造成欧洲的“科技之都”。其是一个正在蓬勃发展的科技中心，许多大型的金融机构和银行都在爱尔兰设立了业务和研发中心。爱尔兰金融服务监管局（Irish Financial Services Regulatory Authority）是爱尔兰金融机构的监管者。

同时，爱尔兰中央银行是爱尔兰金融服务的监管机构。爱尔兰中央银行有权向监管对象索取业务资料并实施稽核检查。爱尔兰中央银行可以根据实际需要自主制定对持照银行的监管标准，这些标准没有直接的法律效力，应用时也比较灵活。

2018年11月，爱尔兰数据监管机构和英国联手，共同推出解决Facebook追踪用户行为等问题的方案。2019年5月，爱尔兰数据保护委员会（DPC）就涉及广告时如何处理个人数据一事对谷歌开展首次调查。DPC在一份声明中说：“根据《2018数据保护法》第110条，针对谷歌爱尔兰有限公司在其在线广告交换的环境下处理个人数据的行为，（我们）已经依法展开调查。”许多大型科技公司的欧洲总部设在爱尔兰，由DPC负责监管。DPC于2019年5月早些时候表示，正在进行51项大规模调查，其中17项与推特、苹果等大型科技公司有关。

三　全球监管科技发展趋势分析

第一，对监管科技的重视程度日益高涨。监管科技的应用对于维护金融体系的安全与稳定，保护公众的利益和提高金融体系效率具有十分重要的作用。一是提升监管能力，实时对监管数据收集、处理和共享，提前防范和感知金融风险，有效监测金融违规操作和潜在风险。二是持续监管创新，监管科技应用场景和解决方案更加丰富，能够有力推动监管规则、监管框架、监管方向不断创新。三是增进监管合作，加强监管部门之间的有效合作，实现从机构监管向功能监管的过渡，金融机构、监管部门和科技公司之间监管目标的统一。四是降低监管成本，实现监管流程的自动化和智能化，减少繁重工作带来的成本和人力的投入；金融机构减少合规成本。五是防范监管套利，监测监管漏洞和不合规业务，有效防范金融机构规避监管、牟取超额利益的行为①。

在此背景下，监管、技术与合规成为焦点。在金融混业趋势日益明显、科技创新步伐日益加快的当下，现代金融危机的破坏性越来越大，一个重要的原因是金融市场的复杂性和耦合性提高。在信息技术从渗透到溢出的过程中，金融系统成为具有非线性、非周期性、动力系统性、初值敏感性和自组织性的一个复杂巨系统。金融的复杂化推动监管的变革，监管不得不采取诸多严厉的手段，以“严监管”的态势来应对。同时严监管推动合规的需求水平上升，传统的合规手段和方式满足不了需求，需要科技辅助来提升合规的水平和效率。这时候技术的重要性逐渐凸显，并逐渐从底层转变金融监管与合规的逻辑。

第二，监管科技与金融科技总是紧密联系在一起的，目前阶段监管科技的应用大多与金融科技相结合，其主要监管对象是金融科技。监管科技不完全为监管机构而生，在很大程度上是金融企业应变式主动选择，从某种程度上看，监管科技就是“以科技应对监管”的颠覆性创新。由此，监管科技产生了分化，产生了“金融机构端”的监管科技（合规科技）和“监管端”的监管科技。监管科技的两个细分领域并不是完全独立的，而有相当程度的交叉和重合。

第三，从国内外的调研报告来看，2015～2018 年这段时间英美等西方国家的监管科技的总体发展速度较中国快，英美监管科技更多地表现出金融机构“自驱动”，即自下而上的驱动；而中国在金融机构层面的监管科技主要是由 2016～2018 年金融科技企业（腾讯、民生银行、蚂蚁金服等）和初创

① 《监管科技—Regtech 前沿技术与应用研究》，亿欧网，https：//www.iyiou.com/p/97833.html。

科技公司（冰鉴科技、第四范式、BBD 等）转型发展而来的，中国的发展大致呈现“政府驱动”的特点，具有自上而下的传导机制。

第四，监管科技不是单一的技术或特定的技术，而是多种技术的集合、融合。监管科技离不开大数据、区块链、人工智能和云计算等技术。可以说，监管科技是这些技术在监管方面应用的集合。监管科技包含大数据监管科技、区块链监管科技和人工智能监管科技等。

第五，监管科技带来一系列新命题、新理论，比如监管科技自身的工具和手段、监管科技对监管层的激励约束问题，监管科技与科技治理问题，监管科技法制化、监管科技试点与改革试点、监管科技与金融科技、监管科技与传统金融监管之间的问题，监管科技的范围和界限等。

四　对我国监管科技发展的启示

相比欧美国家，中国监管科技起步相对较晚，与之差距仍比较明显。目前，还没有中国企业能够跻身于全球监管科技领域的主要公司名单。但是，中国监管科技的发展积极性高，应用需求空间非常广阔。政策层面，国家给予监管科技发展大力支持。2017 年 5 月，中国人民银行成立金融科技委员会，提出把强化监管科技应用实践作为丰富金融监管的重要手段。2017 年 6 月，《中国金融业信息技术“十三五”发展规划》中提出，要加强金融科技和监管科技研究与应用。2018 年，《中国证监会监管科技总体建设方案》发布，成为一行两会发展和落地监管科技的“优等生”。

（一）加强基础设施协同创新

监管科技基础设施是支撑监管科技的中坚力量。这些基础设施包括大数据、数据仓、云平台、区块链、人工智能、5G、生物识别、物联网等新兴技术和平台，而这些技术和平台所处的成长成熟期不同。根据技术成熟度曲线，有的技术已经处于成熟应用期，有的还处于萌芽期、过热期或泡沫期。这时候增强技术基础设施协同性显得十分重要。技术的协同，不仅是技术的相互配合，还是技术元素的交互。金融科技在很大程度上具有相当多的技术元素，可以凭借金融科技的技术元素来推动监管科技创新。

（二）加快金融安全和反欺诈技术开发

金融安全和风险防控是金融供给侧结构性改革的重要议题之一，也是关系改革开放的关键战略。在金融发展过程中，金融稳定是不可忽视的方面，国务院金融稳定发展委员会的设立就针对于此。维护金融稳定，打击金融违法犯罪行为，是我国金融体系行稳渐远的关键。运用技术手段赋能金融监管，强化监管科技在防控金融风险和维护金融安全方面的应用。就金融监管机构而言，通过自建或者与第三方监管科技服务商合作，搭建监管科技平台，例如北京市金融监督管理局与阿尔山科技合作搭建的区块链风险监测平台；就第三方监管科技服务商而言，其深耕金融安全与反欺诈领域的监管科技，力求推出创新的监管科技产品和解决方案，为监管端和合规端提供技术输出；就金融体系中的合规企业而言，其加强自身合规科技研发，或者通过共建、外包、参股等方式提升合规水平，这也是降低成本和缓解经营、合规风险的有效手段。

（三）试点“监管沙盒”机制

美国、英国、澳大利亚、新加坡等国都在监管科技的探索阶段进行了相应的顶层设计，例如美国 SEC 的 FinHub，英国 FCA 的监管沙盒、GFIN、TechSprint，澳大利亚的“监管沙盒”等，这些顶层设计为监管科技的发展和规范提供了载体和政策法规支持。中国的监管科技法治化加快进程，也需要加快制度和机制的顶层设计，通过多部门联合立法，整合立法资源，提高监管科技立法的统一性和兼容性。

“监管沙盒”在英国、澳大利亚和新加坡等一系列国家和地区取得了一定的成果，其与中国内地传统的改革试点的思路有着异曲同工的作用，可以综合运用“监管科技试点”或“监管科技沙盒”的模式，鼓励包含监管科技和解决方案的创新在内的市场创新，同时也为具体的监管科技实践提供法律依据。吸收有创新思想或方案的监管科技第三方技术供应商或者打算研发和使用监管科技的金融机构进入测试，同时监管部门也可以在“沙盒”或试点内测试创新的监管方案、特定的豁免监管政策形成的压力边界等。观察并收集测试数据和反馈，结合监管科技法治化路径中的不同措施进行综合试错。

（四）探索合规科技、执法科技、法律科技等应用

在地方金融监管体系设计中，一方面加强监管立法和规则设计，另一方面加强相应监管科技的开发应用。加快建立登记结算、数据统计等系统，鼓励开展监管底层技术研发，设立监管科技实验室。监管机构加强对信息系统和技术标准的规范，鼓励公共云服务设施的开发共享。

另外，监管科技是用技术来监督技术，这在行政执法层面通常被称为执法科技。在执法科技的初期建设中，监管机构管理的 SupTech 应该增强技术和平台的原生性，鼓励由中央和地方监管部门自建监测平台和监管科技实验室，保障数据安全和流通。当地方政府没有足够技术和财力物力搭建监管科技平台的时候，中央政府辅以财政支持。在执法管理方面，对 SupTech 自身而言，执法科技可以保证监管者和监管技术本身的公平公正，监督技术是促进监管科技规范发展的有效路径，避免算法失德以及在技术合作、外包过程中出现的政府俘获[①]、数据泄露等败德行为。另外，对于第三方的监管科技供应商，政府也可以运用执法科技加强备案管理、资质审查以及线上的非现场检查，规范政府的技术采购流程和行为，设置相应的监督机制，防范“监管科技”的政府俘获[②]现象。进行监管科技压力测试、金融监管测试等，利用测试和登记备案等机制加强监管科技法治化治理。

---

① 政府俘获理论诞生于 20 世纪末，通常指政府和企业人员相勾结的行为。参见田湘波、黄炎《警惕和预防我国出现“政府俘获”现象》，《党政干部文摘》2009 年第 8 期。

② Nizan Geslevich Pac kin, RegTech, Compliance and Technology Judgment Rule, 93 Chi. -Kent L. Rev. 193 (2018).

（五）纳入法治轨道规范发展

就我国而言，目前尚没有制定专门针对监管科技的法令，只在政府和监管部门的政策性文件中提及监管科技，且多为正面评价，还没有上升到法律法规和社会公共治理的层面，对监管科技做出综合评价。部分地方金融立法也正在尝试过程中，没有针对性强的监管科技立法。我国监管科技的研发、实施和运行处于无法可依的状态。从这个方面来看，我国尚未将监管科技纳入法治化轨道，也尚未进行法治化治理。因而，本报告提出“监管科技法治化”的目标，首先是希望将监管科技纳入法治化的轨道运行，然后进一步健全监管科技的法治体系，并将法治原则和精神贯彻到监管科技的立法、执法、司法的各个方面。

监管科技法治化，核心是法治化，即将监管科技纳入法治框架，让其在有法可依的基础上，遵守法律的规定，依法执法、守法，用法律作为衡量监管科技的标尺。避免走向监管科技法治的对立面，即人为治理、政策治理或者单纯的技术治理。由此采用动态的立法、执法和司法三个方面来搭建监管科技法治的分析路径，推动技术向善。

案例分析

Case Reports

B.19 基于区块链技术的数字票据交易平台

范贵甫　练 娜　潘鲁鲁　朱宏亮　王 瑛*

摘　要： 基于区块链技术的数字票据交易平台包括票交所数字票据管理子系统、商业银行数字票据登记与交易子系统以及企业数字票据业务子系统，覆盖票交所、商业银行和企业等多方角色，在实现票据出票、背书转让、贴现、转贴现和到期兑付主要业务功能的同时，引入看穿机制实现票交所对数据的实时监管。本报告分享了区块链技术在数字票据领域的应用探索及监管实践，从区块链技术特性出发，结合票据业务，探索基于区块链技术的监管功能的实现情况。

关键词： 区块链　数字票据　监管

* 范贵甫、练娜、潘鲁鲁、朱宏亮、王瑛，中钞信用卡产业发展有限公司。

票据市场是中国发展最早的金融子市场之一。票据的高价值、可转让、交易场景复杂不适合集中撮合等在自身特性、交易特点、监管要求等方面的痛点问题可以尝试通过区块链技术解决，以降低交易风险和市场成本，促进信息对称和流程自动化，并满足差别服务需求。鉴于以上需求，基于区块链技术的数字票据交易平台应运而生。

数字票据是指以区块链技术为依托，以智能合约为载体，结合现有的票据属性、法规和市场需求的一种全新的票据形式。每张数字票据都是一段智能合约代码，它们运行在区块链上，拥有自我维护的业务处理能力，包含承兑、背书转让、贴现、转贴现、兑付等一系列核心票据业务。

2018 年 1 月 25 日，根据中国人民银行的安排部署，由上海票据交易所（以下简称“票交所”）、中国人民银行数字货币研究所牵头，中钞信用卡产业发展有限公司承接，联合四家商业银行（工商银行、中国银行、浦发银行、杭州银行）研发的“基于区块链技术的数字票据交易平台”（以下简称“数字票据平台”）实验性生产系统成功上线试运行。在概念验证原型阶段处理的数字票据仅限于银行承兑汇票，实现的主要业务包括出票、背书转让、贴现、转贴现和到期兑付等。平台采用同态加密、零知识证明等密码学算法进行隐私保护，通过实用拜占庭容错协议（PBFT）进行共识，采用看穿机制提供数据监测。

数字票据平台具有如下关键技术特点。①平台底层许可链实现共识达成兼顾性能、稳定与安全、共识节点实现动态增删、紧急干预机制、交易隐私保护等性能。②中间件提供了数据同步机制和事件回调机制，有效地隐藏了区块链底层复杂的结构，为上层业务开发提供方便快捷的接口。③私钥保管在可信安全设备（加密机、卡片）中，保障了私钥的安全性。④系统基于同态加密+零知识证明，隐私保护方案支持交易信息仅对手方可见，监管方具有看穿能力。⑤监管隐私保护，可实时获取交易信息，监控可疑或异常数据，并通过操作权限或系统参与方的准入权限等方面限制，保证数字票据的金融安全。⑥业务升级机制、业务逻辑与数据分离，通过智能合约的升级来实现业务规则的升级。

作为监管机构的票交所需要掌握所有交易信息，并在必要的时候进行引导或干预，不能受到隐私保护机制的影响。数字票据平台在开发阶段充分考虑到了这个问题，在参与方准入时增加了隐私保护密钥的概念，通过参与方和监管方双方的隐私保护密钥进行共享算法计算，实现了交易信息仅对手方和监管方可见。

票交所作为数字票据平台中的一个节点，通过可交互的图形化业务展示、信息查询、运行告警、统计分析等功能，对区块链系统、业务、网络等运行情况进行实时监控。在紧急情况下，可以通过可控智能合约对具体业务、业务参与方或者单张票据的转贴现、贴现、承兑等各类交易进行暂停或恢复等操作，保证金融系统安全稳定，避免重大经济损失发生。

数字票据平台监管具体实现方式是：基于同态加密、零知识证明实现平台共识与交易数据隐私保护，但同时票交所需要对平台上所有业务数据进行监控。这里引入了看穿机制来实现这看似矛盾的需求。首先，分别设置参与方的身份密钥和隐私保护密钥，前者用来做交易签名及身份证明，后者用来对交易金额进行加密保护。其次，参与方将隐私保护公钥公开，并与票交所的隐私保护公钥通过非交互式密钥共享算法计算，得到新的隐私保护密钥并公开其公钥。当两个参与方之间进行隐私保护交易时，双方利用对方的新隐私保护公钥再做一次非交互式密钥共享算法计算，得到本次交易的临时隐私保护密钥，并用其作为金额保护密钥。

同样，票交所也可以通过两次非交互式密钥共享算法计算所有的隐私保护交易所使用的临时密钥，对区块链上的所有交易进行穿透式监管。非交易对手方无法获得非交互式密钥共享算法计算的密钥，因此无法获得隐私保护的交易信息。

如上所述，在区块链技术的支持下，数字票据平台的监管机构付出的运维成本非常低，因为智能合约已经完成了大部分工作，同时区块链的基本属性保证了监管机构得到的数据是未经篡改的。值得注意的是，监管机构同样受到代码的制约，紧急干预或改变规则的操作记录也将永久保存在区块链上。

数字票据平台在监管科技方面所做尝试还处在初级阶段，解决了一些具体的实践问题，但还需进一步探索和实践，使之系统化、标准化。随着区块链技术与金融应用的进一步融合发展，构建区块链技术在监管科技领域的成熟体系，使之能够做到“逐步构建贯穿事前、事中、事后的金融科技监管全链条”“致力于打造科技驱动型的现代金融监管新模式”是未来探索的目标。

参考文献

[1]《狄刚：区块链技术在数字票据场景的创新应用》，中国金融新闻网，http：//www.financialnews.com.cn/zgjrj/201806/t20180605_139651.html。

[2]《上海票据交易所数字票据交易平台实验性生产系统成功上线试运行》，上海票据交易所网站，http：//www.shcpe.com.cn/info_11_itemid_613.html。

[3] 李伟：《强化监管科技应用助力金融风险防控》，《清华金融评论》2019 年第 5 期。

B.20
快钱人工智能反洗钱监测体系

姚 巍*

摘 要： 本报告以快钱支付清算信息有限公司的客户信息、交易信息为研究样本，针对现有的可疑交易系统可疑交易预警量大、人工筛查工作量大等问题，利用基于Logistic回归的评分卡模型，结合客户的基本信息和交易数据，分析已经上报的可疑交易，探索可疑交易行为的共性，重新构建可疑交易监测模型，提高第三方支付机构可疑交易监测预警处理的工作效率。

关键词： 机器学习 逻辑回归 评分卡建模 可疑交易监测模型

本报告以快钱支付清算信息有限公司的客户信息、交易信息为研究样本，针对现有的可疑交易系统可疑交易预警量大、人工筛查工作量大等问题，利用基于Logistic回归的评分卡模型，结合客户的基本信息和交易数据，分析已经上报的可疑交易，探索可疑交易行为的共性，将业务人员根据业务经验确定的可疑交易模型进行探索，重新构建可疑交易监测模型，在保证准确率的同时，减少可疑交易预警量，从而减少业务人员对预警排查的工作量，提高第三方支付机构可疑交易监测预警处理的工作效率。并在此基础上，提出进一步利用机器学习完善反洗钱可疑交易监测分析体系的对策建议。

---

* 姚巍，快钱支付。

一　机器学习

机器学习在反洗钱可疑交易识别中，参考过去已有的可疑案例，自动地学习资深反洗钱专家对可疑案例进行等级分类和排序上报的思路，利用专家的审核结果，自动学习并全方位提取与洗钱行为关联的信号。参考上千特征维度和百万级别的数据，通过机器学习模型实现对可疑案宗的自动分类和排序。主动式机器学习方法可以实现高效人机协同，融合反洗钱专家经验进入机器学习系统，帮助系统自动调优和进化，经过短时间的训练和调优，机器学习系统接近资深反洗钱专家的水平，可以节省大量人力成本。

常用的机器学习模型包括逻辑回归、XGBoost、Random Forest、GBDT、SVM 等，国内领先的金融科技公司的机器学习模型的能力可以达到资深反洗钱专家 95% 的水平，辅助人工审核和能够节省 30% 以上的人工审核工作，加大了金融机构总部对整个反洗钱审核流程的把控力度，减少了人工失误、人才流失、内外勾结等问题带来的危害。

二　逻辑回归算法

机器学习的算法有很多，本报告以逻辑回归（Logistic Regression）构建评分卡对客户基本信息和交易信息进行建模分析，将业务人员根据业务经验确定的可疑交易进行模型量化，构建并进一步完善反洗钱统计监测指标体系、构建可疑交易数据库并结合实际案例对其进行不断的丰富完善，建立反洗钱可疑交易模型监测分析机制，提高公司反洗钱可疑交易数据监测模型的有效性，进一步完善反洗钱监测分析体系。

逻辑回归是一种对数线性模型。经典的逻辑回归模型（LR）可以用来解决二分类问题，但是它输出的并不是确切类别，而是一个概率。在分析 LR 原理之前，先分析一下线性回归。线性回归能将输入数据通过对各个维度的特征分配不同的权重来进行表征，使所有特征协同做出最后的决策。但是，这种表征方式是对模型的一个拟合结果，不能直接用于分类。

在 LR 中，将线性回归的结果通过 Sigmod 函数映射到 0 ~ 1，映射的结果刚好可以看作数据样本点属于某一类的概率，如果结果越接近 0 或者 1，则说明分类结果的可信度越高。这样做不仅应用了线性回归的优势来完成分类任务，而且分类的结果是 0 ~ 1 的概率，可以据此对数据分类的结果进行打分。对于线性不可分的数据，可以对非线性函数进行线性加权，得到一个不是超平面的分割面。

Sigmoid 函数形式如图 1 所示。

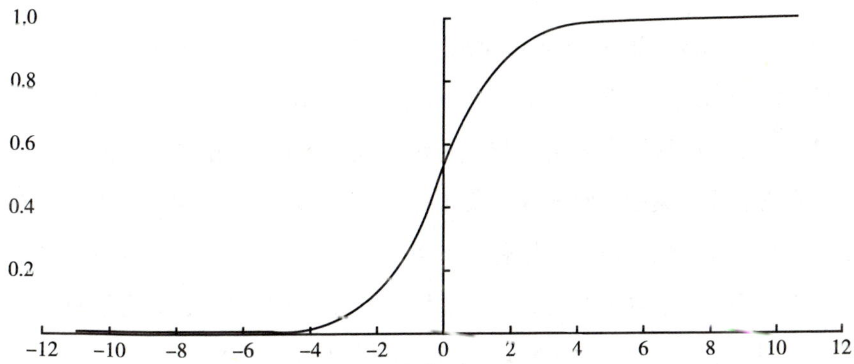

图 1　Sigmoid 函数形式

二元逻辑回归模型由条件概率分布 $P(Y|X)$ 表示，随机变量 X 取值为实数，随机变量 Y 取值为 1 或 0。模型的条件概率分布为：

$$P(Y=1|X)=\frac{\exp(w\cdot x+b)}{1+\exp(w\cdot x+b)}$$

$$P(Y=0|X)=\frac{1}{1+\exp(w\cdot x+b)}$$

在进行分类时，通过比较上面两式的大小来将输入实例分配到概率值大的那一类。也就是说，LR 将输入实例 x 的线性回归的加权结果 $w\cdot x+b$ 通过 Sigmoid 函数映射到 0 ~ 1，加权结果的值越接近正无穷，概率值就越接近

1，反之则越接近 0。

逻辑回归不仅可以输出结果还可以输出其对应的概率。通过拟合出来的参数可以清晰地看到每一个变量对结果的影响。但是其本质上是一个线性分类器，在特征之间相关度高时不适用。可疑交易监测模型中的主要变量是交易及其交易的衍生变量，变量间有很强的相关性。同时逻辑回归也要注意异常值的影响，可疑交易模型中客户基本信息因数据质量千差万别，异常值不可避免，并且在模型训练中，容易出现过拟合情况，因此需要进行非常完善的特征处理。

三 评分卡建模

评分卡是以分数的形式来衡量风险概率的一种手段，将评分卡用于反洗钱可疑监测，是通过机器学习模型对可疑概率进行预测，通常评分越高越安全。构建评分卡常用的模型有逻辑回归、决策树和随机森林。虽然逻辑回归在建模时只能考虑到线性关系，而没有顾及非线性关系，但鉴于其回归结果解释力度大且能体现变量影响的程度及显著性水平可作为变量筛选，故在评分卡建模中有广泛的应用。决策树具有较好的描述性，能重建用户场景，做变量提取与用户画像，但不足在于其结构不稳定。典型的评分卡开发流程见图 2。

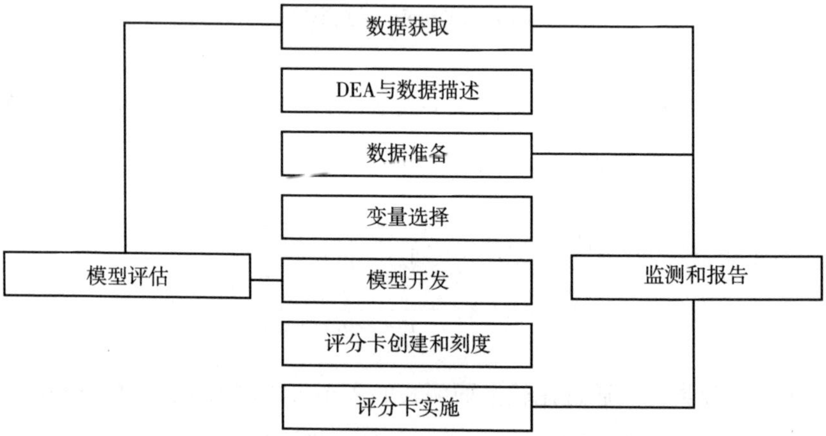

图 2 典型的评分卡开发流程

模型拟合之后，需要评估模型的好坏。好的模型一般有以下三个基本要求。

①精确性。模型在预测时，要有一定的精确性。

②稳健性。模型必须对从总体样本中抽取的所有样本都有效。

③有意义。

评估主要有以下几个方法：混淆矩阵、ROC 曲线、Lift（提升指数）、KS（Kolmogorov-Smirnov）、GINI 系数等。

四 基于评分卡构建可疑交易监测模型

（一）样本选取和处理

把对公客户的基本信息和交易信息为研究样本，选取 2018 年 1 月 1 日至 2018 年 3 月 31 日的部分金融产品数据。研究样本共包含 1253872 条交易记录，其中有洗钱嫌疑上报的交易有 124851 条记录，标为正样本。正常的交易有 1129021 条记录，标为负样本，经过对 70 个字段的数据探索，去掉空值较多、数据质量差的变量，最终选择了 4 个初始变量。

其中涉及交易层面的变量，已有的洗钱案例表明，洗钱行为与日资金收付金额、月资金收付金额、日交易金额变化情况、月交易金额变化情况具有很高的相关性。并且结合业务人员的经验，衍生出 26 个交易相关变量。衍生后的数据量为 219399 条，其中正样本数据量为 219399 条，负样本数据量为 8637 条。具体变量的含义如下。以下变量为统计的月数据，即变量滚动月数据，也就是以计算当天为基础，向前推 30 天的数据。

（1）交易信息

维度一：基本交易信息统计。

维度二：日收付款统计。

维度三：月收付款统计。

维度四：分白天和夜晚时间段统计交易信息。

维度五：衍生月交易数据的处理。

（2）因变量的选取

flag：本报告中可疑交易以业务人员确定的可疑交易报告上报数据为基础。

1～3 月数据处理后的正负样本比例如表 1 所示。

表 1　1～3 月数据处理后的正负样本比例

单位：条

月份样本	1 月	2 月	3 月
正例	92244	80215	46940
负例	3371	2233	3033
总数	95615	82448	49973

（二）实证结果分析

由于部分指标数据需要前 30 天的滚动累计值，因此，2018 年 1 月的数据作为观察数据，不参加模型运算。本报告以 2018 年 2 月 1 日至 2018 年 2 月 28 日一个月的数据的 70% 作为训练集，30% 作为验证集进行模型训练，其中负样本数据量为 84197 条，正样本数据量为 2350 条。训练正负样本极其不均衡，会导致模型追求准确率而牺牲一些正样本。

采用图 3 中的处理方法，通过评分卡模型，得出模型的 ROC 曲线。图 3 为评分卡模型训练结果得出的 ROC，其对应的 AUC 值为 0. 96。

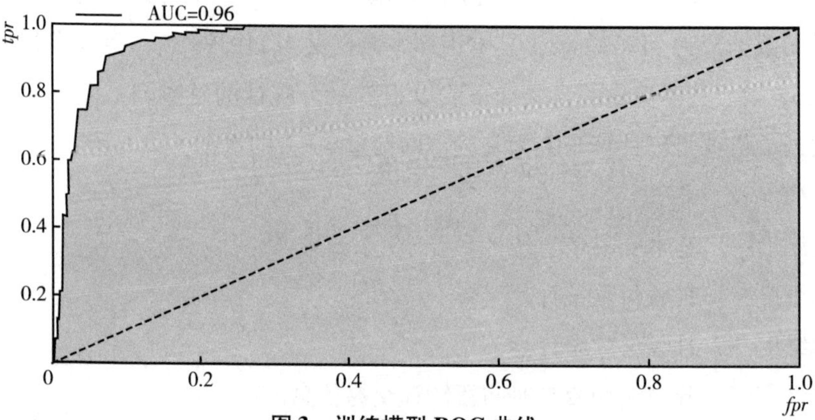

图 3　训练模型 ROC 曲线

模型结果表明，随机森林预测的可疑交易和人工筛查上报的可疑交易基本相同，在很大程度上节省了人力，并且模型数据处理量大，处理效率高。

（三）模型验证

以 2018 年 3 月 1 日至 2018 年 3 月 31 日的数据为模型的测试集，对模型进行验证。测试集样本数据基本情况为：3 月样本数据总量为 49973 条，其中正样本数据量为 3033 条，负样本总量为 46940 条。将测试集样本数据代入已经训练好的模型进行验证，得出的 ROC 曲线如图 4 所示。

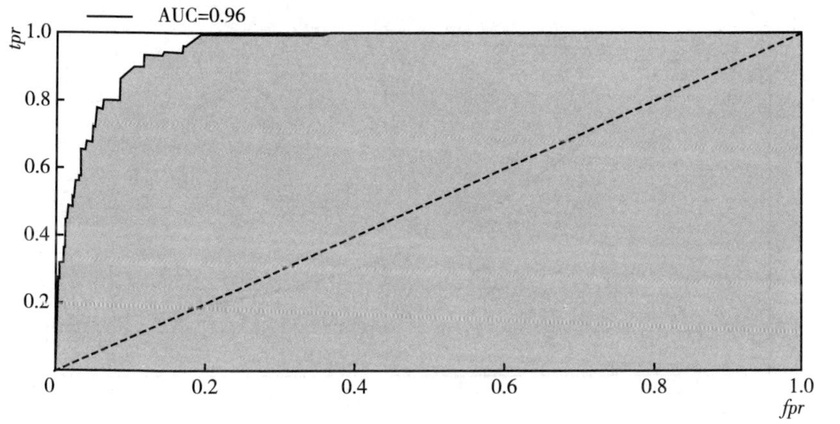

图 4　测试模型 ROC 曲线

图 4 为评分卡模型验证结果得出的 ROC 曲线，分别显示出依据阈值选取的不同模型预测所得的真正率和假正率之间的关系。

图 5 为评分卡模型验证结果得出的 KS 曲线，相应的 KS 值为 0.8113，大于 0.75，模型可能存在异常。

依据 Lift 提升曲线可知训练所得的评分卡模型比随机预测的效果有较大的提升（见图 6）。

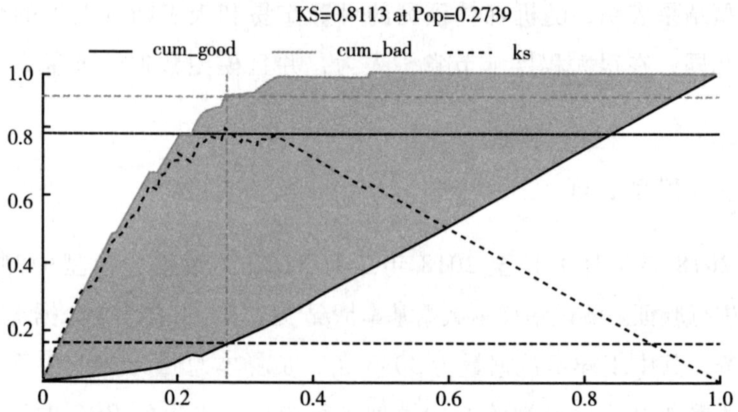

图 5　测试模型 KS 曲线

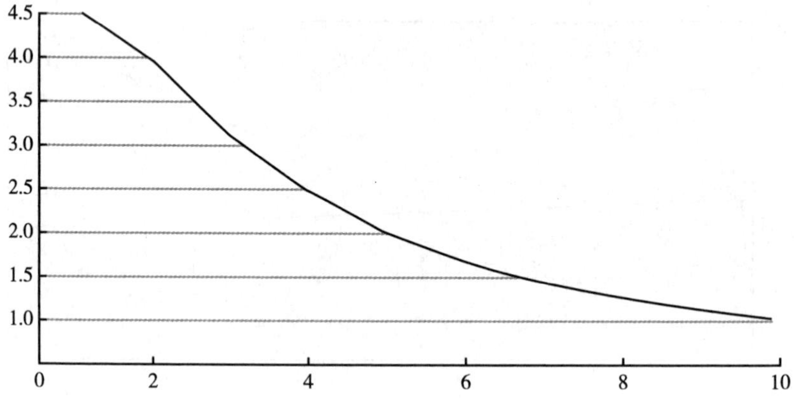

图 6　测试模型 Lift 提升曲线

（四）模型的评价

评分卡是信用风险评估领域的常用建模方法。评分卡的评估效果较好，更重要的是具有较好的可解释性，可以方便业务专家对模型进行把控。根据具体业务含义能够得出可疑交易与月总交易次数、月内交易天数、月平均交易额、月总交易额、月交易方差（月流动规律度）、每次平均交易额等 26 个变量，具有较高的相关关系，并且能够准确地预测客户是不是进行可疑交易。

以上研究表明，使用评分卡模型建立的可疑交易监测模型，通过3月样本数据预测，与反洗钱业务人员上报的可疑交易数据基本符合。

五　人机智能交互

目前快钱公司人工智能反洗钱可疑交易监测系统的智能交互部分刚刚开始研发。人工智能系统借鉴了其他行业及计算机软件领域的人工智能实施先例，除了使用机器学习基于历史数据的统计分析而建立的模型外，还应该包括人机智能交互。

人机智能交互判定可疑客户模块，这一功能在各个金融机构的现有反洗钱可疑交易监测系统均实现，可以保持不变以减少建设成本。可以分步实施，可以在人工智能反洗钱可疑交易监测系统其他核心模块投入使用后的三年后，将这个判定可疑客户模块融合到人工智能反洗钱可疑交易监测系统中，以在用户操作便利性、数据交互性能上，提供更好的用户体验。

智能展示可疑数据模块，要求准确、快速定位及展示可疑客户的高风险特征数据，清晰展示可疑客户的特征数据血缘链路，最好能配合360度全方位的客户画像、资金链路图。目前国内很多金融机构均有成熟的系统，但是没有将其整合到反洗钱系统中，当然这些系统都需要大量的资金才能建设完成，可以分步实施，也可以放到后期建设。

B.21
联动优势金融风控大数据应用服务平台

殷 舒 徐加明*

摘 要： 信贷风控的核心是解决借贷双方信息不对称的问题，“金融风控大数据应用服务平台”旨在通过大数据融合分析处理技术，针对特定风控场景进行定制化建模，形成完整的企业级系统解决方案，降低金融机构的信息不对称风险，提升其在普惠金融和小微金融领域的服务能力。此平台自实施推广以来，取得了良好的经济效益和社会效益，并输出了一批科研成果，包括5项专利和4项软件著作权。

关键词： 大数据平台 风控模型平台 信用风险分析

一 项目背景

2015年，国务院正式发布《促进大数据发展行动纲要》，根据国家发改委办公厅发布的《关于组织实施促进大数据发展重大工程的通知》，联动优势于2016年进行“金融风控大数据应用服务平台”项目申报，并于2017年3月得到立项批复。该项目旨在通过大数据融合分析处理技术，针对特定风控场景进行定制化建模，形成完整的企业级系统解决方案，

* 殷舒、徐加明，联动优势电子商务有限公司。

降低金融机构的信息不对称风险，提升其在普惠金融和小微金融领域的服务能力。

二　业务痛点

金融风控的核心是解决借贷双方信息不对称的问题，在普惠金融和小微金融业务上，金融机构主要面临以下三个痛点。一是缺乏对非结构数据的挖掘能力。大量的客户行为数据是异构异质的，尤其是文本、时序等信息难以有效解读和应用。二是金融服务人群下沉，这部分客户的数据还没有被央行征信所覆盖，造成金融机构难以有效理解客户。三是客群扩大后欺诈风险瞬息万变，传统风控模型和系统已经无法满足实时性客户洞察的要求。

三　解决方案

该项目为金融机构合作伙伴提供的解决方案是一系列的信用风险分析服务，包括贷前准入阶段的身份核查、风险过滤，授信审批阶段的用户信用及评估以及贷中贷后阶段的监测预警等。而贯穿整个流程的风险评分系列产品，通过与合作伙伴联合建模，利用深度学习算法整合全域金融大数据，兼容尽量多的数据信息量，给出客观的风险评分，帮助合作伙伴实现标准化自动化决策，从而提高效率，降低成本，增加收益。金融风险大数据应用服务平台体系结构及场景应用见图 1。

本项目的主要成果包括风控大数据平台和风控模型平台两大体系。

大数据平台包括数据实时处理与融合分析技术的综合应用，支持 1T 以上的日新增数据量和 1000TPS 以上的访问峰值能力，并且整合汇聚了支付机构、电信运营商、互联网、电商、三方征信等多维度大数据，在客户身份认证、反欺诈核查等方面具有全面、高效、精准的实时风控服务能力。

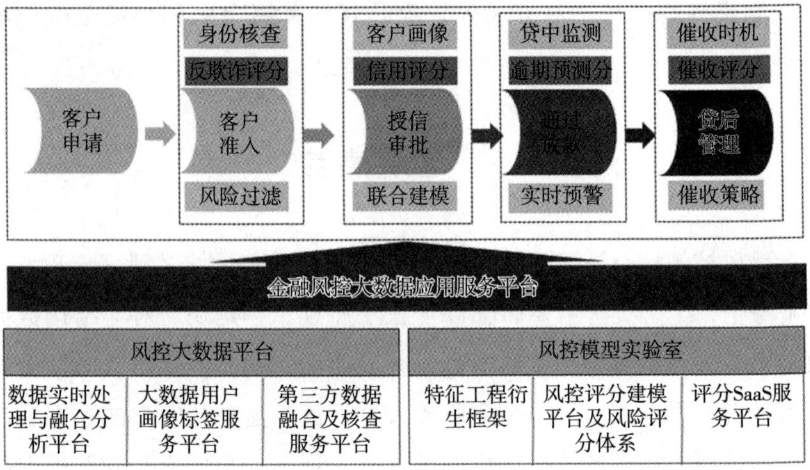

图1　金融风控大数据应用服务平台体系结构及场景应用

风控模型平台设计了多种特征提取框架，既融合了金融专家和合作伙伴的经验，又基于深度学习技术实现了非结构化数据高维特征的自动提取，衍生了上万个维度的金融特征变量。在建模方法上，也有效整合了多种模型并产生协同效应，在参考美国应用广泛的传统征信局逻辑回归模型的基础上，结合互联网领域的深度学习、集成学习等 AI 技术，有效解读了海量的弱特征数据。

四　应用效果

该项目自实施推广以来，已取得了良好的经济效益和社会效益。

首先，该项目基于大数据和人工智能技术打造的信贷风控服务平台及其推广实施效果也得到了北京市发改委的认可和高度评价。

其次，通过该项目成果已服务了超过 10 家金融机构，帮助客户降低了营销和风控成本，助力合作伙伴有效提升在普惠金融和小微金融领域的信贷投放能力。

同时，该项目输出了一批科研成果，包括 5 项专利和 4 项软件著作权。

五 后续计划

该项目的下一步计划是从广度、深度、速度、便捷度四个维度出发，实现更广客户覆盖、更深业务耦合、更快服务交付、更便捷服务部署，为合作伙伴提供一站式的智慧金融解决方案。

B.22
恒丰银行全面风险预警系统

赵 毅 丁 瑜 孟令政 邱蓉蓉 陈玉光*

摘 要： 恒丰银行基于大数据技术，通过整合行内外数据形成统一的行业、地域、客户风险视图，逐步构建了全面风险预警系统，该风险预警系统主要分为基础数据层、基础技术服务层和应用层，实现了线上线下业务协同发展，同时利用大数据技术做好风险分类研究、风险实时监测及风险预测等工作。该系统在投产后，使新增信贷资产质量大幅提升，新增的网贷、平台贷授信业务发放效率显著提升，新增业务的客户贷前调查成本大幅降低，同时通过贷后监控和预警，有效地保障了业务的合规性。

关键词： 数据治理 合规预警 反洗钱监测 数字化银行

一 全面风险预警

为了支持数字化银行业务的快速发展，为客户提供丰富的信贷产品及良好用户体验，恒丰银行基于大数据技术逐步构建了全面风险预警系统，通过整合行内外数据形成统一的行业、地域、客户风险视图，提高风险监测、审查的准确性、及时性、透明度，强化风险预测能力，着力防控信用风险、操作风险。实现线上线下业务协同发展，同时利用大数据技术做好风险分类研究、风险实时监测及风险预测等工作。

---

* 赵毅、丁瑜、孟令政、邱蓉蓉、陈玉光，恒丰银行。

该风险预警系统主要分为基础数据层、基础技术服务层和应用层（如图1所示）。基础数据层通过自建爬虫体系、购买外部服务数据API或文件批量推送服务实现各类数据的接入；基础技术服务层基于整合的各类行内外数据，在清洗、结构化之后，借助文本挖掘、MIDAS、R等技术或工具实现用户画像、风险画像、知识图谱及指标计算等各类基础技术服务；应用层则主要提供两类应用方式：一方面通过决策引擎前置系统整合各类基础数据和衍生数据，并通过决策引擎提供一站式的风险监测服务，属于被动式风险控制；另一方面基于基础技术服务层清洗整合、分析挖掘后的衍生数据，提供客户综合评分、逾期预测、舆情监测等风险推送服务，以及行业景气指数、风险传导等宏观风险度量、风险演变等监测服务，属于主动式风险控制。

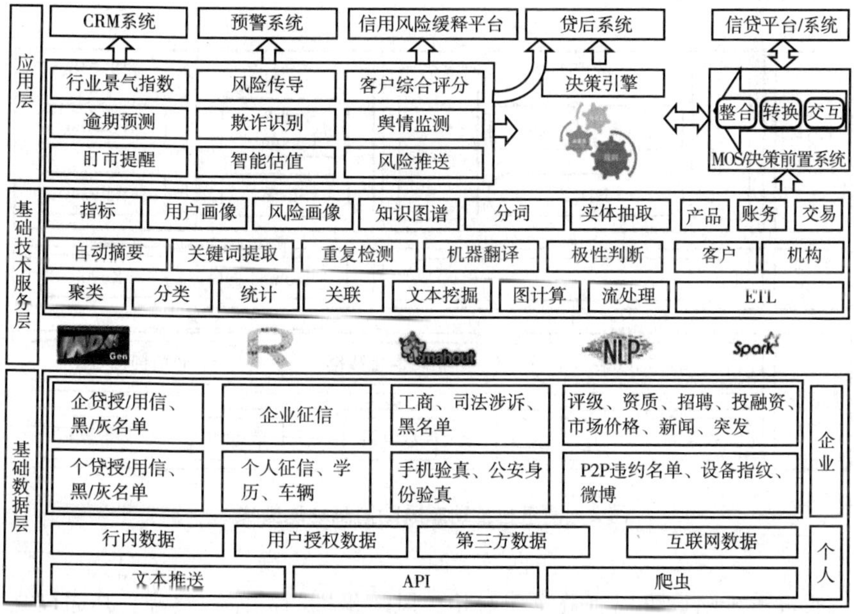

图1　风险预警系统功能架构

该系统在投产后，使新增信贷资产质量大幅提升，新增的网贷、平台贷授信业务发放效率显著提升，新增业务的客户贷前调查成本大幅降低，同时通过贷后监控和预警也有效地保障了业务的合规性。

二 信息科技动态风险监测

针对银行业的网络公攻击、电信欺诈持续升级，银行面临各类网络安全威胁不断升级，需要通过高科技手段辅助解决风险防范问题，提升信息科技风险防范能力和实现信息科技治理现代化水平。

恒丰银行通过大数据技术和实时流处理，构建系统化处理和监控平台，实现了对系统可用率、外部攻击变化率、系统交易成功率、信息科技风险事件数量、投产变更成功率、主要电子渠道交易变化率、假冒网站查封率、主要电子渠道活跃用户账户变化率等风险类别的监控和预警。信息科技动态风险监测功能架构见图 2。

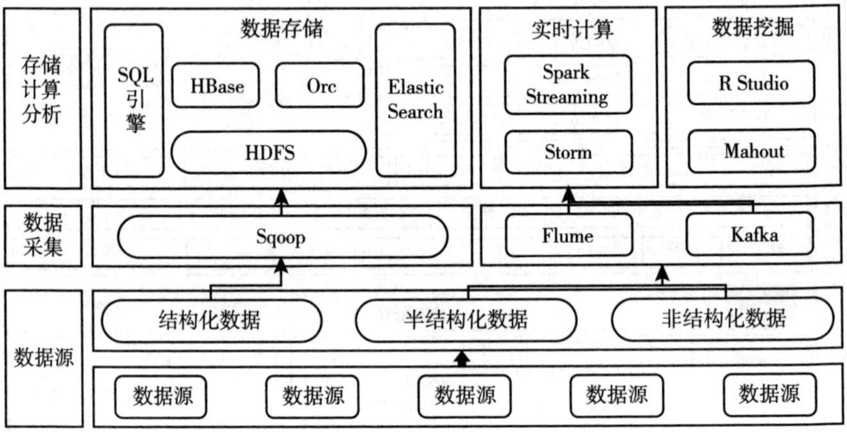

图 2 信息科技动态风险监测功能架构

通过系统建设可以有效实现对相关风险指标的监控和预警，并通过线上手段推动信息科技治理和管理、审计，保障系统科技的安全、合规。

三 全面风险监测

为响应监管要求，银行对全面风险进行统领性、综合性的管理。结合国内外先进实践经验和风险管理现状，完善全面风险监测和报告体系，建设包括风险仪表盘和风险指标体系，同时基于数据挖掘技术，建立行业组合分析和预警模型体系。开展组合风险分析和监控，审慎评估各类风险之间的相互影响，以大数据平台公共数据模型为基础，构建“统一管控、统一采集、统一转换、统一建模、统一存储、统一调度、统一语言”的全风数据集市，以全风集市为依托，建设“一站式”的全面风险监测平台以为风险管理和风险决策提供支持。

主要实现以下功能模块。

风险模块：基于全面风险监测要求梳理监管指标、各类业务管理指标、其他指标，构建覆盖全面的指标清单，在全面风险监测平台实现指标口径管理、指标统计、指标展示。

风险报告：风险报告模块实现面向不同用户的报告管理，包括报告统计口径管理、报告权限管理、报告统计、报告展示、报告导入导出功能。

全面风险监测报告体系包含各类风险管理仪表盘和风险管理报告，具体包含风险偏好变动及执行情况、核心监管指标一览、监管评级内部指引、信用类业务规模情况、资产五级分类情况、拨备计提情况、债券业务情况、外汇敞口情况、资产管理业务情况、限额执行情况、银行账户利率风险、流动性风险、流动性集中度分析、操作风险、国别风险、行业分析、区域分布分析、客户分析、声誉风险、信息科技风险、超授权监控。全面风险监测功能架构见图3。

风险监测仪表盘：实现面向不同用户的仪表盘展示、数据统计、参数维护等功能。

指标传导：风险监测仪表盘实现面向不同用户的仪表盘展示、数据统计、参数维护等功能。

重点行业网状分析：重点行业网状监测选取现代农业和建筑与房地产业景气指数进行分析，了解这几个行业上下游的关联关系和影响情况。

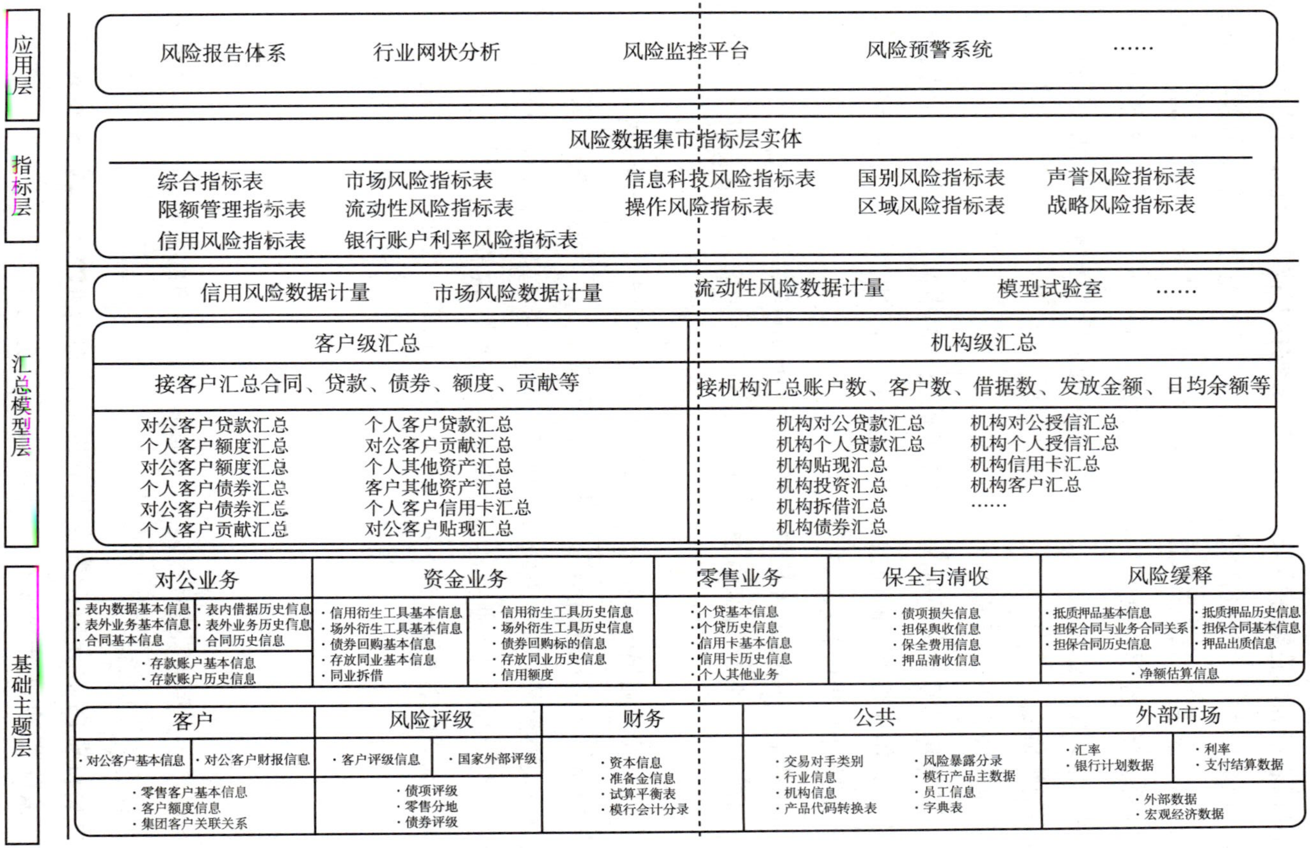

图 3　全面风险监测功能架构

通过风险数据治理，实现风险相关数据的清理、整合，提高数据质量、可读性；进行全风数据集市的建设，实现风险指标咨询成果在大数据平台的落地，建立业务数据标准的全面风险数据集市；构建大数据风险模型体系，实现全行风险数据的整合与共享，全行的风险业务和管理模式转型，将大数据能力打造为核心竞争力；最终打造全面风险监测平台，实现风险指标、风险信号的全方位展示，形成风险报告、预警报告，引导风险处理，辅助风险决策。

四　EAST 专项数据治理和基于大数据的合规预警

为进一步深入推进原银监会检查分析系统（EAST）应用，对行内各个业务条线的数据进行合规模型的预警分析。EAST 功能架构见图 4。

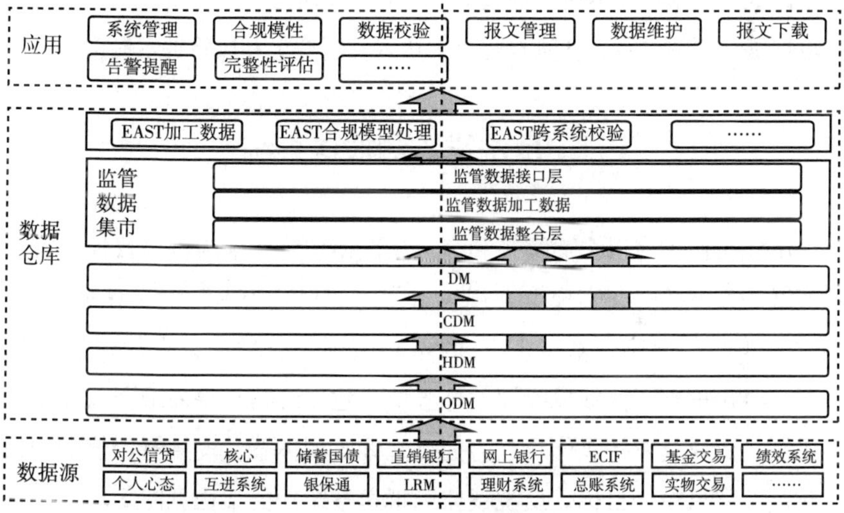

图 4　EAST 功能架构

合规模型功能模块：以目前全行数据为基础，根据相关制度与监管机构的发文，合规预警可分为如下 5 大类，即授信类、柜员操作类、信息科技类、综合分析类、业务管理类。5 大类包含了 250 多个合规预警模型，合规模型以日频度对行内各个业务条线的数据进行模型验证，对不符合模型规则的数据发出告警提醒。

检验规则描述：银监标准系统结合监管制度的范围及行内数据标准规范，系统内置了1000余条检验规则，将每日校验产生的不满足监管要求的数据自动推送给相关业务条线的负责人员，按照行里的数据标准推动业务系统的数据改造、历史数据的清理以及缺失数据的铺底等。

完整性评估模块描述：银监标准化系统针对目前报送的58张报表数据、1155个字段进行了完整性的评估及缺失比率的预估，每月形成完整性评估报告。业务人员可以根据完整性评估报告定位数据缺失的所在点，有针对性地对定位问题提出合理的改造方案。

通过EAST专项数据治理，实现EAST相关数据的清理、整合，提高数据质量、可读性，对历史数据进行及时清理，对缺失数据进行补录，对不符合数据标准的数据进行清洗。通过EAST基于大数据的合规预警建立健全和完善风险识别和评估体系，认真执行重大违约情况登记和风险提示制度。

五　反洗钱监测报送系统

反洗钱工作平台以全面覆盖和满足反洗钱监管要求为首要目标，符合反洗钱实践的发展趋势，实现“合规为本”向“风险为本”的工作思路转变，遵循“有效性”原则。基于KYC的核心原则，通过实施大额可疑交易监测、客户身份识别、洗钱风险评估等板块，建立洗钱与恐怖融资风险方法的基本机制，形成具有持续优化能力的反洗钱监测体系，发掘有价值的洗钱线索，防范洗钱风险的目标。反洗钱监测报送系统功能架构见图5。

主要实现以下功能模块。

反洗钱工作平台运用风险管理的一般方法，从风险的识别、评估、监测、控制缓释的全生命周期环节，进行洗钱和恐怖融资的风险管理。为可疑监测体系、重点可疑识别、监测报告、作业模式等多个方面提供基于风险视角，优化资源配置的支持。同时，将反洗钱与反欺诈、反舞弊等进行有机结合和串联，以反洗钱为着力点促进金融机构风险防范水平的提升。

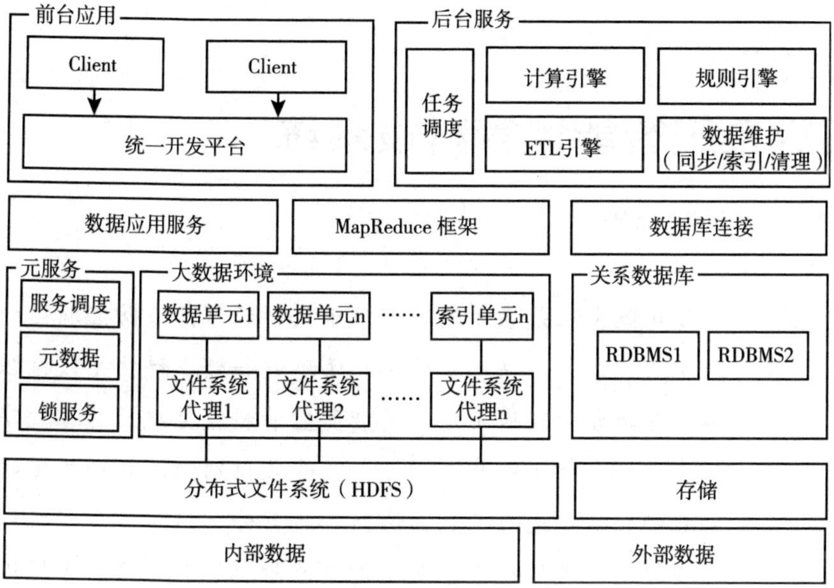

图 5　反洗钱监测报送系统功能架构

反洗钱工作平台可支持自定义可疑监测标准，面向单客户主体的规则监测和面向客户群体的组合特征监测。通过优化的专业算法，构建和识别资金网络，建立客户群体。反洗钱工作平台通过构建，从而满足对涉毒、地下钱庄、非法集资、非法经营票据、腐败、传销、诈骗等多类洗钱类型案件的监测甄别要求，并能够根据监管风险提示和行内关注重点及时扩展监测模型和进行规则调整。

反洗钱工作平台不仅支持传统反洗钱分散作业模式，同时也支持更加集约、更加有效的集中作业模式，从而帮助金融机构合理有序地进行作业模式变革。

大数据技术的蓬勃发展、反洗钱工作平台的支持基于大数据平台的系统架构，同时可引入外部舆情等数据，结合长期的历史交易数据等内部数据，能够从海量数据中更有效率地挖掘高价值的线索和风险疑点，更加准确地进行客户身份识别、风险评级评定，以及可疑线索甄别。

B.23
蚂蚁金服智能监管科技系统

付万琳　李明凯　王黎强*

摘　要：　蚂蚁风险大脑是基于蚂蚁金服十余年的风险攻防经验，利用人工智能、大数据、云计算和区块链等领先科技手段，融合各地金融监管实践而建立的智能监管科技系统。具备数字化动态监测、智能化监测预警、穿透式识别隐患和一体化联合处置四大核心能力。能够协助各地监管部门对类金融机构进行多维度的风险排查，实现涉众风险、经营风险、合规风险等全领域动态扫描，通过知识图谱挖掘，发现关联机构间的潜在风险，从根源处识别出疑似金融欺诈团伙，还可以帮助监管部门构建地区及行业整体风险指数，快速识别地区及行业的风险“水位”，掌握宏观金融风险趋势变化。

关键词：　区块链　人工智能　风险大脑

蚂蚁风险大脑是基于蚂蚁金服十余年的风险攻防经验，利用人工智能、大数据、云计算和区块链等领先科技手段，融合各地金融监管实践而建立的智能监管科技系统。蚂蚁风险大脑为传统监管方式装上“千里眼和顺风耳”，可根据蛛丝马迹提前感知风险，以便监管部门主动采取措施，防止风险的蔓延。截至目前，蚂蚁风险大脑已与北京、天津、上海、重庆、河北、福建、广州、厦门、温州、西安、贵阳 11 地签约合作；2018 年，蚂蚁风险大

* 付万琳、李明凯、王黎强，蚂蚁金融服务集团。

脑已协助各地金融监管部门进行1.2万次风险企业识别，辅助发现了1400多家疑似非法集资平台，其中28%已被立案查处，预计减少损失逾百亿元。

蚂蚁风险大脑能够协助各地监管部门对类金融机构进行多维度的风险排查，实现涉众风险、经营风险、合规风险等全领域动态扫描，通过知识图谱挖掘，让监管部门拥有“透视眼”，发现关联机构间的潜在风险，从根源处识别出疑似金融欺诈团伙，还可以帮助监管构建地区及行业整体风险指数，快速识别地区及行业的风险“水位”，掌握宏观金融风险趋势变化。蚂蚁风险大脑图示见图1。

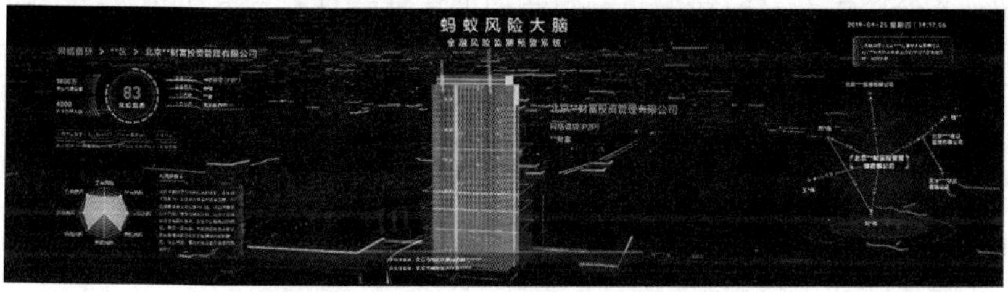

图1　蚂蚁风险大脑图示

注：图示上数据为虚拟数据，非真实数据。

蚂蚁风险大脑还探索性地将区块链技术与金融监管结合。所有金融行为全部“上链”，多方同时在线并形成协同机制，对风险进行准实时识别和穿透式监管。它像人脑一样自主学习和进化，快速应对各种新型风险。蚂蚁风险大脑帮助监管机构实现金融风险“早发现、早预警、早处置”，蚂蚁风险大脑的四大核心能力如下。

一是数字化动态监测。“蚂蚁风险大脑”数据来源主要为互联网公开数据，涵盖了企业、工商、法院、舆情、广告5大类60多个维度企业数据，同步囊括蚂蚁金服十几年来在业务风控中积累的黑色产业链数据。风险大脑可实现全天24小时对社交平台、媒体、垂直网站等全网公开信息渠道进行风险舆情探测；实时对工商、司法行业等多个公开公示信息源进行整合，构建机构画像及其关联图谱，对机构风险进行深度挖掘。并且为了保护平台的数据安全和隐私，风险大脑采用区块链、密码学等前沿技术，实现数据的加密共享计算，保障数据安全可靠。

二是智能化监测预警。“蚂蚁风险大脑”在上述挖掘的风险特征基础上，对已知风险企业的工商股权风险、监管合规风险、司法涉诉风险、产品运营风险、网络舆情风险、企业关联风险、经营信用风险、非法涉众风险等进行特征分析和建模。比如针对已暴雷的P2P企业，“蚂蚁风险大脑”会分析这家企业近期产品变化、广告宣传、用户活跃度、用户评价、企业关联等，通过分析出来的风险特征来进行建模。“蚂蚁风险大脑”针对新型风险采用无监督异常检测技术，从海量企业中自动挖掘在区域、行业、近期业务活动、关联网络等方面存在异常和异动的企业，提醒监管机构关注与研判。比如，“蚂蚁风险大脑”若发现一家P2P企业收益率和发标频次突变、网络舆情热度骤升，则会重点关注该企业是否存在资金链断裂风险；再如，“蚂蚁风险大脑”用知识图谱和时间序列挖掘企业动态演变过程，若企业初期以实体经营为主，后期突然转变开展区块链等高科技业务，则会第一时间进行预警借高科技之名的非法集资风险。

三是穿透式识别隐患。“蚂蚁风险大脑”采用大规模实时图计算引擎和深度机器学习平台挖掘企业风险信息和风险团伙，对企业风险进行识别预警，提早进行金融风险防控。“蚂蚁风险大脑”在数据整合和分析基础上，通过产品化对区域和行业风险进行全方位多维度可视化分析，蚂蚁金服利用强大的知识图谱挖掘和异常群体识别方法，让隐蔽性风险可视化，进行实时风险预警和智能快速指挥处置。同时产品通过模块化封装以快速与金融监管机构进行业务和数据融合，融合本地监管特点防控金融风险。例如，从企业网站、App、招聘启事等信息精准挖掘企业实际经营业务和活跃地，识别异地经营和超范围经营；从投放在网络的理财广告中分析出平台收益率和违规宣传痕迹；通过股权关系、活跃地、历史变更等，识别明显或隐蔽的企业关系链；从垂直论坛发言中识别正负面舆情，并进行真伪判断。此外，“蚂蚁风险大脑”利用知识图谱推理技术，能找到在营企业与已暴雷、严重失信企业的关联，或者非法集资企业与养老项目的关联、P2P企业与地产金融企业的关联等。

四是一体化联合处置。为能更好地做好金融风险防范，“蚂蚁风险大脑”还探索性地引入最新的区块链技术与风险大脑结合，监管机构未来将作为区块链节点成员基于智能合约实时执行监管规则。“蚂蚁风险大脑”将地方金融监管机构、监管科技平台和相关企业的行为“上链”，记录在同一个账本上，不可篡改，更有助于信息的准确和透明，多方同时在线并形成协同机制，形成统一的联合处置机制。

“蚂蚁风险大脑”探索性地引入人工智能技术，并实现了较大的价值。一是提高风险识别率。人工智能具备将非结构化数据转化为结构化数据的能力，极大地扩展数据分析的维度，为风险防控决策提供更充分的判断依据，进而提高蚂蚁风险大脑对金融风险的识别率。二是实现风险预判。“蚂蚁风险大脑”的人工智能技术，可通过对海量数据的深度挖掘，形成规模化知识图谱，并基于复杂逻辑链进行自动推理，从而在结合监管对象有关业务数据的情况下，可以帮助监管预判交易欺诈、信贷违约、流动性缺口等潜在风险。三是提升风控效率。蚂蚁风险大脑运用深度学习技术帮助训练虚拟机器人，以使其快速学习人工分析经验，并分析数据作业，为工作人员提供风控决策依据，优化人力资源配置，降低人为操作风险。四是自我迭代适应风险环境变化。在风险环境发生变化时，“蚂蚁风险大脑”的人工智能技术拥有较强的自我学习、修正与适应的能力，可通过不断迭代快速提高对于金融风险的防范和化解能力。

B.24
“冒烟指数”构筑地方金融综合监管平台

李崇纲*

摘　要：　本报告运用大数据、人工智能、知识图谱等先进技术手段，按照金融风险逻辑，从经营行为、企业扩张、人员信用、产品特征、社会舆论、公开宣传等多维度考察，细分至三级指标共百余个变量指标，设计“冒烟指数”，通过机器学习和专家共同赋权，分级预警，分类施策，进行地方金融风险实时动态监测。实践证明，基于“冒烟指数”的地方金融综合监管系统能进行发现风险、评估风险、固化证据、判断趋势、及时干预和联合打击等联动工作。推动金融治理由传统被动监管、粗放监管、突发式应对向主动监管、精准监管和协同监管模式转变。

关键词：　地方金融监管　智能中台　风险治理

金融科技环境下，金融产品形态及服务边界变得更加模糊，风险随之愈加隐蔽。就地方金融监管者而言，监管压力除了来自信息不对称加剧外，还要面对庞大数量类金融及非持牌个体的金融行为，使用传统现场监管等手段已不能满足新的监管需求。如何能进行常态化、精准化监管，实现对金融风险的“打早打小”，是地方金融监管者亟待破解的难题。

---

* 李崇纲，金信网银。

"冒烟指数"指标构思源于最高人民法院、最高人民检察院、公安部联合下发的《关于办理非法集资刑事案件适用法律若干问题的意见》。非法集资具有四大基本特征：非法性、社会性、公开性、利诱性。在此基础之上，整合工商、招聘、广告、法院等行为信息；投诉举报、行业数据、政务数据及爬虫抓取的多源异构数据，按照金融风险逻辑，从经营行为、企业扩张、人员信用、产品特征、社会舆论、公开宣传等多维度考察，细分至三级指标共百余个变量指标。系统对数据进行清洗打标，特征构造，最终通过机器学习和专家共同赋权，分级预警，分类施策。由于地方金融组织有各自行业特性，针对地方金融"7+4"行业，"冒烟指数"对接本地机构数据形成分业监管模型，在监管系统中一经捕捉到企业异常交易、异常行为、异常账号等信息，便及时预警通报。

金信网银公司在监管科技（RegTech）领域积极探索与实践，运用大数据、人工智能、知识图谱等先进技术手段设计"冒烟指数"进行地方金融风险实时动态监测；通过自主研发的金融监管AI中台、API接入地方类金融业态数据，利用"冒烟指数"沉积的数据库完成对接数据校验，结合地方金融特征，构建地方金融"7+4"分业监管模型，分析结果为日常监管决策提供量化依据，为地方金融非现场监管提供抓手。

支撑"冒烟指数"体系海量数据挖掘与多维模型计算的是金融监管智能中台，它整合了数据分析技术（文本挖掘、知识图谱等）、数据管理技术（分布式存储数据库）、数据采集技术（非结构化数据采集工具、API）等，打通连贯大数据收集、清理、存储、调用、建模、计算、可视化等环节，让大数据在一体化流水线的平台全自动运算。其中AI建模系统部分，按照最终目标模型，在接入的海量数据中进行反复迭代和模式匹配，识别数据中存在的可疑风险行为，形成风险指数体系，并触发相应预警，呈现金融风险程度。金融监管AI中台整合不同架构的金融业务系统、集合且处理多源异构数据，具备服务敏捷部署、资源动态分配的支撑能力，为地方金融监管工作提供了有力技术保障，极大地提升了监管工作效能。

基于"冒烟指数"的地方金融监管系统已累计监测150余万家类金融

机构，这占全国一半，其中预警出12万家风险企业，除地方金融“7+4”之外，还覆盖房地产、教育、养老服务等20多个行业；此外“冒烟指数”分析结果还延伸到辅助其他政务部门的工作，如辅助公安机关侦查研判50多起非法金融案件，协助地方政府招商引资，排除金融机构增量风险，成为地方政府日常金融监管决策的参考依据。目前已有银保监会打非局，公安部经侦局，国家网信办，中国互联网金融协会，北京、内蒙古、江西、重庆、深圳等主要省份金融局（办）以及重点省份公安经侦、地方行业协会等150多个金融监管相关机构使用，正在形成金融风险治理从中央到地方、从行政处置到刑事打击的工作联动机制。

金融风险会伴随技术的演变而变化，也常利用技术之名掩盖自身非法行为。为及时应对，地方金融风险监测及监管模型需要不断调整底层大数据分析逻辑，完善数据源以适应风险变化。当下，各类网络金融虚假广告层出不穷，且滋生了“校园贷”“套路贷”等涉黑金融产品，严重扰乱金融秩序。对此，“冒烟指数”拓宽监测预警雷达，应用网络爬虫、大数据手段监测相关企业的违法广告发布，企业涉诉、投诉以及舆情信息，从海量数据中挖掘相关企业涉黑涉恶线索，及时报送给地方监管部门，化解涉黑金融风险。

为更好落实地方金融监管责任，自2018年以来，地方纷纷成立金融监管局，负责“7+4”行业监管。“冒烟指数”可贯穿从企业准入到退出全周期、360度立体式监管。其分析结果可实现增量准入审查、存量风险日常监测，并且对地方金融业务数据进行校验，最终与对接的本地数据共同形成分业大数据评估模型。

基于“冒烟指数”的地方金融综合监管系统能实现发现风险、评估风险、固化证据、判断趋势、及时干预和联合打击等。推动金融治理由传统被动监管、粗放监管、突发式应对向主动监管、精准监管和协同监管模式转变。

B.25
宝付商户风险控制爬虫系统

王 峰　陈华巧　孟红星*

摘　要： 针对以网络博彩为代表的非法交易严重破坏了网络支付环境，本报告中的风险控制爬虫系统分为：网站基础数据维护系统、博彩网站定位系统、标记模板和智能抽取爬虫系统、分布式任务分发系统、文本分析系统和图像识别分析系统。通过匹配爬虫监控系统的关键有效信息，可以及时有效地发现博彩网站的非法交易订单，并且及时在控制台交互界面显示，将结果上报给风险控制业务部门进行处理，必要时系统将自动实施预警措施进行干预。

关键词： 博彩网站　爬虫系统　图像识别

一　博彩支付渠道监控案例概述

网络博彩通常指利用互联网进行的博彩行为。网络博彩类型繁多，由于受时间、地点等不确定因素影响，一般以“结果”型的赌法为主（例如赌球、赌马、骰宝、轮盘、网上百家乐等），而现场操作比较复杂的方式就相对较少（例如扎金花、拉耗子等）。以网络博彩为代表的非法交易严重破坏了网络支付环境。

宝付商户风险控制爬虫系统的整体流程如下：爬虫系统以博彩类网

* 王峰、陈华巧、孟红星，宝付网络科技有限公司。

站地址 URL 输入，输出博彩非法订单信息。宝付商户风险控制爬虫系统分为网站基础数据维护系统、博彩网站定位系统、标记模板和智能抽取爬虫系统、分布式任务分发系统、文本分析系统、图像识别分析系统（如图 1 所示）。

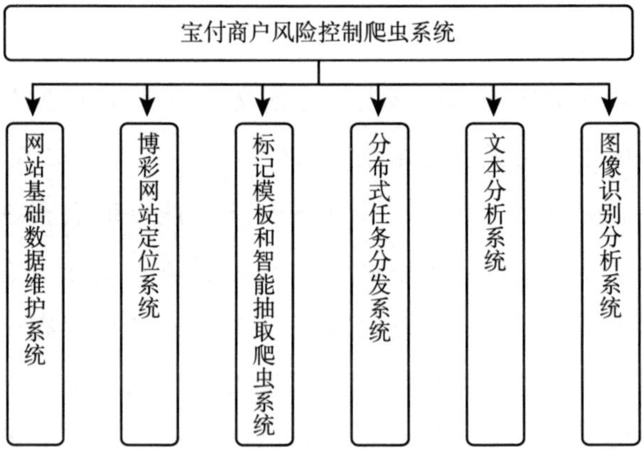

图 1　宝付商户风险控制爬虫系统结构

爬虫系统主要流程是通过人工录入或者搜索引擎查询结果，获取爬取目标 URL，再通过标记模板和智能抽取爬虫系统判断网页的分类结果。根据分类结果，去选择合适的爬虫脚本进行博彩网站的模拟注册、登录、充值渠道的监控。最终，将充值页面相关重要信息通过文本分析系统或者图像识别分析系统提取出来，通过宝付大数据平台中的支付交易订单数据进行匹配，筛选出非法交易。流程如图 2 所示。

二　基础数据维护系统

（一）网站基础数据

爬虫系统会维护一张网站基础数据表，存储经过博彩网站定位系统筛选出来的博彩网站信息。包括的字段有网站名称、网站 URL、网站有效性

（是否能打开）、网站的文本信息、网站快照图片 URL、网站标记模板代号、创建时间、更新时间、创建人、更新人等。

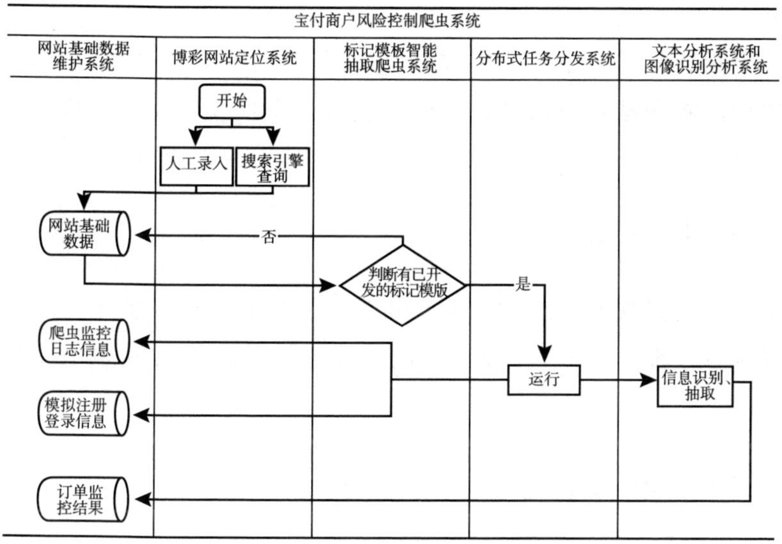

图 2　宝付商户风险控制爬虫系统流程

表中的网站若连续 3 次不能打开，则将该网站在表中网站有效性栏，记为不能打开，其他网站基础信息为空。

（二）订单监控结果

经过整个风险控制爬虫系统后，若发现为宝付支付渠道，则需要将订单号、博彩网址、网页截图上传订单监控结果数据库。

（三）模拟注册登录信息

成功注册了博彩网站后，将对应的网址和注册用户信息（虚拟数据）存入数据库备份，以便于下次读取使用。

（四）爬虫监控日志信息

存放监控爬虫每次运行的日志备份。

三 博彩网站定位系统

一个爬虫系统，首先需要获取爬取的目标网站 URL 才可以开始工作。我们采用博彩网站定位系统，主要功能有两个：人工录入和搜索引擎查询。

（一）人工录入

人工录入博彩类网站 URL 和关键词。风险控制团队的工作人员负责对关键词进行维护。人工录入的 URL 直接录入网站基础数据以维护系统数据。

（二）搜索引擎查询

搜索引擎查询需要用到关键词，需要提供后台操作界面，让系统管理员进行关键词及关键词变形词的维护。然后通过关键词去搜索引擎查询得到相应的疑似博彩网址 URL，再对网页中源码内容进行关键词审核，通过审核的网址被视为博彩网站，录入网站基础数据维护系统数据库。

四 标记模板和智能抽取爬虫系统

传统的网络爬虫需求针对不同的网站定制爬虫，但是网站基础数据维护系统数据库中，可能有成百上千个博彩类网站 URL 需要开发爬虫监控，开发爬虫程序具有流程多、成本高、自动化程度低等弊端。同时由于博彩类网站多变的弊端，开发和维护网络爬虫的效率与网站新增和更变速度的差距较大，这又增加了开发者的负担。

针对这个矛盾，需要设计标记模板的分布式网络爬虫系统，系统能够根据访问的博彩网页信息，自动选定爬虫动作实例，完成博彩监控任务。

五　分布式任务分发系统

爬虫系统部署到分布式环境下的多台服务器上，需要一种负载均衡的实现方案，以确保分布式环境下任务分发的均衡，提高处理效率，避免单点故障。

（一）分布式任务队列

分布式爬虫就是多台机器多个 Spider 对多个 URL 的问题同时处理。分布式的方式可以极大提高程序的抓取效率。

（二）Selenium Grid 分布式任务节点：页面渲染和模拟操作

由于博彩类网站监控任务众多，且采用标记模板和智能抽取爬虫系统去分类任务，因此在分布式任务分发系统中，我们优先采用浏览器 Docker 集群去实现页面渲染和模拟操作。监控爬虫统一调用 Selenium Hub，由它进行任务的分发。Nodes 端去请求网站，完成相应动作，并且返回相应网页信息源码，进入文本分析系统、图像识别分析系统处理（如图 3 所示）。

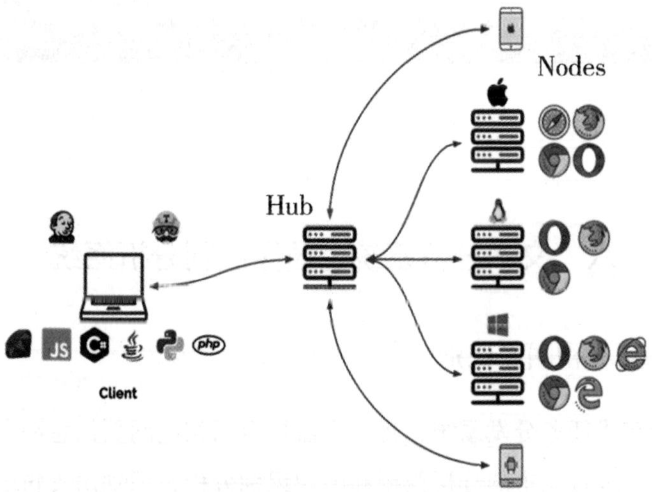

图 3　Selenium Grid 分布式任务节点

（三）动态代理和验证码图像识别

博彩类产业链拥有雄厚的资金，大多拥有 DDOS 高防服务器。在实际工作中，经常遇到爬虫 IP 被封禁的情况（如图 4 所示）。

需要很多的 IP 来实现自己 IP 地址的不停切换，以达到正常抓取信息的目的。

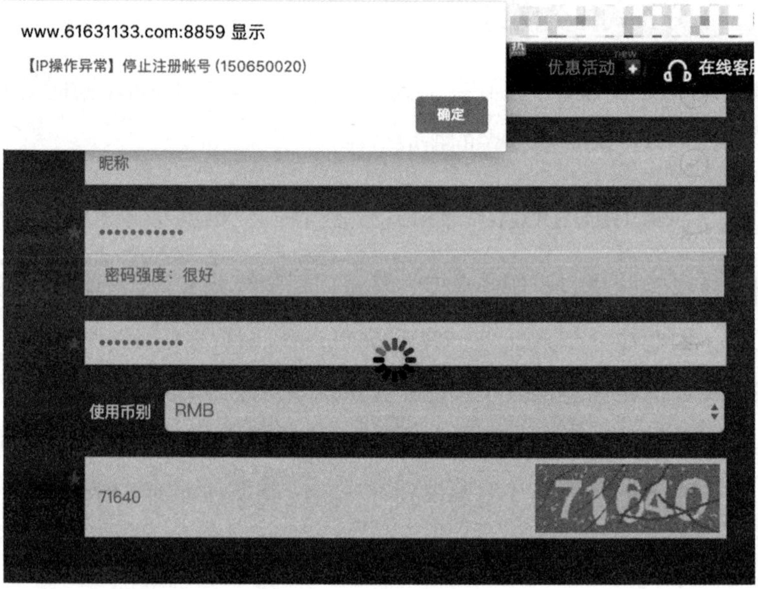

图 4　博彩网站封禁 IP

六　文本分析系统、图像识别分析系统

（一）文本和图像识别

通过分布式任务分发系统，将爬虫监控返回相应网页信息源码，支付页面图片快照，进行文本的分析挖掘和图像识别分析，识别出支付公司和订单号等关键有效信息。

（二）预警与上报

在宝付支付的大数据平台，每天会将支付交易订单表汇总到一张表里面去，把所有交易建立成一个大宽表，自动汇总。

宝付大数据平台通过匹配爬虫监控系统的关键有效信息，可以及时有效地发现博彩网站的非法交易订单，并且及时在控制台交互界面显示，将结果上报给风险控制业务部门进行处理，必要时系统将自动实施预警措施以进行干预。

七　总结与展望

由于博彩网站环境的多样性和复杂性，其中还有很多技术难题等待研究和解决，此系统还存在较多的缺陷和不足，需要进一步的研究和改进。具体体现在以下几个方面。针对浏览器适配兼容性，由于博彩类支付通过浏览器，部分只支持 IE 浏览器，和 Selenium Grid Chrome 存在兼容性的问题。采集更加智能，由于博彩网站多出异常，新站点层出不求，需要不断调整和升级爬虫代码策略。操作更加友好，系统的操作应该更加友好，监控更加及时等。

B.26
壹钱包全面合规风险管理平台

平安壹钱包课题组*

摘　要： 本报告中的全面合规风险管理平台，通过技术手段构建了法律法规知识图谱，以全面梳理其内在联系，对与公司业务相关的法律法规条文进行梳理，帮助合规人员全局性地快速掌握、了解监管条文。并可以通过其建立业务&法律法规知识图谱，来紧密跟踪法律法规新增、变更对业务造成的影响。同时，此平台具备智能案件审核的模块，其已经被应用于部分业务场景进行辅人判案，成功识别了一些案件，提升了业务运营的时效性。

关键词： 法规条文　知识图谱　智能审核

一　壹钱包全面合规风险管理平台在构建法律法规知识图谱中的应用

壹钱包打造的全面合规风险管理平台对与公司业务相关的法律法规条文进行了管理，并进一步通过技术手段构建了法律法规知识图谱以全面梳理其内在联系。

壹钱包全面合规风险管理平台设有法律法规条文录入接口。目前，平台

---

* 课题组成员：诸寅嘉、王延斌、李志辉、胡怡文、万晓芳、胡明荣、徐巍越、何亮飞、胡凭智、陈旭、郭爱娟、梁蓓蓓，平安壹钱包电子商务有限公司。

已经录入了32条来自中国人民银行、国家外汇管理局等监管机构发布的法律法规条文。平台支持对录入的条文存储、管理、检索、分析、解读。

当监管条文被录入壹钱包全面合规风险管理平台后，平台的自然语言处理模块会对所有条文进行分词、词性判别、实体分析、语法分析、指代消解、句法依存等相关语义理解步骤。图1列举了中国人民银行3月25日发布的银发〔2019〕85号《中国人民银行关于进一步加强支付结算管理防范电信网络新型违法犯罪有关事项的通知》中第一部分“健全紧急止付和快速冻结机制”的语义理解细节（见图1）。

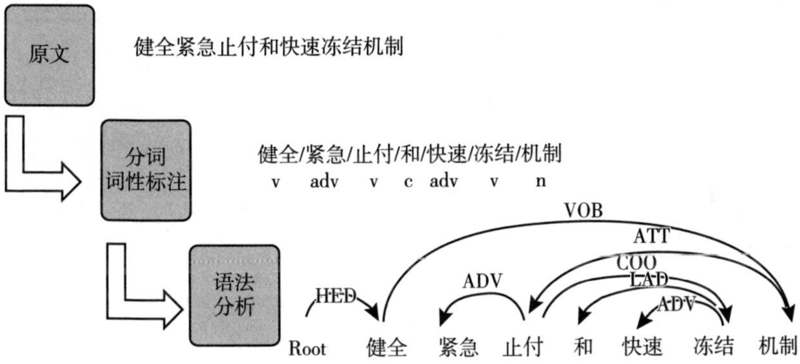

图1 银发〔2019〕85号文第一条部分语义理解细节

语义理解完成后，核心的词组得到了自动筛选，索引词库得以建立。同时，综合命名实体识别可提取的实体信息，句法依存绘制的语义关系图可以拆解出其中涉及的关系与属性，再进一步加以知识融合、知识加工，最终构建了监管法律法规的知识图谱。

图2为壹钱包全面合规风险管理平台录入银发〔2019〕85号文后，更新的法律法规知识图谱的部分展现。依照智能更新的知识图谱我们可以了解银发〔2019〕85号文中的第一部分“健全紧急止付和快速冻结机制”内容与银发〔2016〕261号《中国人民银行关于加强支付结算管理防范电信网络新型违法犯罪有关事项的通知》中第五部分“健全紧急止付和快速冻结机制”的内容可以关联在一起。

依托于全面合规风险管理平台，壹钱包能对现行法律法规进行智能化全盘梳理，帮助合规人员全局性地快速掌握、了解监管条文。

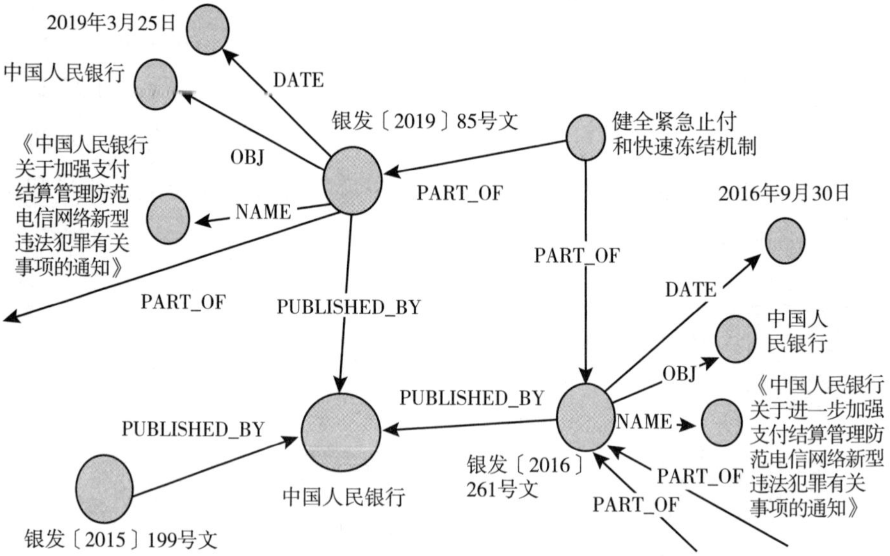

图2　壹钱包全面合规风险管理平台——法律法规知识图谱

二　壹钱包全面合规风险管理平台在构建业务 & 法律法规知识图谱中的应用

壹钱包不仅依托全面合规风险管理平台来分析、解读法律法规及其之间的相互关联关系，还通过其构建业务 & 法律法规知识图谱以紧密跟踪法律法规新增、变更对业务造成的影响。2018 年 9 月 29 日，中国人民银行发布了《关于印发〈法人金融机构洗钱和恐怖融资风险管理指引（试行）〉的通知》（银反洗发〔2018〕19 号），第四条规定，“有效的洗钱风险管理是法人金融机构安全、稳健运行的基础，法人金融机构及其全体员工应当勤勉尽责，牢固树立合规意识和风险意识，建立健全洗钱风险管理体系，按照风险为本方法，合理配置资源，对本机构洗钱风险进行持续识别、审慎评估、有效控制及全程管理，有效防范洗钱风险”。

当银反洗发〔2018〕19 号文被录入壹钱包全面合规风险管理平台后，平台通过自然语言处理模块对条文的核心语义进行理解并结合业务的核心实体、模块的信息进行知识合并，形成该条文的构建业务 & 法律法规知识图谱。图 3 即为平台中银反洗发〔2018〕19 号文与相关业务的知识图谱。通过该图，风控合规人员与业务人员能够清晰地了解条文重点影响的业务板块（如客户身份识别部分、大额交易和可疑交易监控部分等），从而能高效地、有针对性地进一步分析、处理。

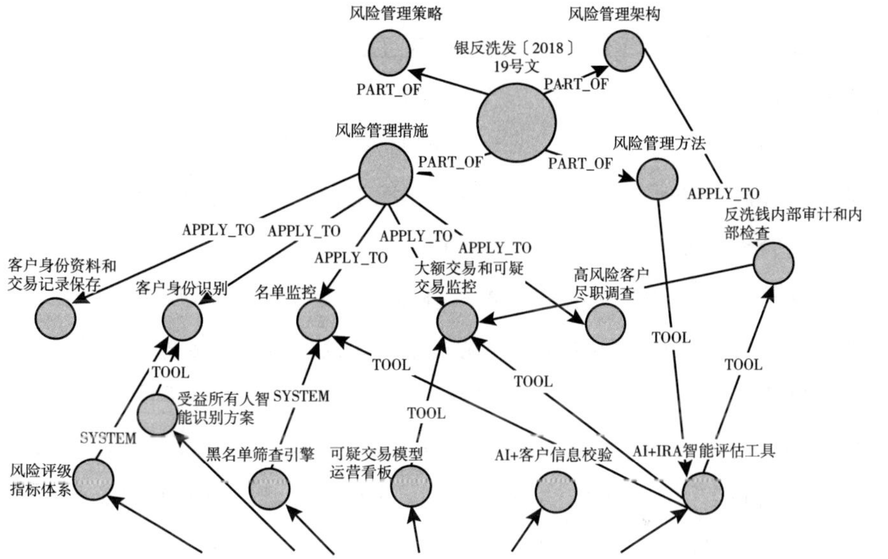

图 3　壹钱包全面合规风险管理平台——银反洗发〔2018〕19 号文构建业务 & 法律法规知识图谱

得益于壹钱包全面合规风险管理平台的自动化、智能化带来的快速响应，壹钱包在银反洗发〔2018〕19 号文的规定时间之前提前完成了相关工作。

三　壹钱包全面合规风险管理平台在业务案件审核中的应用

壹钱包打造的全面合规风险管理平台，具备智能案件审核的模块，其已经被应用于部分业务场景进行辅人判案，成功识别了一些案件，提升了业务运营的时效性。以下选取一个典型案例进行说明。

壹钱包某商户（以下简称 A 商户）于 2018 年 10 月 15 日申请合作协议快捷用于融资租赁还款，提交了营业执照、法人身份证、开户许可证以及融资租赁协议、授权扣款书、办公场所照片等证明材料。经与工商信息及商户网站信息比对，发现该商户成立日期为 2018 年 1 月 18 日，主营汽车租赁业务与工商登记经营范围一致，经营状况正常，故允许准入并于 2018 年 11 月 1 日开立商户号。

A 商户入网后于 2018 年 11 月 5 日发生首笔交易。2018 年 11 月 16 日，壹钱包全面合规风险管理平台的交易行为检测模块在离线处理（离线处理时间为T+1）11 月 15 日的交易行为数据时发现商户交易存在同一用户同时间段多笔扣款、交易金额明显高于汽车租赁正常价格等风险特征，同时出现多起客户否认交易事件。平台立即通知相关业务人员及风控合规人员，并第一时间执行了暂停商户交易的处置措施且自动向商户发起调单，要求 A 商户提供涉诉客户的交易详情说明及融资租赁协议、授权指令等相关凭证。

2018 年 11 月 28 日，平台收到商户提供的融资租赁协议，智能案件审核模块即时启动 OCR 模块并结合自然语言处理分析，分析协议语义内容并识别协议核心主体。智能检测模块发现：协议内扣款金额与交易金额一致，但出现写错平安付公司名称（正确名称应为：平安付科技服务有限公司[①]）及合作内容，授权其他支付公司扣款等疑点（如图 4 所示）。据此，壹钱包全面合规风险管理平台判定该商户存在问题并通知相关合规人员。合规人员在进一步审查中发现商户未向涉诉客户告知交易详情，而只是在没有要求客户退还租赁车辆的情况下直接退款。结合所有信息，并依据《银行卡收单业务管理办法》第七条规定“收单机构拓展特约商户，应当遵循‘了解你的客户’原则，确保所拓展特约商户是依法设立、从事合法经营活动的商户，并承担特约商户收单业务管理责任”，第十二条规定，“收单机构在银

① 平安付科技服务有限公司系平安壹钱包电子商务有限公司全资控股公司。

行卡受理协议中，应当要求特约商户履行以下基本义务：（一）基于真实的商品或服务交易背景受理银行卡，并遵守相应银行卡品牌的受理要求，不得歧视和拒绝同一银行卡品牌的不同发卡银行的持卡人；（二）按规定使用受理终端（网络支付接口）和收单银行结算账户，不得利用其从事或协助他人从事非法活动；（三）妥善处理交易数据信息、保存交易凭证，保障交易信息安全；（四）不得因持卡人使用银行卡而向持卡人收取或变相收取附加费用，或降低服务水平"，壹钱包全面合规风险管理平台判断商户交易真实性存疑且涉嫌提供虚假协议，决定与该商户终止合作。

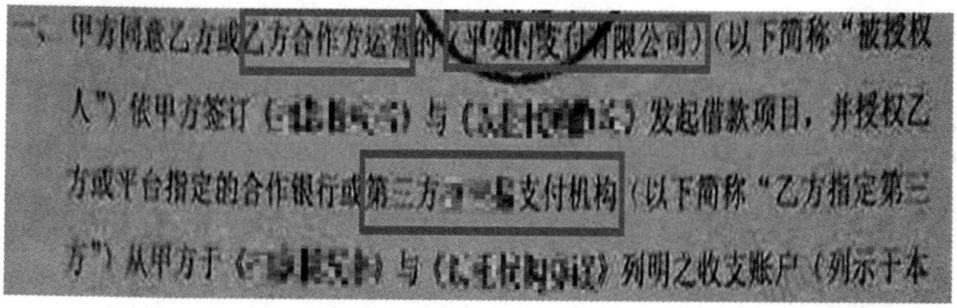
一、甲方同意乙方或乙方合作方运营的（平安付支付有限公司）（以下简称"被授权人"）依甲方签订（[illegible]）与（[illegible]）发起借款项目，并授权乙方或平台指定的合作银行或第三方[illegible]支付机构（以下简称"乙方指定第三方"）从甲方于《[illegible]》与《[illegible]》列明之收支账户（列示于本

图 4　壹钱包全面合规风险管理平台智能判案模块获取的案件可疑点

注：为保障合同数据安全，隐去部分内容细节，图片做模糊处理。

2019 年 2 月某沿海地区公安机关前往平安付公司调取 A 商户所属公司的入网申请资料、银行结算账户信息等合同档案资料及入网以来的所有交易记录数据和投诉客户信息，并告知该商户涉及违法犯罪，对平安付快速发现商户异常、及时中止合作表示肯定并建议平安付今后持续加大对商户准入审核和交易监控力度。

附　　录

Appendix

B.27 监管科技大事记（2018）

李　晶*

1月11日　工业和信息化部信息通信管理局就手机应用软件存在侵犯用户个人隐私等问题，约谈了北京百度网讯科技有限公司、蚂蚁金服集团公司、北京字节跳动科技有限公司。

1月22日　国际证监会组织（IOSCO）对ICO融资发出警告，认为这种代币证券不够规范、投机性强、风险明显、投资者整体资本面临风险。

1月28日　时任中国人民银行金融研究所所长孙国峰表示，在驱动金融科技的所有新技术中，区块链技术是其中很重要的一种。他强调，区块链可被应用在除虚拟货币之外的多个领域，监管科技领域就是其中非常重要的一块。

3月4日　证监会信息中心主任张野表示，证监会鼓励证券期货行业加强金融科技和监管科技应用的风险防控工作。

* 李晶，中科金财研究院。

3 月 12 日　最高人民法院和中国银监会下发《关于进一步推进网络执行查控工作的通知》，决定进一步推进人民法院和银行业金融机构的网络执行查控及联合信用惩戒。

3 月 17 日　北京大学国家发展研究院副院长黄益平在浦山基金会第二届年会上表示，宏观审慎监管与宏观经济稳定同样重要，“金融＋科技”要紧密预警。

3 月 26 日　美国亚利桑那州正式推出了该国首个“监管沙盒”计划，其将为创业企业进行产品测试提供相关的监管扶持。

3 月 30 日　日本外汇管理局（JPX-R）和东京证券交易所（TSE）宣布将人工智能（AI）应用于市场监督业务，以检测市场操纵等不当行为。

4 月 9 日　国务院办公厅印发《关于全面推进金融业综合统计工作的意见》，提出建立科学统一的金融业综合统计管理和运行机制，制定完善的标准和制度体系，建设运行国家金融基础数据库，建成覆盖所有金融机构、金融基础设施和金融活动的金融业综合统计体系，完善大国金融数据治理，有效支持货币政策决策、宏观审慎管理和金融监管协调，守住不发生系统性金融风险的底线，不断提升金融服务实体经济的能力和水平。

4 月 20 日　中国支付清算协会组织召开“监管科技研究座谈会”，时任中国人民银行金融研究所所长孙国峰在会上提出，中国的监管科技发展路径应当是以发展监管科技为抓手，监管机构、金融机构、金融科技公司以及监管科技公司良性互动、共荣发展，构建金融新生态。

4 月 25 日　亚马逊公司首席执行官杰夫·贝索斯（Jeff Bezos）认为，大公司受到审查是理所应当的做法。他同时表示，他的公司将通过寻找任何可能取悦客户的新方法来回应新的监管举措。

5 月 4 日　中国人民银行发布《关于进一步加强征信信息安全管理的通知》，将建立接入机构征信合规与信息安全年度考核评级制度，结果作为现场检查、内部评级、费用优惠、查询权限等的重要依据。

5 月 16 日　国家信息中心与平安集团在北京签署《关于加强信用信息共享的合作备忘录》，平安集团旗下金融壹账通负责对接相关工作。签约标志着双方在依法合规、保护隐私、保守商业秘密和保护信息安全的前提下，通过信息共享扩大在金融领域进行守信联合激励和失信联合惩戒的范围，进一步推动社会信用体系建设工作向深度和广度发展。

5 月 21 日 中国银保监会发布《银行业金融机构数据治理指引》，明确了数据治理架构，指导银行业金融机构加强数据治理，提高数据质量，发挥数据价值，提升经营管理能力。

5 月 23 日 中国证监会召开科技监管专家咨询委员会第一次全体会议。会议强调，要紧紧抓住当前的历史性机遇，实施资本市场大数据战略，推动构建人力和科技深度融合的监管新模式；要紧紧围绕证监会各项监管职能，利用大数据、人工智能等技术，在行政审批、打击违法违规行为、上市公司监管等工作环节加快行动、有所突破；要提升金融风险的甄别能力，实现穿透式监管、全面性监管，切实保护投资者的合法权益。

5 月 28 日 中国银保监会办公厅发布《关于 2017 年度保险业偿付能力监管工作情况的通报》，在发展互联网保险领域，银保监会将重点展开险企偿付能力真实性核查工作，指出“加大查处力度，对造假公司采取严厉措施”。

6 月 13 日 巴林央行（CBB）授予当地数字货币交易所 Palmex“监管沙箱许可证”，为当地涉及数字货币业务的监管机构、银行以及外汇交易所做好准备工作。

6 月 17 日 “金融科技发展与法律前沿国际论坛”在北京举行，时任中国人民银行金融研究所所长孙国峰对国内的 RegTech 进行了回顾和展望。他指出，RegTech 可以定义为科技与监管的有机结合，使技术用于金融机构满足监管合规要求。

7 月 11 日 中国人民银行发布《关于加强跨境金融网络与信息服务管理的通知》，要求境内使用人和境外提供人应当遵守法律、行政法规及有关监管规定，共同防御网络攻击，维护跨境金融网络与信息服务安全。

8 月 4 日 美国货币监理署（OCC）表示，将开始接受 Fintech 公司的国家执照申请。这也是 Fintech 公司首次接受联邦监管。

8月29日 中国银保监会召开银行保险监管工作电视电话会议，提出近期的工作重点中首要的就是继续做好防范化解金融风险各项工作，特别提出要自觉在互联网金融风险整治的框架下，发挥好银行保险监管部门职责，防控处置好互联网金融风险；积极防范、稳妥处置好其他重点领域、重点机构风险，牢牢守住不发生系统性金融风险的底线。

8月31日 中国证监会正式印发《中国证监会监管科技总体建设方案》，完成监管科技建设工作的顶层设计，并进入全面实施阶段。《中国证监会监管科技总体建设方案》提供一个详细周密的设计蓝图——明确了三大阶段、五大基础数据分析能力、七大类32个监管业务分析场景，提出了大数据分析中心建设原则、数据资源管理工作思路和监管科技运行管理"十二大机制"等。

9月14日 国家外汇管理局总会计师、综合司司长孙天琦在《财经国家周刊》和瞭望智库主办的"金融科技的长远发展和长效监管"研讨会上表示，金融创新与金融科技相互促进、螺旋快速发展，监管有一定滞后是必然的，下一步要继续明确监管内容与职责，促进金融科技长远发展。

9月27日 证监会公布了《证券期货业数据分类分级指引》等4项金融行业标准。其中《证券期货业数据分类分级指引》的实施，有利于推进行业机构有效甄别合理化的数据使用需求、有效识别数据风险隐患、持续加强数据安全管理、建立健全数据管理制度、采取必要的数据安全防护措施、维护市场安全运行、保护投资者合法权益。

9月28日 亿欧智库正式发布《监管科技五大应用场景——2018年监管科技发展研究报告》，该报告阐述了中国监管科技发展现状，分析了监管科技五大应用场景——交易行为监控，合规数据报送，法律法规跟踪，客户身份识别，金融压力测试的必要性、技术及应用案例，展望了监管科技的发展趋势。

10月8日 国际货币基金组织（IMF）和世界银行秋季年会在印度尼西亚巴厘岛举行。在发布的《全球金融稳定》报告中，IMF表示，金融危机十年以来，全球金融监管在规则改革上取得了长足进展，但同时也应关注金融体系演变中出现的新威胁，重点关注金融科技和网络安全等领域。

10 月 10 日 中国银联与京东金融共同发起的“互联网金融支付安全联盟风险信息共享（分布式查询）平台”正式上线，并接入双方风控数据投入运营，成为行业内首个基于区块链的跨机构数据分布式存储及查询平台。

10 月 10 日 中国人民银行、银保监会、证监会联合发布《互联网金融从业机构反洗钱和反恐怖融资管理办法（试行）》，要求预防洗钱和恐怖融资活动，规范互联网金融行业反洗钱和反恐怖融资工作。

10 月 16 日 深圳证券交易所在科技监管方面发力，着手建设了新一代监察系统、新一代网站以及企业画像等分析型应用系统，实现传统技术架构与新型架构融合，打造传统 AI 和新一代 AI 的融合应用。

11 月 1 日 蚂蚁金服正式推出技术风险防控平台 TRaaS，TRaaS 是把蚂蚁金服整个分布式架构和相应的技术风险能力组合在一起的免疫系统，将高可用和资金安全能力结合 AIOps，使系统实现故障自愈，具有免疫能力。

11 月 8 日 第五届世界互联网大会“金融科技与信用社会建设”分论坛在浙江乌镇召开，中国人民银行副行长范一飞指出，以提升金融监管能力为关键任务，加强监管科技应用，强化金融监管的专业性、统一性和穿透性。

11 月 16 日 由中国支付清算协会主办的“第七届中国支付清算论坛”在北京召开。中国人民银行党委委员、副行长范一飞在会上提出，支付领域金融科技的应用在带来高效便捷的同时也存在风险管理特别是信息安全和资金安全的不确定性，应当发挥好金融科技的重要战略抓手、趋利避害的作用，促进产业发展质量变革、效率变革、动力变革。中国人民银行科技司司长李伟同时提出应当强化监管科技实践，增强支付风险“技防”能力，利用人工智能、数据挖掘等技术完善支付风险监控模型，有效防范支付欺诈事件和非法洗钱活动。

11 月 21 日 在深圳证券交易所举办的 2018 年技术大会上，中国证监会副主席李超表示，要大力加强科技监管，提升监管科技化智能化水平。

11 月 27 日 经党中央、国务院同意，中国人民银行、中国银行保险监督管理委员会、中国证券监督管理委员会联合印发《关于完善系统重要性金融机构监管的指导意见》，按照“统筹监管系统重要性金融机构”的战略部署，充分借鉴国际经验，立足我国金融行业发展和监管实践，坚持宏观审慎管理与微观审慎监管相结合的监管理念，明确系统重要性金融机构监管的政策导向，弥补金融监管短板，引导大型金融机构稳健经营，防范系统性金融风险。

12 月 6 日　欧盟立法者同意通过立法的形式加大对谷歌、亚马逊和苹果等公司的监管力度，以遏制其不公平的商业行为。

12 月 8 日　中国人民银行副行长、国家外汇管理局局长潘功胜在 2018 第二届中国互联网金融论坛表示，不能以技术之名掩盖金融活动的本质，任何金融活动都不能脱离监管体系，要严格遵守法律法规。

12 月 21 日　中国证监会正式发布《证券基金经营机构信息技术管理办法》，引导证券基金经营机构在依法合规、有效防范风险的前提下，持续强化现代信息技术对证券基金业务活动的支撑作用。

B.28
监管科技产业地图

图 1 由中科金财战略研究院绘制，研究院通过公开新闻、监管机构及公司官网、访谈调研等方式获取资料，综合考量投融资轮次及金额、收入规模、品牌知名度、行业地位、技术要素、核心团队等维度，筛选出上述机构及公司。本产业地图中的排名不分先后。入选的均为积极利用大数据、云计算、人工智能、区块链、开放 API 等技术，致力于提高合规管理、风险防控以及监管水平和能力的金融企业、科技企业、监管机构等。

图 1 包含 KYC 与用户画像、市场监管、不端行为监管（CDD 与反洗钱、交易监测、反欺诈、非法集资监控等）、行业风险监测与管控（信用风险监测与管控、流动性风险监测与管控、互联网金融监管、合规数据报送/统一监管报送、影子银行监管、智能投顾监管等）、多源数据融合分析、金融监管平台与解决方案、舆情监测、宏观审慎等领域。

图1 监管科技产业地图

资料来源：根据公开资料整理得到。

Abstract

As a product integrating technology and financial regulation, RegTech has attracted widespread attention in the financial industry worldwide. In 2018, the theoretical research and practical application of China's regulatory science and technology gradually developed, and achieved a series of results, the display of these results constitute the main content of this book.

The book is divided into a general report and the sub-reports. On the basis of a detailed analysis of the development background, current situation and difficulties of regulatory science and technology in China, the general report puts forward the main tasks, overall framework and operational mechanism of constructing China's regulatory science and technology system. It also proposes relevant policy recommendation based on establishing the mechanism to meet the actual needs of China's financial supervision system, regulatory science and technology development coordination, clearing key areas for monitoring technology applications, formulating rules and standards for monitoring science and technology construction, building a multi-party participation in the supervision of science and technology platform construction mechanism and improving the supporting measures for supervision and technology construction, etc.

The sub-reports include technical exploration, scenario application, data management, global insights, case reports and appendix, explain the logic connecting cloud computing, big data, artificial intelligence, blockchain, API and other core regulatory technologies. The authors try to sort out the basic principles, development context and application prospects; at the same time, combined with the specific cases and practices of financial regulatory agencies and financial institutions, payment institutions and financial technology institutions, theoretically analyzed the regulatory technology in the user identification, market application framework and implementation path in scenarios such as transaction behavior monitoring, compliance data reporting, risk data fusion analysis, industry risk monitoring, and legal and regulatory tracking; special research on data governance in regulatory technology; the overall investment and financing situation and the development status, models, characteristics and trends of other major countries were compared and analyzed. It points out that although China's regulatory technology started relatively late, it has strong application demand, great development potential and broad market prospects.

Keywords: RegTech; Financial Technology; Technical Analysis; Scenario Application; Data Governance

Contents

I General Report

Abstract: China is experiencing an important period of prevention and control of financial risks. Financial stability and development reforms will face more, newer and higher requirements. On one hand, financial regulators face the pressure of oversight due to heavy regulatory tasks, unreasonable regulatory regimes, and lagging regulatory technology development. On the other hand, financial institutions need to pay more for compliance in order to meet stronger regulatory requirements. At the same time, with the breakthrough of key technologies, the technology industry has opened the prelude to deep integration with the financial industry, expanding financial service boundaries, improving financial transaction efficiency, reducing financial transaction costs, and reducing financial transaction information asymmetry. It also brings new opportunities for improving regulatory measures and reducing compliance costs. In this report, RegTech, as a product of the full integration of technology and financial regulation, has begun to attract widespread attention from financial regulators and financial institutions around the world. On the basis of defining the definition and core of regulatory science and technology, this report sorts out the background of regulatory science and technology development, analyzes the current status of regulatory science and technology development, challenges and difficulties, and proposes the main tasks, overall framework and timely operation of building

China's regulatory science and technology system. It also proposes policy recommendations for regulatory technology from aspects of establishing regulatory science and technology development coordination mechanism, clearing the current key areas of regulatory technology applications, developing rules and standards for the supervision of science and technology construction, the construction of a platform for multi-party participation in the supervision of science and technology construction, and the improvement of supervision and technology construction supporting measures, etc.

Keywords: Regulatory Technology; Compliance Technology; Financial Technology; Regulatory System Innovation

Ⅱ Technology Exploration

Abstract: The core technologies of RegTech mainly include cloud computing, big data, artificial intelligence, blockchain and API. The five technologies are progressive and run through the entire regulatory process. Among them, compliance data standardization helps digital reporting and automated processing of compliance reports; intelligent technology means help to track and analyze regulatory information; dynamic data-oriented real-time monitoring can effectively combat illegal trading behavior; Intelligent compliance analysis reduces compliance costs and simplifies regulatory processes; the digital "regulatory sandbox" helps to test innovative business risk stress.

Keywords: Regulatory Technology; Core Technology; Logical Relationship

Abstract: Chinese Abstract: The traditional supervision method lead to high labor cost and low efficiency, which has lagged behind the development of the industry. Big data can collect industry data efficiently and comprehensively. Introducing "big data + supervision" mode can lead to panoramic supervision driven by technology. It can also clarify the essence and focus of the industry development, allowing the supervision to truly "catch up" with the technology and lay the foundation for the scientific decision-making of the regulatory layer. This report introduces the basic principles and technological development of big data, and analyzes the application and practice of big data in China's regulatory science and technology with specific examples. At the same time, it analyzes the application prospects of big data in regulatory technology and puts forward relevant suggestions.

Keywords: Big Data; Off-site Supervision; High Energy Alert

Abstract: In recent years, China's cloud computing's industry development, industry promotion, market supervision and other important macro-policy environment links has been gradually improved. The collaborative governance system was initially formed. As an infrastructure, cloud computing provides large-scale data resources through centralized data aggregation, which can enhance the sharing degree of regulatory tools and provide a good operating platform or development platform for regulatory technology. This report introduces the basic principles and technological development of cloud computing, and analyzes the application and practice of cloud computing in China's regulatory science and technology with specific examples. At the same time, it analyzes the application prospects of cloud computing in regulatory technology and puts forward relevant suggestions.

Keywords: Blockchain Technology; Trading Behavior Monitoring; Data Reporting; Contract File Security; Customer Identification

Abstract: Since 2018, the application of AI in the field of regulatory technology has entered a fast track, and the relationship between AI and regulatory technology has gradually moved from "technical assistance" to "smart regul ation". At present, the promotion of AI to the supervision of scientific and technological intelligence is mainly reflected in some aspects of the scene. These point-like applications will liberate labor from the original repetitive work and improve the efficiency and accuracy of certain links. This report introduces the basic principles and technological development of artificial intelligence, and analyzes the application and practice of artificial intelligence in China's regulatory science and technology with specific examples. At the same time, it analyzes the application prospects of artificial intelligence in regulatory technology and puts forward relevant suggestions.

Keywords: Artificial Intelligencel; RegTech; Application Practice

Abstract: Relying on its distributed governance, data's difficulty to tamper with, and its traceability characteristics, blockchain technology is one of the important technical means of supervision technology, suitable for playing an important role in the field of financial supervision. At present, under the guidance of regulators, financial institutions and financial technology companies continue to explore the application of blockchain technology in the regulatory field from the aspects of business processes, business rules and operating models, and carry out pilot projects in different segments. Some projects have already in execution. This report introduces the basic principles and technological development of blockchain, and analyzes the application and practice of blockchain in the field of regulatory technology with concrete examples. At the same time, based on the technical characteristics of blockchain, the application of blockchain in regulatory technology prospects are analyzed and recommendations are made.

Keywords: Blockchain; Regulatory Technology; Application Practice

Abstract: With open banking industry maturing, the OpenAPI regulatory policies and tools at home and abroad will also become better, covering data standards, API standards, security standards and governance models. It is necessary to explore the information interaction between the supervision system and the financial institution system through the API, timely and accurately transmit the internal and external risk information data. It's necessary to improve the ability of financial supervision and early warning reporting, reduce compliance costs, and realize early identification, early warning, early detection and early disposal of financial risks. This report introduces the basic principles and technical development of API, and analyzes the application and practice of API in China's regulatory science and technology with specific examples. At the same time, it analyzes the application prospects of API in regulatory technology and puts forward relevant suggestions.

Keywords: API Technology; Open Bank; Real-time Data Interaction

Ⅲ Scenario Application

Abstract: This report theoretically analyzes the application background and the pain points of RegTech in user identification. Combined with specific cases, it discusses the application framework and implementation path of regulatory technology in user identification.

Keywords: RegTech; User Identification; Black Production Monitoring and Early Warning Platform

Abstract: This report theoretically analyzes the application background and the pain points of RegTech in market transaction behavior monitoring. Combined with specific cases, it discusses the application framework and implementation path of regulatory technology in market transaction behavior monitoring.

Keywords: Trading Behavior Monitoring; Anti-money Laundering List Monitoring; Anti-fraud Black Mining

Abstract: This report takes anti-money laundering (large sum and suspicious transaction) filing and credit reporting as an example to discuss how to effectively use big data technology and AI technology to improve the timeliness and accuracy of compliance data reporting.

Keywords: Big Data Technology; AI Technology; Anti-Money Laundering; Credit

Abstract: This report theoretically analyzes the application background and the pain points of regulatory technology in risk data fusion analysis. It applies the "UK Intelligence Loop" in data fusion analysis to the transaction risk management of the payment industry, and analyzes the application framework and implementation path of data fusion analysis in pre- during- and post- transaction. Finally, combined with specific cases, it introduces the application of RegTech in transaction monitoring and control links such as anti-fraud, merchant risk management, anti-money laundering, and system abnormal monitoring.

Keywords: Data Fusion; Comprehensive Learning; Lonely Forest; Clustering

B. 12 Application of RegTech in Industry Risk Monitoring / 187

Abstract: This report theoretically analyzes the application background and the pain points of RegTech in industry risk monitoring. Combined with specific cases, it discusses the application framework and implementation path of RegTech in industry risk monitoring.

Keywords: Securities Abnormal Trading Account Identification, Shenzhen Regulatory Technology System, Big Data Financial Security Platform, Enterprise Loan Risk Warning

B. 13 Application of RegTech in the Tracking of Laws and Regulations / 203

Abstract: In recent years, financial innovation products have emerges and risks have increased. Therefore, financial regulation has become stricter and relevant laws and regulations have been introduced intensively. It is far from enough for financial institutions and related enterprises to implement and implement a large number of regulatory laws and regulations, relying solely on traditional manual compliance inspections. Using emerging regulatory technologies, such as big data, machine learning, natural language processing, knowledge maps, etc. to track and analyze laws and regulations can effectively improve compliance and ensure compliance quality.

Keywords: Laws and Regulations; Natural Language Processing; Knowledge Atlas; Machine Learning

Ⅳ Data Management

Abstract: This report first defines the concept of data sharing in RegTech. Secondly, it analyzes the typical open banking plans-Citibank and BBVA. Finally, it analyzes the current problem of data sharing in China's RegTech and makes corresponding recommendations.

Keywords: RegTech; Data Sharing; Open Bank

Abstract: This report compares the current legal process of data protection in Europe, America and China. It analyzes the data rights of individuals, the data protection obligations of financial enterprises and institutions, and summarizes the problems of data protection in regulatory technology, such as lack of data protection mechanism in the firm's application of compliance technology, the complexity and opacity of new technologies in RegTech. Finally, it provides regulatory advice on how China should respond to data protection issues, and should speed up the Personal Information Protection Act. , strengthen the construction of data protection regulatory institution, improve the transparency of data algorithms, and deepen the international judicial cooperation of data cross-border movement.

Keywords: RegTech; Data Protection; Personal Data Subject Rights; GDPR; Data Cross-Border Flow

Abstract: Data standardization of RegTech is a part of the standardization of financial data in the era of big data. This report analyzes the necessity of establishing data standards in RegTech and the problems existing in establishing data standards, and proposes the overall framework for establishing China's RegTech data standards, and give insights into the future of establishing RegTech data standards.

Keywords: RegTech; Data Standards; Information Sharing

V Global Insights

Abstract: The regulatory technology industry is at the forefront. The strong market demand drives more companies to supervise the research and development of technology products, and is also attracting the continuous inflow of funds. This report analyzes the overall situation and structure of investment and financing in RegTech market. By comparing China's and foreign markets, it is proposed that with the increase of regulatory requirements for compliance, the demand for regulatory and compliance technology in China is becoming more prominent, and the development potential is huge.

Keywords: RegTech; Investment and Financing Scale; Comparison of Chinese and Foreign Markets

Abstract: In the past few years, financial companies have realized the need and big opportunities of RegTech. RegTech solution providers are actively developing technologies and software to improve the efficiency of financial regulatory compliance and reduce costs. This report analyzes the status quo, mode, characteristics and trends of RegTech in major countries around the world. At the same time, it is proposed that although China's RegTech development is at rather an early stage, we are highly motivated and the application need are very broad.

Keywords: Global RegTech; Mainstream Technology; Compliance Development

VI Case Reports

Abstract: The digital ticket trading platform based on blockchain technology includes the ticket exchange digital bill management subsystem, the commercial bank digital bill registration and transaction subsystem and the enterprise digital bill business subsystem, covering the roles of ticket exchange, commercial banks and enterprises. While realizing billing, endorsement transfer, discounting, re-discounting, cash at maturity and other main business functions, it also introduces a see-through mechanism to achieve real-time supervision of ticket exchange data. This report shares the application exploration and supervision practice of blockchain technology in the field of digital bills. Starting from the technical characteristics of blockchain, combined with the bill business, it explores the realization of the supervisory function based on blockchain technology.

Keywords: Blockchain; Digital Bill; Supervision

Abstract: This report takes the customer information and transaction information of 99bill. com as the research sample, considering that the existing system has a large amount of suspicious transaction warnings and a large amount of manual screening work, this paper uses Logistic regression scoring card model, combined with customer's basic information and transaction data, analyzes the reported suspicious transactions, explores the commonality of suspicious transaction behavior, reconstructs suspicious transaction model monitoring model, and improves the monitoring and early warning processing effectiveness of third-party payment institutions suspicious transactions. On this basis, the paper puts forward some countermeasures and suggestions to further improve the anti-money laundering suspicious transaction monitoring and analysis system by using machine learning.

Keywords: Machine Learning; Logistic Regression; Scorecard Modeling; Suspicious Transaction Monitoring Model

Abstract: The core of credit risk control is to solve the problem of information asymmetry between borrowers and lenders. The financial risk control big data application service platform aims to customize the specific risk control scenarios through big data fusion analysis and processing technology. Develop a customized modeling for specific risk control scenarios to form a complete enterprise-level system solution, reduce the risk of information asymmetry of financial institutions, and enhance its service capabilities in inclusive finance and micro-finance. This platform has achieved good economic and social benefits since its implementation. It also exported a batch of scientific research results, including 5 patents and 4 software copyrights.

Keywords: Big Data Platform; Risk Control Model Platform; Credit Risk Analysis

Abstract: Based on big data technology, Hengfeng Bank has formed a comprehensive risk early warning system by integrating internal and external data to form a unified industry, geographical and customer risk view. The risk early warning system is mainly divided into basic data layer, the basic technology service layer and application layer to realize the collaborative development strategy of online and offline business, and use big data technology to do risk classification research, real-time risk monitoring and risk prediction. After putting into production, the quality of new credit assets was greatly improved, the efficiency of new online loan and platform credit granting services was significantly improved, and the cost of pre-lending investigations for new business customers was greatly reduced. At the same time, through post-loan monitoring and early warning, it can effectively ensure the compliance of the business.

Keywords: Data Governance; Compliance Warning; Anti-money Laundering Monitoring; Digital Banking

Abstract: Ant Risk Brain is based on the experience of Ant Financial's more than ten years of risk attack and defense, using artificial intelligence, big data, cloud computing and blockchain and other leading technology to integrate local financial supervision practices to build up an intelligent regulatory technology system. It has four core capabilities: digital dynamic monitoring, intelligent monitoring and early warning, penetrating identification hidden dangers and integrated joint disposal. It can assist local regulatory authorities to conduct multi-dimensional risk investigations of financial institutions, and realize dynamic scanning of all areas such as stakeholder risk, business risk and compliance risk. Through knowledge map mining, discover potential risks among related institutions, recognize them from the root causes, and identify suspected financial fraud gang. It can also support supervisory institution to construct an overall risk index of the area and industry, quickly identify the "water level" of risks in the area and industry, and grasp the changes in macro financial risk trends.

Keywords: Blockchain; Artificial Intelligence; Risk Brain

B. 24 The Smoke Index Monitoring and Warning Illegal Financial Activities Platform

Abstract: This report uses advanced technology such as big data, artificial intelligence, knowledge maps, according to financial risk logic, from business activities, enterprise expansion, personnel credit, product characteristics, public opinion, publicity and other dimensional investigation, subdivide into three indicators of a total of more than 100 variables, design "smoke index", through machine learning and experts to jointly empower, grading early warning, differentiated administration. Conduct real-time dynamic monitoring of local financial risks. Practice has proved that the local financial comprehensive supervision system based on the "smoke index" can realize the linkage work of discovering risks, assessing risks, solidifying evidence, judging trends, timely intervention and joint strikes. We need to promote the transformation of financial governance from traditional passive supervision, extensive supervision, sudden response to active supervision, precise supervision and coordinated supervision.

Keywords: Local Financial Supervision; Intelligent Middle Office; Risk Management

Abstract: Illegal transactions represented by online gambling have seriously damaged the online payment environment. The risk control crawler system in this report is divided into: website basic data maintenance system, betting website positioning system, markup template and intelligent extraction crawler system, distributed task distribution system, text analysis system and image recognition analysis system. By matching the key effective information of the crawler monitoring system, the illegal trading order of the gambling website can be found timely and effectively, and displayed in the background console interactive interface in time, and the result is reported to the risk control business department for processing, and the system will be automatically implemented if necessary. Early warning measures are intervened. On this basis, the countermeasures and suggestions for further improving the illegal transaction monitoring and analysis system of the gambling website using the crawler system are proposed.

Keywords: Gambling Website; Crawler System; Image Recognition

Abstract: The comprehensive compliance risk management platform in this report, build a legal and knowledge map by technological means, comprehensively sort out its internal relations, to sort out the laws and regulations related to the company's business, to help compliance personnels quickly grasp the overall situation and understand the regulatory provisions. It can also establish a business, legal and regulatory knowledge map to closely track the impact of new laws and regulations and impact on the business. At the same time, this platform is embeded with a module for intelligent case review, which has been applied to some business scenarios to carry out assistant judgments, successfully identified some cases, and improved the timeliness of business operations.

Keywords: Legal Provisions; Knowledge Map; Intelligent Review

Ⅶ Appendix

S 基本子库
UB DATABASE

中国社会发展数据库（下设 12 个子库）

全面整合国内外中国社会发展研究成果，汇聚独家统计数据、深度分析报告，涉及社会、人口、政治、教育、法律等 12 个领域，为了解中国社会发展动态、跟踪社会核心热点、分析社会发展趋势提供一站式资源搜索和数据分析与挖掘服务。

中国经济发展数据库（下设 12 个子库）

基于"皮书系列"中涉及中国经济发展的研究资料构建，内容涵盖宏观经济、农业经济、工业经济、产业经济等 12 个重点经济领域，为实时掌控经济运行态势、把握经济发展规律、洞察经济形势、进行经济决策提供参考和依据。

中国行业发展数据库（下设 17 个子库）

以中国国民经济行业分类为依据，覆盖金融业、旅游、医疗卫生、交通运输、能源矿产等 100 多个行业，跟踪分析国民经济相关行业市场运行状况和政策导向，汇集行业发展前沿资讯，为投资、从业及各种经济决策提供理论基础和实践指导。

中国区域发展数据库（下设 6 个子库）

对中国特定区域内的经济、社会、文化等领域现状与发展情况进行深度分析和预测，研究层级至县及县以下行政区，涉及地区、区域经济体、城市、农村等不同维度。为地方经济社会宏观态势研究、发展经验研究、案例分析提供数据服务。

中国文化传媒数据库（下设 18 个子库）

汇聚文化传媒领域专家观点、热点资讯，梳理国内外中国文化发展相关学术研究成果、一手统计数据，涵盖文化产业、新闻传播、电影娱乐、文学艺术、群众文化等 18 个重点研究领域。为文化传媒研究提供相关数据、研究报告和综合分析服务。

世界经济与国际关系数据库（下设 6 个子库）

立足"皮书系列"世界经济、国际关系相关学术资源，整合世界经济、国际政治、世界文化与科技、全球性问题、国际组织与国际法、区域研究 6 大领域研究成果，为世界经济与国际关系研究提供全方位数据分析，为决策和形势研判提供参考。